JN014889

YUHIKAKU

日本政治の第一歩 [新版]

INTRODUCTION TO JAPANESE POLITICS

編・上神貴佳
　　三浦まり

有斐閣ストゥディア

新版にあたって

　初版の刊行が 2018 年 7 月であるから，それから 5 年弱の歳月が経った。この間の世界史的な事件としては，新型コロナウイルスのグローバルな流行とロシアによるウクライナ侵攻を挙げなくてはならない。振り返ると，新型コロナウイルスの感染拡大が始まったのは 2020 年はじめであった。現時点で，全世界では 550 万人以上，日本でも 6 万 5000 人以上が亡くなった。ワクチン接種等の甲斐もあり，コロナ禍がようやく落ち着きを見せかけた 2022 年 2 月，ロシアが隣国ウクライナに侵攻した。21 世紀のヨーロッパが戦火に再びまみえようとは，多くの人が思いもしなかったにちがいない。

　予想を超える出来事が続く時代であるが，本書新版の刊行に際して，日本政治の変化を反映させるべく試みたのは無論である。第 1 章「戦後の日本政治」では，第 2 次安倍晋三政権から菅義偉政権を経て，岸田文雄政権に至る過程にも目配りした。第 2 章「政治参加」では，直近の国政選挙まで検討しつつ，選挙におけるインターネットの利用についても扱う。第 3 章「団体政治・自発的結社」では，統計を更新するだけではなく，「#MeToo」のような SNS を活用した運動の広がりについてふれる。第 4 章「政党と政治家」では，かつての民主党・民進党の勢力が分裂して以降の政党政治も扱う。第 5 章「議院内閣制と首相」では，「安倍一強」と称された官邸主導の政治過程についても述べる。第 6 章「国会」では，国会における野党の役割について改めて検討する。第 7 章「官僚・政官関係」では，公務員制度を取り巻く環境変化，とりわけ近年の公務員離れ・業務の過重負担を指摘する。第 8 章「メディア」では，「報道の自由」の減退を指摘し，インターネット環境の変化を反映させている。第 9 章「政策過程の全体像」は，ここまでのまとめである。第 10 章「地方自治」では，地方自治体の人口減少・高齢化，地方議員のなり手不足などの問題を提起する。第 11 章「安心社会とケア」では，統計を更新するだけでなく，安倍政権下における消費税率上げをどう理解するか考察する。第 12 章「共生社会とシティズンシップ」では，技能実習生と入国管理行政の問題について新たに取り上げる。

このようにしてみると，日本の政治は変わったところもあり，変わらぬところもある。女性やジェンダーに対する関心が高まり，インターネットの影響力が増した。首相官邸への権力の集中が進み，官僚の「忖度」が流行語にもなった。他方で，野党勢力の再編は進まなかった。地方自治体を取り巻く困難はさらに増し，福祉をめぐる動きも一進一退の感がある。コロナ禍による人流途絶により，グローバル化に伴う問題は棚上げとなった。そして，安倍元首相が突然の最期を遂げたことにより，日本の政治は新たな局面を迎えることになるであろう。

　いつか本書が2度目の改訂を経る日が来るのであれば，私たちはどのような光景を目にすることになるであろうか。光の指す方向へ。そう願わずにはいられない。本書を手に取る主権者それぞれの判断と行動にかかっているといえよう。

2023 年 2 月 3 日

上神貴佳・三浦まり

━━ ウェブサポートページのご案内 ━━

　以下のウェブサイトにて，本書の引用・参考文献リスト，用語集を掲載しています。また，本書を授業でご採用いただいた先生方への資料提供のご案内も行っています。

https://www.yuhikaku.co.jp/books/detail/9784641151123

本書のねらい

　世界の人々の考えを知るために行われる「世界価値観調査」(World Values Survey) という大規模な調査がある。1981 年から世界 100 カ国ほどで，ほぼ共通の質問形式を用いて調査を実施している。この調査では，自国にとって好ましい政治形態についても尋ねている。直近の 2010 年調査において，民主的な政権を「非常に好ましい」政治形態と回答する者の割合は，日本では 28.2 %に過ぎない (「やや好ましい」43.8 %，「やや好ましくない」8.1 %，「好ましくない」2 %，「わからない」17.9 %)。この質問の調査結果が得られる 59 カ国中では下から 10 番目である (2018 年 3 月現在)。しかも，その割合は 1995 年：37.9 %→2000 年：36 %→2005 年：31.2 %→2010 年：28.2 %と単調に減少している。日本の調査結果を年齢層別にみると，30 歳以上や 50 歳以上の層と比較して，29 歳までの若年層では，この「非常に好ましい」という回答割合が低い。2010 年の調査結果では 18.2 %に過ぎない。もちろん，母集団や回収率などが異なる調査の結果を単純に比較するには注意が必要である。そもそも，日本では「わからない」という回答が大きな割合を占めているが，この選択肢が存在しない (＝回答者が「わからない」と答えられない) 国々もある。こうした国々の調査結果と比べると，「わからない」が多い一方，「非常に好ましい」が少なくみえているだけかもしれない (安野 2016)。ただし，「わからない」が多いこと自体，気になるところではある。

　本書は，自国の民主主義に対する全幅の信頼が寄せられているといえるか，やや心許ない今日の日本にあって，新たに有権者となる人たちや有権者になったばかりの人たちを念頭に置き，日本政治を「有権者目線」で解説することに注力した。本書の各章は，有権者として，あるいはもっと広く主権者・市民として，私たちはどのように政治に関わることができるのかを，意識して書かれている。もし政治を私たちのものと感じられなければ，制度上は民主的に選ばれた政権であっても (国際的な NGO や学術調査の報告によると，日本は十全な自由

民主主義の範疇に入る），心から支持することはできないであろう。

　もちろん，本書は，学問として「日本政治」を初めて学ぶ人たちに必要不可欠なトピックを精選して，一冊の教科書に編み上げることをめざしている。その内容は厳密な意味での研究成果に基づいているし，各章の執筆者は衆目の一致する気鋭の研究者ばかりである。大学の教養レベルの授業で用いられることを想定しているが，18歳選挙権が実現した今日，プレ有権者教育の一環として高校などで用いられることも歓迎である。

本書の構成

　本書は全12章から構成されている。まず，第1章「戦後日本の政治」は，第二次世界大戦後の日本政治の歩みを振り返っている。歴史的な視点から日本政治の概観を本書に与えることが目的である。適宜，本文の内容に関係する章を示すことにより，第1章の史実の記述と各章の政治学的な説明を相互に参照できるように工夫してある。第2章「政治参加」は，民主政治にとって本質的に重要ともいえる，私たちの政治参加を扱っている。有権者の投票行動や選挙の仕組みを中心に解説し，私たちがデモや陳情，組織を通じて政治参加する方法も紹介している。第3章「団体政治・自発的結社」は，団体や運動のような組織化された政治的な関わりを扱う。これも私たちが政治に参加するための重要なルートである。組織の目的や活動のタイプ，政治的な関与のあり方を議論する。第2章と第3章は私たちの役割に焦点を当てるのに対して，続く第4章から第7章では，政治家や政治制度の側に目を転じる。私たちがこれらをいかに使いこなすことができるのかということが，以下の各章をつらぬく，もう1つのテーマとなる。

　第4章「政党と政治家」は，もっぱら選挙において有権者による選択の対象となる政治家や政党を扱う。政党の組織や理念，機能のみならず，女性の過少代表の問題や選挙制度改革の影響についても解説する。第5章「議院内閣制と首相」は，議院内閣制という仕組み，首相の権力を支える基盤を説明する。近年目立つ官邸主導についても政治学の観点から解説する。第6章「国会」は，国権の最高機関たる国会の機能と役割，立法過程を説明する。日本の議院内閣制の仕組みを踏まえつつ，政府と与党，与党と野党，それぞれの関係から国会

を通じた民意の代表を読み解く。第7章「官僚・政官関係」は，民主的に決められたものごとを執行する官僚制を扱う。執行にとどまらず，政策づくりの段階にも関与する官僚制の重要性にふれつつ，民主的な統制の手段について検討する。第8章「メディア」は，政治とマスメディアのさまざまな関係，変容するメディア環境，有権者の政治参加を促進するツールとしての役割にもふれる。第9章「政策過程の全体像」では，どのように政策がつくられていくのか，有権者は選挙と選挙の間の政策づくりにどのようにかかわることができるのか，それぞれに注目して，第2章から第8章までの内容をまとめている。第10章「地方自治」は，文字どおり，地方自治を扱う。国から地方自治体への分権改革により，自治体の運営が重要となった。中央・地方関係のみならず，知事・市町村長と議会からなる二元代表制や，住民参加を説明する。

ここまでは，「誰がどのように政治的な決定にかかわるのか」という観点に重点を置いてきた。残る第11章「安心社会とケア」と第12章「共生社会とシティズンシップ」では見方を変え，21世紀に生きる私たちにとって，「何が重要な課題なのか」という観点から章を編んでいる。第11章は，超高齢社会における日本型福祉の限界に切り込んでいる。性別役割分業，雇用形態により区別される福祉の仕組み，少ない国庫負担，これらからなる日本型福祉が共働き世帯の増加や雇用の劣化によって，行き詰まりを迎えている。日本型福祉は政治の所産である以上，同様に政治の力でそれを変えることもできるはずである。第12章は，グローバル化社会において国民とはどのような存在である（べき）かを問い直している。そもそも誰が主権者になりうるのか。基本的人権の主体であった普遍的な市民概念は，国民国家の成立によって国民概念に統合されていったが，外国人居住者が増えているなか，あらためて主権者の外延が問われている。外国籍の住民の人権はどのように保障されるのだろうか。これから留学や海外出張の機会も多いだろう若い人たちにとっても，他人事ではすまないはずである。

本書の使い方

読者が日本政治の全体像を理解しやすいような順番で各章を配置しているが，興味のある章から読んでもらっても構わない。その章の内容について他の章で

もふれていれば，文中で「第○章参照」のように示してある。適宜，照らし合わせながら読んでもらいたい。

　各章の冒頭には，INTRODUCTION（以下，「導入」）と QUESTIONS（同「問い」）が掲げられている。「導入」には，その章の目的が示されている。各論を読み進んでいくうちに，初学者のみなさんは文章を追っていくだけで精一杯になってしまうことがあるかもしれない。そうしたときには，もう一度「導入」に目を通して，何のための議論であったのかを再確認してもらいたい。「問い」には，読者に考えてもらいたいことが示されている。極論すると，これらの「問い」に定まった答えはない。本文中では執筆者や先人たちの考えを示してはいるが，それが唯一の正解というわけではない。「問い」を材料に授業でディスカッションしてもよいだろうし，レポートの課題に転用してもらってもよい。

　本文中には，ゴシック体で強調した**キーワード**が出てくる。本書を理解するうえで重要な言葉を指定してあるので，その意味を把握しながら読み進んでもらいたい。関連して，第 1 章「戦後日本の政治」には少し解説が必要な用語や歴史的出来事が頻出するので，それらを中心に用語説明をウェブサポートページ（後ほど説明）に掲載した。対象となる用語には「⇒WEB」マークを付けてあるので，ぜひ，活用してもらいたい。そのほかには，適宜，Column を掲載している。重要と考えられるトピックを取り上げて，より詳しく説明している。

　章末の「**読書案内**」では，さらに勉強したい読者に向けて，執筆者から何冊かの本を推薦している。簡単な紹介文も付しているので，興味があれば，ぜひ手に取ってもらいたい。レポートなどの課題をこなさなければならないときにも，この「**読書案内**」が役に立つだろう。

　ストゥディア・シリーズの特色として，ウェブサイトとの連携が挙げられる。本書では，紙幅の制約により，各章の引用・参考文献をウェブサイト上で示すことにした。章末に QR コードを掲載しているので，それを携帯電話・スマートフォンのカメラ機能で読み取ってもらいたい（すぐ下にもあるので試してほしい）。そうすると，ブラウザ画面上には有斐閣のウェブサポートページに掲載された引用・参考文献リストが表示されるはずである。書籍としてのコンパクトさと学術的な正確性の両立を期するためであり，ご不便をご海容願いた

い。また，本書を教科書として用いてくださる先生方には，「先生用」のサポートページに映写用のスライド（MS PowerPoint 形式）を提供する予定である。ダウンロードには登録などの手続きが必要であるが，積極的にご利用いただきたい。

　本書は現在進行中の現象を取り扱っているので，時間の経過とともに，新たに付加すべき内容が生じてくるのは致し方ない。それらもウェブ上にコラム形式で提供することを計画している。

2018 年 5 月 30 日

上神貴佳・三浦まり

引用・参考文献 | **Reference** ●

安野智子（2016）「民主主義および政治制度に関する意識」池田謙一編『日本人の考え方　世界の人の考え方——世界価値観調査から見えるもの』勁草書房：240-272。

執筆者紹介

上 神 貴 佳（うえかみ　たかよし）　　　　　編者，第 4, 9 章
　現職：國學院大學法学部教授
　主な著作：『政党政治と不均一な選挙制度——国政・地方政治・党首選出過程』東京
　　大学出版会，2013 年；『民主党の組織と政策——結党から政権交代まで』（共編著）
　　東洋経済新報社，2011 年

三 浦　ま り（みうら　まり）　　　　　　　編者，第 4, 11 章
　現職：上智大学法学部教授
　主な著作：『さらば，男性政治』岩波書店，2023 年（石橋湛山賞，平塚らいてう賞受
　　賞）；『私たちの声を議会へ——代表制民主主義の再生』岩波書店，2015 年

中 北　浩 爾（なかきた　こうじ）　　　　　　　　　第 1 章
　現職：一橋大学大学院社会学研究科教授
　主な著作：『自公政権とは何か——「連立」にみる強さの正体』筑摩書房，2019 年；
　　『現代日本の政党デモクラシー』岩波書店，2012 年

遠 藤　晶 久（えんどう　まさひさ）　　　　　　　　第 2 章
　現職：早稲田大学社会科学総合学術院准教授
　主な著作：『イデオロギーと日本政治——世代で異なる「保守」と「革新」』（共著）
　　新泉社，2019 年；*Generational Gap in Japanese Politics: A Longitudinal Study of Political*
　　Attitudes and Behaviour（共著），Palgrave Macmillan, 2016

鹿 毛　利枝子（かげ　りえこ）　　　　　　　　　　第 3 章
　現職：東京大学大学院総合文化研究科教授
　主な著作：*Who Judges?: Designing Jury Systems in Japan, East Asia, and Europe*, Cambridge
　　University Press, 2017；*Civic Engagement in Postwar Japan: The Revival of a Defeated*
　　Society, Cambridge University Press, 2011

濱 本　真 輔（はまもと　しんすけ）　　　　　　　　第 5 章
　現職：大阪大学大学院法学研究科准教授
　主な著作：『日本の国会議員——政治改革後の限界と可能性』中央公論新社，2022
　　年；『現代日本の政党政治——選挙制度改革は何をもたらしたのか』有斐閣，2018
　　年

藤 村　直 史（ふじむら　なおふみ）　　　　　　　　　　　第 6 章

現職：神戸大学大学院法学研究科教授

主な著作："Ideological Positions and Committee Chair Appointments,"（共著）*Legislative Studies Quarterly,* forthcoming；"The Trade-Off between Equal Representation and Electoral Participation: The Effect of Redistricting on Voter Turnout," *Representation,* 58（4）: 547-563, 2022

上 川　龍之進（かみかわ　りゅうのしん）　　　　　　　　第 7 章

現職：大阪大学大学院法学研究科教授

主な著作：『小泉改革の政治学——小泉純一郎は本当に「強い首相」だったのか』東洋経済新報社，2010 年；『経済政策の政治学——90 年代経済危機をもたらした「制度配置」の解明』東洋経済新報社，2005 年

上ノ原　秀晃（うえのはら　ひであき）　　　　　　　　　第 8 章

現職：文教大学人間科学部准教授

主な著作：「2013 年参議院選挙におけるソーシャルメディア——候補者たちは何を『つぶやいた』のか」『選挙研究』30(2)：116-128，2014 年；「日本におけるインターネット政治——国会議員ウェブサイトを事例として」サミュエル＝ポプキン・蒲島郁夫・谷口将紀編『メディアが変える政治』東京大学出版会，2008 年

内 山　　融（うちやま　ゆう）　　　　　　　　　　　　　Column ❺

現職：東京大学大学院総合文化研究科教授

主な著作：『小泉政権——「パトスの首相」は何を変えたのか』中央公論新社，2007 年；『現代日本の国家と市場——石油危機以降の市場の脱〈公的領域〉化』東京大学出版会，1998 年

中 谷　美 穂（なかたに　みほ）　　　　　　　　　　　　第 10 章

現職：明治学院大学法学部教授

主な著作：『地方分権時代の市民社会』（共著）慶應義塾大学出版会，2008 年；『日本における新しい市民意識——ニュー・ポリティカル・カルチャーの台頭』慶應義塾大学出版会，2005 年

岡 野　八 代（おかの　やよ）　　　　　　　　　　　　　第 12 章

現職：同志社大学大学院グローバル・スタディーズ研究科教授

主な著作：『戦争に抗する——ケアの倫理と平和の構想』岩波書店，2015 年；『フェミニズムの政治学——ケアの倫理をグローバル社会へ』みすず書房，2012 年

目　　次

CHAPTER 1

戦後の日本政治　　　　　　　　　　　　　　　　　　　1

CHAPTER 2

政 治 参 加　　　　　　　　　　　　　　　　　　　　27

CHAPTER 3

団体政治・自発的結社　　53

CHAPTER 4

政党と政治家　　73

CHAPTER 5

議院内閣制と首相　　97

CHAPTER 6 国　会 117

CHAPTER 7 官僚・政官関係 137

メディア　　　　　　　　　　　　　　　　　　161

政策過程の全体像　　　　　　　　　　　　　179

—CHAPTER—

第1章

戦後の日本政治

INTRODUCTION

　私たちの日々の生活は，税，社会保障，安全など，政治と大きな関わりを持っている。だからこそ，私たちは主権者として，よりよい政治を実現するために，選挙を通じて政党や政治家を選び，必要に応じて声を上げる。そのことが民主主義のプロセスの根幹に位置する。そして，現在の日本政治は，さまざまな岐路に直面した政治家や市民たちの選択の積み重ねの結果である。私たちは過去から続く歴史の連鎖の中に存在し，未来への責任を負っている。このような観点から，本章では，1947年の日本国憲法の制定，55年体制と呼ばれる自民党一党支配，1994年の政治改革など，第二次世界大戦での敗戦から現在に至る日本政治の歩みを跡づけていく。

QUESTIONS

① 日本政治は，いかなる争点をめぐって展開され，どのような岐路を経てきたのか。

② 政治の主たる担い手である政党や政治家は，どう変化してきたのであろうか。

③ 主権者たる私たち市民は，どのような声を上げ，いかに政治に影響を与えてきたのか。

● 1

1　戦後改革から 55 年体制の成立へ

日本国憲法の制定と社会民主主義の実験

　第二次世界大戦，あるいはアジア・太平洋戦争が正式に終結したのは，東京湾上で降伏文書の調印式が行われた 1945 年 9 月 2 日のことである。ところが，日本においては，昭和天皇が「玉音放送」を通じて戦争の終結を国民に知らせた 8 月 15 日が終戦記念日とされている（佐藤 2005）。そして，この日を境として，日本は大きな変貌を遂げたと考えられている。「戦争と抑圧」の時代から，「平和と民主主義」の時代へという変化である。こうした国民の記憶の根強さは，約 80 年経った現在もなお，「戦後」という言葉が現代を指す用語として使われることに示されている。

　しかし，戦前にも一時期「平和と民主主義」の時代が存在した。**大正デモクラシー**である。1924 年に第二次護憲運動が展開され，護憲三派内閣が成立して以降，憲政会・民政党と政友会の二大政党の党首が交互に政権を担当する慣行が続いた。25 年には男性に限られたとはいえ，納税額による制限のない普通選挙制が導入された。共産党を弾圧する治安維持法が制定される一方，普通選挙による衆議院選挙が行われ，合法無産政党（社会民主主義政党）が議席を獲得した。また，ワシントン体制のもと，幣原喜重郎外相を中心に協調外交が行われた。その理論的な支柱となったのが，吉野作造の民本主義であり，美濃部達吉の天皇機関説であった。

　幣原や美濃部が，第二次世界大戦後になって，戦時期は一時的な逸脱にすぎず，大日本帝国憲法（明治憲法）の枠内で，大正デモクラシーを取り戻し，発展させればよいと考えたのは，理解できないことではない。実際，幣原は，敗戦処理にあたった東久邇宮稔彦内閣の次に組閣すると，1945 年 10 月 11 日に**ダグラス・マッカーサー**連合国軍最高司令官から提示された**五大改革指令**に基づき，治安維持法や治安警察法の廃止，女性参政権の付与，労働組合法の制定など，大正デモクラシーの時代に国民の間から要望され，検討されていた改革

を自主的かつ迅速に行った。

　幣原首相は，憲法改正に消極的であり，明治憲法の運用を改善すればよいと考えていたが，連合国最高司令官総司令部（GHQ／SCAP，以下総司令部）はそうではなかった。ソ連やオーストラリアをはじめ連合国の間では，昭和天皇の戦争責任を追及する動きがあり，それを退けるには憲法を改正し，**天皇制**を存置しつつも徹底した「非軍事化と民主化」を図らなければならなかったからである。マッカーサーは天皇を利用して円滑な占領統治を進めたかった。幣原内閣の憲法問題調査委員会が明治憲法を手直しする程度の案をまとめると，総司令部は民間の憲法研究会の案も参考にしながら憲法改正案を起草し，日本政府に手交した。

　その際，総司令部のホイットニー民政局長は，「最近の日本の情勢を見るに本案は日本民衆の要望にも合致するものなりと信す」と述べている（古関 1989）。天皇制の存続に加え，国民の潜在的な支持があったからこそ，日本政府は受け入れざるを得なかった。ただし，日本側にも修正の余地が認められた。日本政府が案をまとめる段階で，外国人の人権保障に関する規定が削除され（第12章参照），また一院制が二院制に変更された。さらに，帝国議会の審議の過程で，社会党の主張に従い，生存権の規定が追加された。**日本国憲法**は 1946 年 11 月 3 日に公布され，翌年 5 月 3 日から施行された。

　大正デモクラシーの蓄積があったからこそ，日本国憲法が定着したことは確かであろうが，「非軍事化と民主化」を推し進める総司令部は，明治憲法との断絶を求めたといってよい。美濃部の高弟にして，憲法改正にも関わった宮澤俊義が**八月革命説**を唱えたゆえんである。最も重要なのは，天皇主権から国民主権への転換であり，象徴天皇制の導入であった。それに伴い，男女の平等など広範な人権保障が盛り込まれるとともに，枢密院や貴族院が廃止され，議院内閣制が導入された。第 9 条には，戦争の放棄のみならず，戦力および交戦権の否認が明記された。

　その結果，統治機構の集権化が進んだ（第 5 章参照）。明治憲法では，主権者たる天皇がすべての統治権を有した。しかし，神聖不可侵とされた天皇は自ら統治権を行使せず，それを細かく分割したうえでさまざまな国家機関に委ねた。帝国議会は衆議院と貴族院に，軍部も陸軍と海軍に分けられ，内閣は国務大臣

の単独輔弼責任制がとられ，官僚制や枢密院も大きな権限を保持した。それに
対して日本国憲法では，二院制がとられ，官僚制の権力が残存するといった限
界もあったが，国民から選出される衆議院の多数派が組織する内閣に権力が集
中した。そのもとで，政党が政治の主役の座を占めることになった。

　大政翼賛会の発足によって解散していた政党は，敗戦後に復活した。政友会
と民政党の系譜をそれぞれ引く日本自由党と日本進歩党，合法無産政党が大同
団結した日本社会党などが結成され，日本共産党も再建された。1946 年 4 月
の戦後初めての衆議院議員総選挙で第一党になったのは，日本自由党であった
が，鳩山一郎総裁が公職追放されたため，代わりに**吉田茂**が自由・進歩両党を
与党として内閣を組織した。しかし，47 年 4 月の衆院選では，社会党が第一
党となり，進歩党が解党して結成されていた民主党および国民協同党とともに，
片山哲を首班とする連立政権をつくった。

　社会党の台頭は，政党政治における戦前・戦後の断絶的変化であった。その
背景には，保守政治家を主たる対象として実施された公職追放や労働組合法の
制定といった戦後改革が存在したが，この時期の総司令部は，ニューディー
ラーと呼ばれた進歩的な人々を中心に，民主化の担い手としての社会党に期待
を寄せ，後押ししていた。さらに，日本国憲法の制定を受けて，経済復興が最
大の政治的課題として浮上し，そのために経済統制の実施や労働組合の協力が
必要と考えられたという事情もあった。片山内閣は，吉田内閣のもとで開始さ
れていた傾斜生産方式を本格的に推進した（中北 1998）。

　ところが，片山内閣による経済復興の取り組みは十分な成果を挙げず，イン
フレーションが昂進した。代わって成立した民主党首班の三党連立の芦田均内
閣は，統制経済に伴う汚職事件である昭和電工事件によって 1948 年 10 月に崩
壊し，吉田内閣が復活する。49 年 1 月の衆院選では，吉田内閣の与党の民主
自由党が，戦後で初めて単独過半数を獲得した。そのもとでインフレーション
の収束と単一為替レートの設定を主軸とするドッジ・ラインが実施され，経済
統制が解除されるとともに，労働組合の弱体化が進められた。このようにして，
中道連立内閣による社会民主主義の実験は終わり，保守支配が始まった。

冷戦の本格化と保守・革新の対立

　政党政治が中道から保守に転換した背景には，第二次世界大戦を協力して戦ったアメリカとソ連の間で緊張が高まり，**冷戦**と呼ばれる状態に陥っていたことがあった。アメリカは，1947年にソ連との協調を前提とする対日講和を進めたが，暗礁に乗り上げた。翌年には，マーシャル・プラン（欧州経済復興計画）の立案者であったジョージ・ケナンの主導のもと，日本をソ連封じ込めの戦略拠点とすべく，占領政策を「非軍事化と民主化」から「経済復興」に転換した。このNSC（国家安全保障会議文書）13/2に基づく**経済安定九原則**が総司令部に伝達され，1949年にドッジ・ラインとして実施された。

　しかし，それによって保守支配がただちに安定したわけではなかった。急激にインフレーションを抑制したために深刻な不況に陥り，中小企業の倒産が相次ぎ，解雇などに反対する労働争議が頻発したからである。ところが，1949年10月に中華人民共和国が成立し，中国大陸が共産化する。さらに，それに刺激を受けた北朝鮮の韓国への軍事侵攻により，50年6月に**朝鮮戦争**が勃発すると，事態は一変する。日本は国連軍の主力をなしたアメリカ軍の兵站基地となり，その物資やサービスの調達などによるドル収入，いわゆる特需によって好景気が発生したのである。

　米中両国軍が直接戦った朝鮮戦争の勃発は，それ以外にも重要な影響を日本に及ぼした。冷戦が熱戦に転化し，アメリカの対日占領政策が最終的に軍事化へと変化したことである。まず，戦争の勃発から2週間後，朝鮮半島に出撃したアメリカ軍の空白を埋めるために，警察予備隊が創設され，旧軍人の採用も行われた。こうして再軍備が開始され，保安隊を経て，自衛隊へと発展していく。また，ソ連を排除し，アメリカ軍の日本への駐留を条件とする対日講和が本格的に進められ，1951年9月，**サンフランシスコ講和条約と日米安全保障条約**が調印された（五十嵐 1986）。

　ところが，講和・安保両条約は，大きな問題を抱えていた。1つは，全面講和ではなく片面講和になったことである。ソ連などの共産主義諸国だけでなく，インドをはじめ日本の侵略を受けたアジアの多くの国々との講和も実現しなかった。その最も重要な国は，中華人民共和国であった。2つ目の問題は，日

米安保条約が日本防衛義務や条約期限を設けておらず，アメリカ軍が日本で起きた内乱に介入できる内乱条項を盛り込むなど，アメリカへの従属性がきわめて強いものになったことである。3つ目は，領土問題である。北方領土問題の未解決に加え，沖縄・奄美・小笠原がアメリカの統治下に置かれた。

社会党は，中道連立内閣の崩壊後に主導権を握った左派を中心として，全面講和，中立堅持，軍事基地反対，再軍備反対の「平和四原則」を打ち出し，両条約に反対した。いまだ敗戦から日が浅く，鈴木茂三郎委員長の「青年よ銃をとるな，婦人よ子どもを戦場に送るな」という訴えは，広く国民の共感を得た。それは特需依存の消耗的な軍事経済化ではなく，中国貿易を主軸とする拡大再生産的な平和経済を建設すべきという経済政策上の主張にも裏づけられていた。労働組合の中央組織の日本労働組合総評議会（総評）や，丸山眞男ら平和問題談話会に代表される進歩的知識人も，社会党と連携して両条約に反対した。

ここに日本政治の対立軸は大きく変化した。それまでの経済政策に代わって，冷戦下では平和問題が重要になり，そのような意味を持つものとして，「保守」と「革新」という言葉が使われるようになった（第4章参照）。吉田内閣の与党の自由党などの保守勢力が，自由主義陣営を指向して対米従属と軍事化を受け入れ，冷戦の一翼を担おうとしたのに対して，革新勢力は対米従属と軍事化を拒否し，冷戦を緩和・解消しようとした。この当時，武装闘争路線をとっていた共産党は別として，社会党左派をはじめとする革新勢力は中立を主張したのであり，共産主義陣営から距離をとったことは注意しておく必要がある。

しかし，この時点では，保守勢力が革新勢力に対して圧倒的な優位に立った。まず社会党が講和・安保両条約の批准をめぐって分裂した。共産主義に強く反対する右派が，講和条約への賛成を唱えたからであり，国会議員の数では右派社会党のほうが左派社会党よりも多かった。また，従来，社会党と提携してきた保守系野党の国民民主党も，吉田内閣に協力した。その結果，たとえば衆議院についてみると，講和条約は賛成307，反対47，安保条約は賛成289，反対71と，圧倒的多数で可決された。両条約は，1952年4月28日に発効し，日本は主権を回復した。

革新勢力が保守勢力に勝っていたのは，進歩的知識人を通じた知的な影響力であり，総評を主軸とする労働組合の組織力であった。そうしたなか，保守勢

力の一部を含む幅広い国民の支持を得て，革新国民運動が多様なかたちで展開された。まず，内灘闘争や砂川闘争といった**軍事基地反対闘争**である。この時期，日本本土にも広大な米軍基地が存在し，占領の終結に伴い，深刻な基地被害が明るみに出ていた。また，1954年3月の**第五福竜丸事件**を契機とする原水爆禁止（原水禁）運動も重要である。唯一の戦争による被爆国というアイデンティティゆえに，原水禁運動は国民の大きな共感を得ることになった。

重要なのは，保守勢力が天皇の元首化，家制度の復活，教育の国家主義化といった戦前への回帰を進めようとしたことを背景に，軍事基地反対闘争や原水禁運動といった平和運動が，「逆コース」への反対運動の一環として行われたことである。「平和と民主主義」というスローガンのもと，「非軍事化と民主化」をめざした戦後改革の成果を守るという目標が革新勢力の結集軸となり，高学歴，若年層，ホワイトカラーの人々を中心として，国民的な広がりを持った。1954年1月には憲法擁護国民連合が結成され，戦後改革の最大の成果である日本国憲法の改正に反対した。

55年体制の成立と定着

主権の回復は吉田首相の最大の政治的業績であったが，それによって総司令部という後ろ盾を失った。そればかりか，主権の回復に伴い，公職追放が解除され，鳩山一郎ら戦前の有力な政治指導者が政界に復帰してきた。鳩山は，自らが設立した自由党を吉田に一時的に預けたにすぎず，総裁ポストを返すよう要求した。しかし，池田勇人や佐藤栄作といった高級官僚出身者を中心に，すでに自らの勢力を自由党内に築いていた吉田は，鳩山が脳溢血で倒れたこともあり，応じなかった。1952年10月の衆院選の前後から，自由党では吉田派と鳩山派の対立が深刻化していった。

追放解除の影響は，国民民主党にも及び，旧民政党の有力政治家の意向に従い，戦時下で外相を務めた重光 葵 を総裁とする改進党が結成された。重要なのは，自由党鳩山派や改進党が，吉田内閣を対米追随と批判し，憲法改正による再軍備を説いたことである。大日本帝国の政治指導者であった彼らは，アメリカとの協調を主張しつつも，日米安保条約の改定によるアメリカ軍の日本からの撤退をめざした。戦前回帰のナショナリズムである。1953年4月の衆院

選で，自由党が過半数を割り込み，吉田内閣が少数派政権に陥ると，改進党がキャスティング・ボートを握り，翌年7月に**自衛隊**が発足した。

しかし，この時期，国際環境は革新勢力にとって有利に変化しつつあった。1953年7月の朝鮮休戦に続いて，54年7月にインドシナ戦争が休戦を迎え，緊張緩和が本格化し，中ソ両国との関係改善の可能性が高まったためである。アメリカからのMSA援助が期待はずれに終わった結果，財界においても特需の減少を中国貿易によって補おうという主張が広がりをみせた。「非武装中立」を唱える左派社会党の主張が説得力を増したのであり，それに右派社会党が歩み寄り，再統一に向かっていった。総評に支えられた左派社会党は，議席のうえでも躍進を遂げ，右派社会党を凌駕していた。

反吉田保守勢力と革新勢力が攻勢をかけるなか，吉田内閣の命運は造船疑獄などによって尽きつつあった。鳩山派と岸信介派が自由党を離れ，改進党とともに日本民主党（民主党）を結成すると，両派社会党は民主党と共同で内閣不信任決議案を提出し，吉田内閣の総辞職を受けた首班指名投票でも，民主党総裁の鳩山を支持した。その際の約束に従い，鳩山首相は衆議院を解散し，1955年2月に総選挙が行われた。民主党は過半数の議席を獲得できず，鳩山内閣は少数派政権にとどまった。他方，両派社会党は，憲法改正の発議を阻止できる3分の1の議席を確保し，政権獲得をめざして統一を進めていった。

こうしたなか，民主・自由両党は保守合同に向かっていく。財界やアメリカは，階級闘争を唱える総評に支えられて「非武装中立」を唱える社会党が政権を獲得することを，何としてでも避けなければならないと考え，保守合同を積極的に後押しした。社会党が統一した約1カ月後の1955年11月15日，保守合同が実現し，**自由民主党**が結成された（第4章参照）。ここに社会党の圧力のもと，自由民権以来の保守政党の分立状態が解消されたのである。総裁は空席とされたが，鳩山内閣が継続し，幹事長に岸信介が就任したように，当初，自民党の主導権を握ったのは，反吉田保守勢力であった（中北 2002）。

しかし，部分的であれ戦前への回帰を進める反吉田保守勢力は，大きな壁に突き当たった。1つは，アメリカである。保守合同の直前に鳩山内閣の重光外相が訪米し，日米安保条約の改定を提案したが，拒否されていた。最大の理由は，アメリカが在日米軍基地を維持したかったことにある。それに同席した岸

は，まずアメリカの日本防衛義務と日本の基地提供義務の交換という対等性の確保をめざし，しかる後に憲法改正による再軍備を前提に米軍の撤退を進めるという2段階の戦略を立てることになる。日ソ国交回復にあたっても，アメリカは北方領土について安易な妥協を避けるよう圧力をかけた。

　もう1つの障害となったのは，革新国民運動であった。鳩山内閣の後，短命の石橋湛山内閣を挟んで1957年2月に成立した岸内閣が，翌年10月に警察官職務執行法（警職法）の改正案を国会に提出すると，反対運動が巻き起こり，断念に追い込まれた。60年1月には，岸首相によって，**新たな日米安保条約**が調印された。内乱条項が削除される一方，条約期限が明記され，事前協議制が⇒WEB導入されるなど，対等化が図られたが，アメリカの戦争に巻き込まれる懸念から反対運動が行われた。さらに衆議院で強行採決がなされると，民主主義の擁護を唱える史上空前の巨大なデモが国会を取り囲んだ（原 1988）。

　新安保条約の批准には成功したものの，退陣を余儀なくされた岸に代わって1960年7月に内閣を組織したのは，対米追随と批判された吉田の後継者の池田勇人であった。池田首相は，安保闘争への反省から「寛容と忍耐」をスローガンに掲げ，社会党などの野党に対して「低姿勢」をとり，憲法改正を強行しないと明言した。それは，岸が新安保条約の先に展望していた再軍備による在日米軍の撤退をめざさないということである。憲法9条の枠内で自衛隊を保持する一方，在日米軍に依存しつつ安上がりに安全保障を確保する経済重視の安保効用論は，その後の自民党政権にも継承されていく。

 ## 経済成長と自民党長期政権

高度経済成長と利益誘導政治の発展

　池田内閣が憲法改正と並んで棚上げしたのが，小選挙区制の導入である。自民党は結党時に幹事長を務めた岸を中心に，国会議員を中心とする分権的な議員政党（幹部政党）から脱皮して，党執行部の強力な指導のもとに全国各地に支部を設置して党員を集め，党費納入などの義務を負わせる代わりに役員の選

出などへの参加を認める，つまり西欧の社会民主主義政党に近い，党員を基礎とする集権的な組織政党（大衆政党）の建設を目標としていた。社会党に対抗することに加え，組織政党こそがめざすべき近代的な政党モデルであるという認識が，政治学者をはじめ広く知識人の間に浸透していたからである（選挙制度については第2章，政党モデルについては第4章を参照）。

　実際の党組織のモデルはイギリス保守党であったが，そのために衆議院の中選挙区制を廃止して，小選挙区制を導入することがめざされた。1つの選挙区からおおむね3〜5名の議員を選出する**中選挙区制**において，自民党は政権を維持するため，同じ選挙区に複数の公認候補を擁立しなければならず，各候補者は党の組織や政策に頼って選挙戦を行うことができない。それゆえ，1つの選挙区から1名の議員を選ぶ**小選挙区制**を導入して，党組織を集権化させようと考えたのである。ところが，第3次鳩山内閣による小選挙区制の導入の試みは，社会党などの野党と自民党内の反対により挫折に終わった。

　これ以降，自民党は組織政党の建設という目標から遠ざかり，派閥と個人後援会に特徴づけられる総裁の権力が弱い分権的な党組織が定着していった。その第1段階が，鳩山の引退を受けて1956年12月に実施された総裁選挙であった。役職とカネが乱れ飛ぶ激しい多数派工作が展開され，それまで多分に流動的であった派閥が固定化し，重複加入者がほとんどいなくなった。第2段階は，58年5月の衆院選である。各派閥が勢力拡大をめざして候補者を擁立し，支援する一方，各候補者も自らの個人後援会を組織して，選挙運動を行った。**個人後援会**が全国的に広がったのは，この選挙からだといわれる。

　高度経済成長も，派閥や個人後援会の定着を下支えした。朝鮮戦争の休戦を受けて国際収支の危機が生じ，1954年度予算から緊縮政策が実施されていた。ところが55年に始まる高度成長を受けて，57年度から積極政策への転換が行われ，その延長線上に池田内閣が所得倍増政策を打ち出した。そのもとで，政府の政策決定に影響力を持つ政党や政治家が，選挙での票や政治資金を得る見返りとして，特定の個人・地域・企業・団体などに個別的な利益を供与する，利益誘導政治が広がっていった。こうした政治手法を駆使して強固な個人後援会を築いた典型的な政治家が，田中角栄である。

　党執行部の強力な指導のもとで多数の党員を集める組織政党を建設するため

には，理念を強調する必要があった。結党からしばらくの間，自民党が押しつけ憲法論に基づく「自主憲法の制定」を追求し，社会主義に対抗する保守主義を強調した理由の1つは，そこにあった。ところが，分権的な党組織のもとで利益誘導政治が発展すると，理念は後景に退き，憲法改正の棚上げが続いた。自民党は理念ではなく利益によって有権者の支持を調達しようとしたのであり，政権の座にあることで政権を維持するのに必要な政治的資源を得られるという正のフィードバックが生まれ，長期政権につながった。

　利益誘導政治の発展に加え，自民党政権を安定化させたのは，野党第一党であった社会党の抵抗政党化である。その最大の原因となったのは，1959年の再分裂であり，その帰結としての翌年の民主社会党（民社党）の結成である。西尾末広を党首とする民社党は，その直後の衆院選で伸び悩み，その意味では社会党の重大な脅威とはならなかった。しかし，右に位置する民社党との差異化を図るあまり，社会党は左傾化する。安保闘争が成功体験として捉えられたこともあって，マルクス主義^{⇒WEB}の枠内ながら改良の積み重ねに積極的な位置づけを与える江田三郎らの構造改革論^{⇒WEB}が否定され，政権を獲得する熱意を失っていった。

　民社党の結成に続いて，1964年には創価学会を支持母体とする公明党が結成され，都市部を中心に勢力を伸ばした。また，55年に武装闘争路線を放棄した共産党も，宮本顕治の指導のもとで議席の拡大に努めた。野党が多党化するなか，社会党は60年代半ばから議席のうえでも長期低落に陥っていった。その一因は，最大の支持団体である総評が組織力を低下させたことにあった。高度成長に伴う産業構造の変容への対応が遅れたばかりか，民間の労働組合で組合員ではなく社員としての意識が高まるとともに，民社党を支持する労働組合の中央組織の同盟が引き抜きや第二組合の結成を行った結果であった。

┃ポスト高度経済成長と与野党伯仲┃

　高度成長は利益誘導政治を可能にし，自民党の支持基盤を強固にする一方で，それを大きく掘り崩した。自民党が優位を保つ農村部から都市部に人口が移動するとともに，農民に対して労働者が増加した結果，国政選挙での与野党間の得票率の差が接近した。とりわけ都市部では，高度成長の歪みが顕在化し，大

気汚染や水質汚濁をはじめとする公害，交通渋滞，住宅難，学校不足などが深刻になった。老人問題にも焦点が当てられた。こうした背景から，1967 年 4 月の東京都知事選挙で社会・共産両党が支援する美濃部亮吉が当選したことを皮切りに，**革新自治体**が全国に広がっていった（岡田 2016；自治体政治については第 10 章を参照）。

　美濃部都政が老人医療費の無料化や公害防止条例の制定に踏み切ったのをはじめ，革新自治体は福祉の充実や環境規制の強化に積極的に取り組んだ。それは高度成長を牽引する大企業や中央政府の要求ではなく，住民の要望に応えることを意味し，美濃部都知事の対話集会にみられるように，直接民主主義的な市民参加が重視された。時代的な背景としては，労働組合を主力とする国体動員型の革新国民運動に代わって，個人の参加に基づく**べ平連**の平和運動が高揚するなど，市民の政治的活性化が存在した。革新自治体は外国人の人権の尊重にも努め，さまざまな施策に取り組んだ。

　自民党政権も，新たな争点にまったく手をこまねいていたわけではない。佐藤栄作内閣が 1970 年の「公害国会」で公害対策基本法を改正し，田中角栄内閣が 73 年を「福祉元年」と位置づけて老人医療費の無料化を実現するなど，公害対策や福祉政策を推進した。しかし，それは受動的な対応にとどまった。こうしたなか，74 年 7 月の参議院議員通常選挙に続き，76 年 12 月の衆院選で衆議院においても与野党伯仲に陥った。この間，大規模な疑獄事件である**ロッキード事件**が発覚し，自民党から 6 名の議員が脱党し，新自由クラブが結成されていた。自民党は，政権から転落する瀬戸際に追い込まれた。

　しかし，野党は自民党政権に代わる有効な連合政権構想を示すことができなかった。その最大の原因は，左派が主導権を握る野党第一党の社会党が，革新自治体の成功もあって，共産党を含む全野党共闘にこだわり，自民党との間に位置する中道政党の公明党や民社党との社公民路線に舵を切れなかったことである。地方自治体の首長選挙とは違い，中選挙区制によって行われる衆院選では，野党間の選挙協力が十分に進まなかった。野党の足並みの乱れは，革新自治体にも影響を及ぼし，1979 年の統一地方選挙を画期として革新自治体が衰退する一因になった。

　1973 年 10 月に発生した石油危機も，革新自治体に大きな打撃を与えた。地

方自治体の税収が落ち込み，財政難に陥り，地方公務員の給与水準の高さや「バラマキ福祉」に対する批判が高まったからである。石油危機の影響はそれだけではない。インフレーションを抑制するために，75年の春闘で賃上げが抑えられ，総評が敗北を喫した。同年秋の8日間に及ぶ「スト権スト」⇒WEBでも，総評の主力である国労（国鉄労働組合）などが成果なく敗れ，これ以降，労使協調路線をとる右派の主導のもと，現在の連合の結成に至る労働戦線の統一が進められていくことになった（新川 1999；労働運動については第3章を参照）。

他方，自民党が党改革を進めたことにも注目しなければならない。与野党伯仲に強い危機感を抱いた自民党は，1977年4月の党大会で，福田赳夫総裁のもと，前任の三木武夫が提案していた総裁予備選挙を導入した。従来の国会議員と地方組織の代表だけでなく，一般の党員にも総裁選挙での投票権を付与し，派閥抗争に伴う金権腐敗や密室政治に対する批判に応えようとしたのである。これは社会党に先んじた措置であり，国民の参加の要求を充足させるものであった。結果として，派閥の解消はなされなかったが，派閥が党員獲得競争を繰り広げた結果，党員数が急激に増加し，支持基盤の拡大につながった（第4章参照）。

外交面でも大きな進展があった。それまでも1956年の日ソ共同宣言の署名，60年の安保改定，71年の沖縄返還協定の調印など，講和・安保両条約の締結に端を発する外交課題が1つずつ解決されてきたが，72年9月の日中国交正常化に関する共同声明に続き，78年8月には日中平和友好条約が調印された。すでにソ連との対立が高まっていた中国が自衛隊や日米安保条約を是認したこともあって，社会党が唱えてきた「非武装中立」論の説得力が著しく減退した。実際，NHKの世論調査をみると，この時期以降，日米安保条約に賛成する割合が急激に増加した（NHK放送世論調査所編 1982）。

社会党は1980年1月に公明党と合意を結び，事実上，全野党共闘を放棄し，社公民路線に転換した。しかし，それは遅すぎた選択であった。すでに国民の間では自民党支持が回復基調にあった。社公合意の5カ月後の6月の衆参ダブル選挙では，選挙期間中に現職の首相であった大平正芳が急死したが，それへの同情票も得た自民党は大勝し，与野党伯仲が終わりを告げた。なぜ社会党は千載一遇のチャンスを生かせなかったのか。それは組織政党の建設をめざすあ

まり，理念に忠実な活動家の発言力を高めすぎ，中道政党への譲歩が難しかったためであった。こうした社会党の組織体質は，その後も十分に払拭されなかった。

経済大国化と保守復調

この時期，知的世界においても革新に対して保守が優位に立った。第二次世界大戦後の日本では，欧米諸国をモデルとして近代化を進めなければならないと主張する進歩的知識人が大きな影響力を持ち，それが社会党を支えた。ところが，日本が高度成長を達成したうえで，石油危機をいち早く乗り切り，経済大国としての地位を国際的に占めると，終身雇用，年功賃金，企業別組合などにみられる日本的経営を高く評価する主張が強まった。より一般的にいえば，それまで封建的な日本社会の伝統と批判されてきた集団主義が称揚されるようになった。経済大国としてのナショナリズムである。

それに伴い，政治に関する言説も変化した。西欧の福祉国家が否定的に捉えられるようになり，職場，家族，地域の共助を重視する日本型福祉社会論が唱えられた（第 11 章参照）。専業主婦の基礎年金第 3 号被保険者制度の創設（1985 年），所得税や個人住民税の配偶者特別控除の導入（1987 年）などは，その流れに沿うものであった（宮本 2008）。また，結党以来，自民党で試みられてきた党近代化，すなわち近代的な組織政党の建設という目標も放棄され，派閥や個人後援会の活力が高く評価されるようになった（組織政党モデルについては第 4 章を参照）。さらに，政務調査会の部会を起点とする自民党の政策決定プロセスも肯定的に論じられた。特定の政策分野に強い影響力を持つ族議員が，長期政権を背景に高い政策調整力を持つようになり，高度成長の終焉に伴い，官僚に対して優位に立つようになったという理解である（佐藤・松崎 1986；自民党の政策決定過程については，第 5，6，7 章を参照）。

以上のような**日本型多元主義**は，鈴木善幸内閣が開始した第二次臨時行政調査会（第二臨調）による行政改革の指導的な理念となった。「増税なき財政再建」をスローガンとする臨調行革の最大の成果は，国鉄，電電公社，専売公社の**三公社の民営化**であった。それが政治的に重要な意味を有したのは，それらの労働組合が総評の中心を担ってきたためである。中曽根康弘内閣は，1986

年の衆参ダブル選挙で三公社の民営化を掲げて勝利を収めると，国鉄の民営化を最終的に決定し，反対姿勢を崩さなかった国労を解体することに成功する。それは，革新勢力が保守勢力に対抗する力を失った最後の瞬間であった。

　衰退の一途をたどる革新勢力と入れ替わるようにして，自民党政権に対する圧力は，国外から加えられるようになった。いわゆる「横からの入力」である（佐々木 1987）。経済大国化に伴い，アメリカからは「安保ただ乗り」批判が突きつけられた。アメリカの日本防衛義務と日本の基地提供義務の交換という，1960 年の新安保条約の枠組みを実質的に見直すよう求められた日本は，78 年度から在日米軍駐留経費の日本側負担である「思いやり予算」を支払うようになっていたが，アメリカの財政状況の悪化や日米貿易摩擦の深刻化を背景として，「思いやり予算」の対象と金額は，80 年代を通じて拡大していった。

　1980 年代半ばになると，日米貿易摩擦はいよいよ深刻化し，「ジャパン・バッシング」（日本たたき）が欧米諸国で高まりをみせた。日本の市場経済や民主主義は欧米とは異質であり，それを称揚するどころか，改革しなければならないという主張である。85 年のプラザ合意による円安の是正を経てもなお，対日貿易赤字が減少しなかったアメリカは，日本市場の閉鎖性を非関税障壁と呼んで問題視し，89 年から日米構造協議が開始される。これに対応して，日本国内でも日本型多元主義に代わり，市場での競争を重視する新自由主義が影響力を強めていった（第 4 章参照）。

　他方，それとは別の「横からの入力」も高まりをみせていた。グローバルな人権規範の発展である。経済大国として日本が，それを無視することは難しくなっていた。たとえば，1979 年に採択され，2 年後に発効した女子差別撤廃条約は，日本でも 85 年に批准され，それに伴い男女雇用機会均等法が制定された。これは，専業主婦モデルに依拠する日本型福祉社会論に修正を迫る契機を内包していた。また，80 年代の自民党は女性の衆議院議員が皆無であった（第 4 章 Column ❷参照）。こうしたなか，86 年の衆参ダブル選挙で大敗した社会党は，憲政史上初の女性党首として土井たか子を選出した。

　土井ブームの追い風を受けた社会党は，1989 年の参院選で自民党を上回る議席を獲得する。前年，竹下登内閣のもとでリクルート事件が発覚し，消費税が導入されたことも，自民党が大敗した原因であった。だが，社会党は，86

年に西欧型の社会民主主義をめざす「新宣言」を採択していたが，この最後の
チャンスを生かすことができなかった。社会党が「非武装中立」論については
維持しており，公明・民社両党との妥協が十分に図れなかったからである。こ
れらの中道政党も自民党との提携に傾いていた。結局，野党連合政権が実現で
きない以上，それ以外の方法でしか自民党長期政権は倒れなかった。

 ## 3 政治改革と日本政治の変容

55 年体制の崩壊と政治改革

　自民党長期政権から脱却し，「政権交代ある民主主義」をめざす動きは，自
民党の内部から高まりをみせた。リクルート事件に示される金権腐敗体質が国
民の激しい批判を浴びるなか，自民党は政治改革委員会を設置し，1989 年 5
月に「**政治改革大綱**」をまとめた。この文書は，利益誘導政治の打破のみなら
ず，政権交代の可能性を高めるために，衆議院の中選挙区制を廃止し，小選挙
区制を基本に比例代表制を組み合わせる小選挙区比例代表並立制の導入を提言
した（第 2, 4 章参照）。このような主張は，第二臨調による行政改革の限界を
感じていた財界にも共有された。ここから政治改革の端緒が開かれた（佐々木
編 1999）。

　従来であれば，最大政党に有利な小選挙区制は，自民党一党支配を補強する
ものであった。それが政権交代をもたらすようになったのは，同じ年に起きた
冷戦の終焉と連合の結成ゆえである。すなわち，階級闘争を伴う保守と革新の
対立が決定的に弱まり，与野党をまたぐ政界再編が可能になったからである。
1991 年にはソ連が解体するとともに，バブル経済が崩壊した。平成不況に
入った日本では，経済大国としての自信が失われ，英米両国をモデルとし，参
加よりも競争を重視する方向での改革が指向されるようになる。経済的には新
自由主義的改革であり，政治的には小選挙区制の導入であった（第 4 章参照）。

　こうしたなかで，政治改革の構想を明快に示し，リードしたのが，自民党幹
事長を務めた小沢一郎である。小沢が重視したのは，規制緩和をはじめとする

新自由主義的改革を断行し，憲法改正を含む積極的な国際貢献を行うのに不可欠な，政治的リーダーシップの確立であった。政党間の競争を強め，それに勝利して政権を獲得した政党の党首兼首相に権力を集中させる。そのためには小選挙区制を導入して，党組織を集権化して総裁の権力を強めるとともに，**二大政党化**を実現しなければならない。このような考えは，1993年の著書『日本改造計画』にまとめられた。

　政治改革には，これとは別の選択肢も存在していた。二大政党制ではなく，政策距離が小さい3〜5つの政党が求心的に競争しつつ連立する「穏健な多党制」を実現し，より多様な民意を政治に反映させようという構想である。社会党をはじめとする野党が，こうした考え方に基づき，ドイツと同じ比例代表制を基調とする小選挙区比例代表併用制を唱えたほか，1992年に結成された日本新党も当初，中選挙区制の手直しを主張した。なお，小選挙区比例代表並立制であっても，比例代表の定数の割合が高ければ，二大政党制ではなく「穏健な多党制」に近づくことになる（中北 2012）。

　ところが，政治改革は難航を重ねた。野党が小選挙区制に反対しただけではない。最大政党の自民党にとって小選挙区制は有利であったが，リクルート事件の逆風が収まると，自民党の内部では現行の中選挙区制の維持を望む声が高まった。現行制度で選ばれてきた議員の心理からすれば，それは当然といえる。海部俊樹内閣が提出した小選挙区比例代表並立制を盛り込む政治改革関連三法案は，1991年に審議未了・廃案になった。また，東京佐川急便事件の発覚などを受けて，宮澤喜一内閣のもと，93年に提出された単純小選挙区制の導入を柱とする政治改革関連四法案も，成立に至らなかった。

　しかし，政治改革は政界再編と結びつくことで，そこから一転して実現に向かった。田中角栄派の系譜を引き，自民党の最大派閥であった竹下登派（経世会）の内部抗争に敗れた小沢らが，政治改革の失敗を理由に自民党を離党し，新生党を結成したからである。それとは別に若手改革派も離党して，新党さきがけを結党した。内閣不信任決議案の可決を受けて実施された総選挙で，自民党は過半数を割り，小沢らが日本新党代表の細川護熙を首班に担ぐことで，同93年8月，非自民・非共産連立政権が成立した。自民党は結党から初めて野党に転落し，38年にわたる55年体制が終わった。

細川政権が発足する際，それを構成する 8 党派の間では，小選挙区比例代表並立制の導入が合意されていたが，当初の政府案は，細川首相の意向もあって，小選挙区と比例代表の定数配分を同数の 250 とし，「穏健な多党制」をめざす内容となっていた。ところが，社会党の内部で選挙制度改革への反対意見が根強かったため，最大政党の自民党に対して譲歩を重ねざるを得ず，最終的に小選挙区 300，比例代表 200 と変更されるなど，小選挙区制の色彩が強められ，1994 年に実現した。これにあわせて，政党助成制度の導入や企業・団体献金の制限強化を内容とする政治資金制度改革も行われた。

　1994 年の政治改革を通じて，結果として小沢の構想が大筋で実現したとみることができる。さらにその後も，そうした方向での政治改革が続けられた。中央省庁を再編し，内閣機能を強化する橋本龍太郎内閣による行政改革，党首討論の導入や副大臣・政務官の設置を盛り込む国会審議活性化法の制定，衆議院の比例代表の定数の 20 削減，マニフェスト選挙の開始などである（行政改革については第 5, 7 章，マニフェスト選挙については第 4 章を参照）。これらは総じて分権的な色彩が濃い日本の議院内閣制を，首相の権力が強く集権的なイギリスの**ウェストミンスター・モデル**に近づけていこうとするものであった（第 5 章参照）。

日本政治の構造的変化と政権交代

　55 年体制と呼ばれた自民党長期政権の崩壊を受けて，1990 年代を通して政権の枠組みが目まぐるしく変化した。大きくいって，非自民・非共産連立政権（細川・羽田 孜 内閣）から，自民党・社会党・さきがけの自社さ政権（村山富市・橋本龍太郎内閣）を経て，自民党・自由党・公明党の自自公政権（小渕恵三内閣）へと変遷した。自民党は短期間で政権に復帰したとはいえ，もはや衆参両院で単独過半数の議席を獲得することはできず，連立政権が常態化した。1999 年以降，自民党と公明党の連立政権が，3 年余りの民主党政権を除いて続いている。

　その一方で，小選挙区比例代表並立制の導入を受けて，非自民勢力の結集が進み，二大政党化が進展した（第 4 章参照）。1 つの選挙区から 1 人の議員を選出する小選挙区では，大きくまとまらなければ，最大政党の自民党に対抗でき

ないからである。その最初の試みは1994年の新進党の設立であったが，それが解党した後，98年に民主党が結成された。これらの主導権を握ったのは，93年に自民党を離党した保守勢力であり，その過程で社会党は社会民主党と改称し，さらに少数政党へと転落した。ただし，民主党の最大の支持団体となったのは，労働組合の中央組織の連合であった。

　以上の政党の合 従 連衡の結果，少なくない有権者が長年にわたり支持していた政党に失望し，無党派層が増加した。それは政治改革の結果でもあった。中選挙区制に比べて小選挙区制では，当選に必要な得票率が増加するため，浮動票の重要性が高まる。また，政治資金制度改革により，企業・団体献金が減少する一方，各政党は国家財政から支払われる政党交付金に依存するようになった。このことと密接な関係をもって，党員数の減少，支持団体の衰退など，政党と有権者の関係が希薄化した。民主党も社会党に比べると，労働組合との結びつきが大幅に弱まっている。

　この時期，市民社会の活性化も図られた。その代表的な例が，1995年の阪神・淡路大震災でボランティア活動が大きな役割を果たしたことを1つの背景として，98年に成立したNPO法（特定非営利活動促進法）である（第3章参照）。しかし，NPO法人には厳しい政治活動の制約が課されており，政党と有権者を媒介する役割を十分に果たすことができない。むしろ市民社会を非政治化することにつながっている。そうしたなか，政治参加を促進するよりも，選挙で無党派層の票をめぐって政党が競争することこそが民主主義であるという考え方が広がりをみせた。

　それにあわせて，自民党も変化した。2001年の総裁選挙で，「古い自民党をぶっ壊す」と叫び，国民の間にブームを巻き起こした小泉純一郎が当選した。小泉首相は，新自由主義的改革への賛否をめぐって，自らが率いる「改革勢力」と，それを妨害する派閥や族議員などの「抵抗勢力」の対立という反エリートの善悪二元論的な図式を作り上げ，テレビを通じて有権者に訴えかけた（第8章参照）。そうしたポピュリズム的な政治手法を通じて無党派層の支持を調達し，政治改革の成果も利用しながら，強力なリーダーシップを発揮したのである。2005年の郵政民営化を争点とする衆院選は，その頂点であった（大嶽 2006；竹中 2006）。

その結果，派閥や族議員，個人後援会などに特徴づけられる自民党の分権的な党組織が変容した。「選挙の顔」となる総裁への集権化が進んだのである。しかし，公共事業費の削減や規制緩和の実施などの結果，自民党の支持基盤は弱体化した。移り気な無党派層の支持に依存することは，リスクの高い選択であった。それだけでなく，新自由主義的改革は，貧富および中央・地方の格差を拡大させたという批判を招いた。小泉の負の遺産を背負った安倍晋三内閣は，2007 年の参院選で敗れて過半数を失った。衆参両院の多数派が異なる「**ねじれ国会**」のもと，続く福田康夫・麻生太郎政権を含め，短命な内閣が続いた（第 5，6 章参照）。

　こうしたなか，民主党は小沢一郎代表が「国民の生活が第一」というキャッチフレーズを掲げ，自民党の伝統的な利益誘導政治と新自由主義的改革の両方を攻撃することで，無党派層の支持を集めた。鳩山由紀夫を党首として戦った2009 年 8 月の衆院選では，公共事業費の削減をはじめとする無駄の排除などで 16.8 兆円を捻出し，月額 2 万 6000 円の子ども手当などの政策を実現するといった内容のマニフェストを訴え，圧勝した。社民党および国民新党との連立政権であったとはいえ，政治改革が目標とした本格的な政権交代が実現したのである。

　ところが，鳩山内閣はマニフェストを予定どおり実行できなかったばかりか，沖縄県のアメリカ軍普天間基地の移設問題で迷走する。次の菅直人内閣は，マニフェストに盛り込まれていなかった消費増税を唐突に主張し，2010 年の参院選で敗れ，「ねじれ国会」に陥った。これ以降，民主党は消費増税，すなわちマニフェストの修正と維持をめぐって内部対立を激化させ，野田佳彦内閣が「社会保障と税の一体改革」を実現させた結果，最終的に分裂する（社会保障については第 11 章を参照）。国民の大きな期待を集めて出発した民主党政権は，いくつかの成果を挙げながらも，総じて期待はずれに終わった（日本再建イニシアティブ 2013）。

新たな岐路に立つ日本政治

　民主党政権の行き詰まりが明確になった 2010 年以降，二大政党化の転換として最初に顕在化したのが，自民・民主両党ではない「第三極」と呼ばれるポ

ピュリスト的な諸政党の台頭であった。まず2010年の参院選では，渡辺喜美を代表とする「みんなの党」が躍進し，続いて2012年の衆院選においては，橋下徹が結成を主導した「日本維新の会」が比例代表で民主党を上回る議席を獲得した。しかし，「第三極」は，この衆院選で最大政党に有利な小選挙区制の壁に阻まれ，政権を獲得する足掛かりを得られなかった。これ以降，合従連衡を繰り返しながら，次第に後退した。

　2012年の衆院選で勝利を収めたのは，自民党であった。自民党は依然として労働組合を除く各種の団体の支持を得ており，地域でも個人後援会を中心に幅広い人的ネットワークを有している。また，財界の支援を受けるとともに，地方議会でも圧倒的な優位に立つ。こうした分厚い支持基盤に加え，創価学会を支持母体とする公明党と緊密な選挙協力を行い，1つのブロックを形成している。民主党政権が期待はずれに終わり，投票率が低下するなか，最大政党に有利な衆議院の小選挙区制の効果もあって，自民党はこの総選挙で大勝し，政権を取り戻した。

　その余勢を駆って，自民党は2013年の参院選でも勝利し，「ねじれ国会」を解消することに成功する。その結果として生じたのが，「決められない政治」から「決めすぎる政治」への変化である。一連の政治改革が目指したイギリスのウェストミンスター・モデルは，かつて菅直人首相が述べたように「期限付き独裁」であり，政権交代の可能性こそが権力を制約する。ところが，民主党政権の失敗とそれを背景とする野党の分裂とによって，自民党の「**一強**」状態に陥り，民主主義のもとでありながら，一種の「独裁」に近づいてしまった。首相の政治的リーダーシップが一方的に突出するという意味である。

　それが少なくない国民の不安を駆り立てたのは，自民党が大きな変貌を遂げていたからである。ナショナリズムの重視という意味での右傾化である。旧社会党出身者を含みリベラル色が強い民主党に対抗し，内部の結束を図るためには，かつてのような利益誘導政治に頼ることができない以上，自民党は「自主憲法の制定」の党是に回帰するほかなかった。民主党に政権を奪われると，自民党は天皇の元首化，国防軍の創設，家族の相互扶助義務などを盛り込む憲法改正案を作成し，2012年に発表した。こうした自民党の右傾化を主導してきたのは，岸信介の孫の安倍晋三であった。2012年の衆院選の直前に自民党総

裁に復帰していた安倍は，第2次政権を発足させた。それは7年8カ月にわた
る長期安定政権となり，官邸主導によって多くの政策を実現させた（アジア・
パシフィック・イニシアティブ 2022）。

　最も重要なのは，安全保障関連法案（安保法制）である。冷戦の終結後，北
朝鮮や中国との緊張の高まりなどを背景に，日米安保をアジア・太平洋地域の
安定の基礎と確認する「**安保再定義**」が進められ，1999 年の周辺事態法の制定
などが行われたが，2003 年に小泉内閣がイラク戦争の際に人道復興支援とい
う目的で自衛隊を派遣したり，2014 年に安倍内閣が集団的自衛権の行使容認
に踏み切ったりと，アメリカ軍への協力が拡大していった。これはアメリカの
日本防衛義務と日本の基地提供義務の交換という日米安保条約の枠組を超え
るが，かつての岸の構想とは違ってアメリカ軍の日本からの撤退という目標は
存在しない。そのもとで，在日米軍専用施設の面積の 70％以上が集中するな
ど，現在も沖縄の過重な基地負担が続いている。

　2014 年 7 月に集団的自衛権の限定的な行使を容認する憲法解釈の変更を
行った安倍政権は，翌年 9 月，それに基づく安保法制を成立させた。違憲とい
う批判が強く，各種の世論調査で反対が少なくなかったにもかかわらず，民主
党政権が崩壊した後，自民党の「一強」状態に陥っていたため，野党による歯
止めが利かなかった。そうしたなかで発生したのが，SEALDs（自由と民主主義
のための学生緊急行動），総がかり行動実行委員会などが呼びかけた大規模なデ
モである。デモの再活性化は，2011 年の福島第一原子力発電所の事故を背景
とする反原発運動以来であるが，政党政治の機能不全が，久しく低迷していた
国民の直接的な政治参加を促したのである（第 3 章参照）。

　安保法制反対運動の高揚を背景に，民主党（民進党）や共産党などの野党は
国会で共闘を行い，2016 年の参院選では自民・公明両党に対抗すべく選挙協
力に踏み切った。2 ブロック化が進展したのである。ところが，日米安保条約
の廃棄などを掲げる共産党との協力は，民進党の内部で十分な理解を得られず，
2017 年の衆院選に際して，小池百合子東京都知事が結成した希望の党への合
流をめぐり，同党は分裂してしまう。この衆院選では新たに結成された立憲民
主党が躍進し，共産党を含む野党共闘を続けたが，第 2 次安倍政権から菅義偉
政権，さらに岸田文雄政権へと交代すると，2021 年の衆院選と翌年の参院選

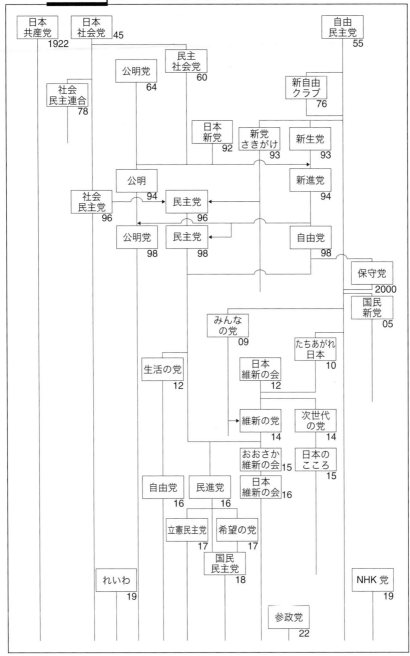

凡例

■ 自民	□ 社会(社民)	⊘ 公明	⊘ 民社	■ 共産
▥ 新生	⸭ 新進	⊠ 民主	⊟ 自由	□ その他
■ 立民	⋀ 希望	⧄ 維新	⧅ 国民	

衆院選

(議席)

縦軸: 500, 400, 300, 200, 100, 0

横軸(年): 1958(467) 60 63 67(486) 69 72(491) 76(511) 79 80 83(512) 86 90 93(511) 96(500) 2000(480) 03 05 09 12 14(475) 17(465) 21

主な数値(自民):
298 300 294 280 300 284 260 258 287 259 304 286 228 239 233 237 296 119 294 291 284 261

参院選

(議席)

縦軸: 120, 90, 60, 30, 0

横軸(年): 1956(125) 59(127) 62 65(126) 68 71(130) 74(126) 77 80 83 86 89 92(127) 95(126) 98 2001(121) 04 07 10 13 16 19 22

主な数値(自民):
61 73 70 71 69 65 63 66 70 68 74 38 70 46 44 64 49 37 51 65 55 57 63

で後退した。代わって，野党共闘に与しない日本維新の会が伸長した。

　このように第2次安倍政権の退陣後も自民党の「一強」状態が続く一方，岸田政権になって人事などの面で各省庁や与党に対する首相官邸のコントロールは弱まっている。もちろん，自民党単独政権ではなく公明党との連立政権であり，第2次安倍政権の下での内閣人事局や国家安全保障会議の設置にみられるように，官邸主導も制度的に強められてきている。そうした意味で，55年体制への単純な回帰とはいえない。とはいえ，派閥や族議員，個人後援会などに特徴づけられる自民党の分権的な党組織が，弱まりながらも継続していることを含めて，1994年以降続けられてきた政治改革の限界が目につく。

　政治改革の限界は，政治参加の停滞にも見受けられる。とりわけ投票率の低下が著しく，国政選挙では5割程度に低下している（第2章参照）。その一因は，社会の個人化が進み，人々が政党や各種団体に組織化されなくなり，動員効果が弱まったことにあるが，その結果，反エリート主義を訴えるポピュリズムが台頭する余地が広がっている。また，国会および地方議会で女性議員の比率が低く，代表という観点からも代議制民主主義（間接民主主義）が十分に機能しているとはいいがたい（第4章参照）。ならば，直接民主主義が活性化しているかというと，デモの再活性化は継続的な現象にはなっていない。

　こうしたなか，どのように日本で民主主義を再構築していくのか。私たちは未来に向けて新たな岐路に立っている。

読書案内 ┃　　　　　　　　　　　　　　　　　　　　　　Bookguide ●

福永文夫（2014）『日本占領史 1945-1952──東京・ワシントン・沖縄』中央公論新社。
⇒現在の日本の出発点となった占領期の歴史がコンパクトにまとめられた1冊。日本国憲法や沖縄の歩みなどを考えるきっかけにしたい。

北岡伸一（2008）『自民党──政権党の38年』中央公論新社。
中北浩爾（2014）『自民党政治の変容』NHK出版。
⇒自民党を考えることは，すなわち戦後日本政治を考えることである。上記の2冊は，総裁のリーダーシップと政党組織という異なる視角から自民党史を分析する。

五百旗頭真編（2014）『戦後日本外交史〔第3版補訂版〕』有斐閣。
宮城大蔵（2016）『現代日本外交史──冷戦後の模索，首相たちの決断』中
　央公論新社。
⇒本文中であまりふれられなかった外交史については，内政史に比べて研
　究が進んでいる。そのエッセンスを凝縮した書物として，この2冊を勧
　めたい。

引用・参考文献　｜　　　　　　　　　　　　　　　　　　　**References** ●

※本章の引用・参考文献リストは本書のウェブサポートページをご覧ください。

第**2**章

政 治 参 加

INTRODUCTION

　有権者は自らの意思を政治に反映させるために政治に参加するが，その方法にはどのようなものがあるだろうか。まず思い浮かぶのは，選挙での投票であろう。本章では，選挙が果たしている役割を明らかにしたうえで，どのような人が投票に行き，どのような人が棄権するかという投票参加の要因を考える。次に，投票に行った人たちがどうやって投票先を決めているかという投票行動についても検討する。さらに，そのような選挙での行動を規定する選挙運動や選挙制度についても紹介する。最後に，投票以外の政治参加の方法について論じる。本章全体を通して，一般の有権者がどのように政治に関われるか，そのあり方を検討していく。

QUESTIONS

① そもそも選挙はどのような役割を果たしているのだろうか。
② どのような人が投票に行き，どのような人が棄権するのだろうか。
③ 投票に行った人たちは，どのように投票先を決めているのだろうか。
④ 選挙制度はどのようになっているのだろうか。
⑤ 投票以外に，政治に参加する方法にはどのようなものがあるのだろうか。

1 国政選挙と日本人の投票行動

国民主権と選挙

　日本の政治が政策決定者の駆け引きのみによって決まっていると考えるのなら，それは間違いである。たしかに政治は，国会議事堂のある永田町や中央官庁の立ち並ぶ霞が関を中心に動いているかもしれない。しかし，そこで活動する国会議員たちは定期的に選挙の洗礼を受けねばならず，有権者によって選ばれないと活動の場を得ることはできない。そのため，さまざまな政治的な交渉や決定は，次の選挙の結果に対してどのような影響を及ぼすのかを見越して行われる。有権者の意見に沿わないような政策を表明したり行動をとったりした議員は，次の選挙で落選するおそれがある。選挙は，有権者の意見を反映するための機能を果たしている。

　政治参加とは，誰が政策決定者になるかということ，あるいは，どのような選択肢を政策決定者がとりうるのかということに働きかけることで，政府に影響を与えようとする市民の活動のことをいう（Verba and Nie 1972）。つまり，政府の行動をコントロールしようとする有権者の行動のことである。そのような行動の中で，最も一般的な形態が，選挙での投票である。有権者は選挙での投票によって「誰が政策決定者になるか」ということに最も直接的に影響を与えているのである。

　そもそも選挙の役割はどのようなものであろうか。日本国憲法ではまずその第1条で主権が国民にあること（**国民主権**）が謳われている。戦前の大日本帝国憲法において，その主権者が天皇であったのとは対照的に，国家の方針を決定するのは，国民自身であるとされている。

　そのことを実現するための重要な制度が，選挙である。国民に主権があるとはいえ，すべての決定を国民自身が行うことは，人口規模も大きく政治課題も複雑化している現代においては至難の業である。そこで，国民に代わって決定を行い，法律を制定する立法機関が必要になる。日本においては国会がその役

割を担っており，そのため，国会は「**国権の最高機関**」（日本国憲法41条）として規定されている。政策の遂行を担う行政府の長である内閣総理大臣（首相）も，国会によって選出されている。その国会で活動する議員（代表）を選出する役割を果たしているのが選挙である。選挙を通じて国民は政府をコントロールするという構図になっている（第5，6章参照）。

「有権者」の範囲は時代の変遷とともに変わってきた。選挙は戦前から行われてきたが，第1回帝国議会選挙（1890年）において投票できたのは，25歳以上の男性で，しかも高所得者（直接国税15円以上の納税者）に限られていた。国民の中のごく一部である。その後，1925年に所得制限が撤廃され，25歳以上の男性であれば誰でも選挙権が与えられた。女性に選挙権が与えられるのは第二次世界大戦後を待たなければならない。終戦後の最初の選挙である46年からは，20歳以上の男女が平等に投票できるようになった。このような選挙権の拡大の歴史はここで終わらず，2016年に，およそ70年ぶりに選挙権の拡大が実施され，20歳以上から18歳以上に有権者の資格が引き下げられた。

▎投票と選挙結果 ▎

実際の選挙結果と議会の構成の対応関係をみていこう。**図2.1**は，2021年衆議院議員総選挙における各政党の得票率と議席率である。

選挙制度についての詳しい説明は後述するが（第3節），衆院選では有権者は**小選挙区**と**比例区**でそれぞれ1票ずつを有する。その1票1票が小選挙区と比例区それぞれで集計されて，当選者が決まる。この図の**得票率**は，投じられた票の総数に対して，その政党や候補者がどのくらいの数の票を得たかについての割合である。**議席率**は，議席総数（現在，小選挙区は289議席，比例区は176議席）のうち，どれくらいの議席を得たかについての割合である。

まず確認すべきことは，当たり前のことではあるが，得票を最も多く集めた政党が議席についても最も多く獲得しているという事実である。小選挙区においても，比例区においても，自民党が最も得票率が高く，その結果，両方合わせて261議席（衆議院定員465議席のうち）と約56％の議席を得ている。次に気がつくのは，小選挙区における得票率と議席率の乖離である。第一党の自民党では，得票率に対して議席率が大幅に大きくなっているのに対して，その他の

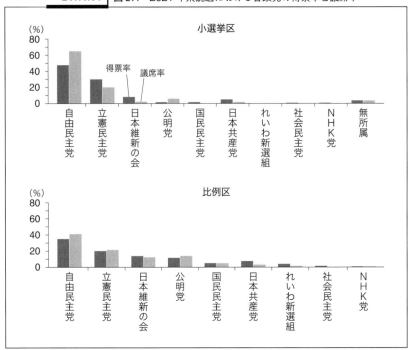

ほとんどの政党では，得票率に対して議席率が小さくなっている。これは，小選挙区が，勝者に大きな勝利をもたらして安定的な政権運営を任せるための選挙制度であることに起因する（詳しくは，本章第3節および第4章を参照）。他方で，比例区においては，得票率と議席率とがほぼ同じである。これは，社会におけるさまざまな意見をそのまま議会に反映しようという比例区の特徴を示している。

2021年衆院選は，岸田文雄内閣（2021年〜）のもとで，新型コロナウイルス感染症対策のあり方や，コロナ禍における経済対策をめぐって争われた。この選挙において勝利した自民党は，選挙後も連立パートナーの公明党と政権を維持した。他方で，野党については，立憲民主党が日本共産党，れいわ新選組，社会民主党と野党共闘体制を構築して選挙に臨んだものの，議席減で終わり，他方で，日本維新の会が議席を30議席増の41議席を獲得し，躍進した。

このように，選挙での1票は，誰が国会議員になるのかということを決めると同時に，1議席1議席の集積によって国会における各党の構成も決める。誰

が政権を構成するのか，どのような政策が実施されるのか，議会においてどのような意見が反映されるのかに影響を与えるのである。それと同時に，政策に対する評価は有権者の投票選択に影響を及ぼしている。たとえば，消費税についての賛否は，これまでも選挙結果を左右してきた。消費税導入決定後，最初の国政選挙であった 1989 年参議院議員通常選挙では，与党の自民党は，野党の社会党の議席数を下回るという大敗を喫した。消費税の税率が 3％から 5％に引き上げられた後に行われた 98 年の参院選では，景気の悪化からやはり自民党は議席を減らし，橋本龍太郎首相は辞任に追い込まれた。1 人 1 人の 1 票は議会の構成に結びつくことで国政の場に反映される。そのため，候補者や政党は多くの票を得られるように努力をする。

　選挙と議会の構成の対応関係を通時的にみていこう。**表 2.1** は，戦後すべての衆院選における第一党と第二党の得票率および議席率を示している。この表をみてわかるのは，1955 年の結党以来，ほとんどの時期において自民党が第一党であったことである（55 年体制については第 1 章を参照）。他方で，その自民党においても，議席数が半数（50％）を割った時期もあり，必ずしも常に安泰というわけではなかった。また，96 年に新しい選挙制度（**小選挙区比例代表並立制**，第 3 節参照）が導入されてから，小選挙区での得票率と議席率の乖離が大きくなり，その結果，選挙の勝者には大きく議席が割り当てられるようになった。

　近年の選挙におけるもう 1 つの注目すべき傾向は，**投票率**の低下である。投票率は，その選挙時点での有権者の総数のうち，実際に投票をした有権者の割合のことをいう。2014 年の衆院選の投票率は，戦後最低の 52.66％を記録した。有権者のおよそ半数しか投票をしていない計算になる。

　このような低下傾向が始まったのは，1990 年代からである。衆院選投票率の推移を示したのが**図 2.2** である。戦後最初の衆院選は 46 年に実施され，このときの投票率は 72.08％であった。その後，投票率は徐々に上がっていき，58 年には戦後最高の 76.99％を記録した。90 年代までは 70％から 60％後半で推移していたものの，96 年に初めて 50％台を記録して以来，2005 年と 2009 年を除き，投票率は低迷し，ついに 52.66％（2014 年）まで下がったのである（この理由については第 3 節を参照のこと）。

年	第一党		得票率	議席率	第二党		得票率	議席率
1946	自由党		24.4	30.2	進歩党		18.7	25.0
1947	社会党		26.2	30.7	自由党		26.7	28.1
1949	民主自由党		43.9	56.7	民主党		15.7	14.8
1952	自由党		47.9	51.5	改進党		18.2	18.2
1953	吉田自由党		39.0	42.7	改進党		17.9	16.3
1955	民主党		36.6	39.6	自由党		26.6	24.0
1958	自民党		57.8	61.5	社会党		32.9	35.5
1960	自民党		57.6	63.4	社会党		27.6	31.0
1963	自民党		54.7	60.6	社会党		29.0	30.8
1967	自民党		48.8	57.0	社会党		27.9	28.8
1969	自民党		47.6	59.3	社会党		21.4	18.5
1972	自民党		46.9	55.2	社会党		21.9	24.0
1976	自民党		41.8	48.7	社会党		20.7	24.1
1979	自民党		44.6	48.5	社会党		19.7	20.9
1980	自民党		47.9	55.6	社会党		19.3	20.9
1983	自民党		45.8	48.9	社会党		19.5	21.9
1986	自民党		49.4	58.6	社会党		17.2	16.6
1990	自民党		46.2	53.7	社会党		24.4	26.6
1993	自民党		36.6	43.6	社会党		15.4	13.7
1996	自民党	小選挙区	38.6	56.3	新進党	小選挙区	28.0	32.0
		比例区	32.8	35.0		比例区	28.0	30.0
		合 計		47.8		合 計		31.2
2000	自民党	小選挙区	41.0	59.0	民主党	小選挙区	27.6	26.7
		比例区	28.3	31.1		比例区	25.2	26.1
		合 計		48.5		合 計		26.5
2003	自民党	小選挙区	43.9	56.0	民主党	小選挙区	36.7	35.0
		比例区	34.5	38.3		比例区	37.4	40.0
		合 計		49.4		合 計		36.9
2005	自民党	小選挙区	47.8	73.0	民主党	小選挙区	36.4	17.3
		比例区	38.2	42.8		比例区	31.0	33.9
		合 計		61.7		合 計		23.5
2009	民主党	小選挙区	47.4	73.7	自民党	小選挙区	38.7	21.3
		比例区	42.4	48.3		比例区	26.7	30.6
		合 計		64.2		合 計		25.8
2012	自民党	小選挙区	43.0	79.0	民主党	小選挙区	22.8	9.0
		比例区	27.6	31.7		比例区	16.0	16.7
		合 計		61.3		合 計		11.9
2014	自民党	小選挙区	48.1	75.3	民主党	小選挙区	22.5	12.9
		比例区	33.1	37.8		比例区	18.3	19.4
		合 計		61.1		合 計		15.4
2017	自民党	小選挙区	47.8	75.4	立憲民主党	小選挙区	8.5	6.2
		比例区	33.3	37.5		比例区	19.9	21.0
		合 計		61.1		合 計		11.8
2021	自民党	小選挙区	48.1	64.7	立憲民主党	小選挙区	30.0	19.7
		比例区	34.7	40.9		比例区	20.0	22.2
		合 計		56.1		合 計		20.6

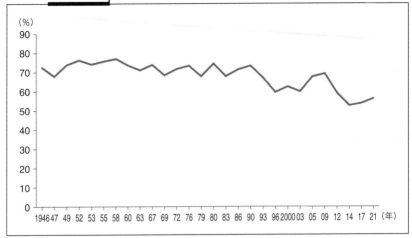

さらに，地方自治体の選挙に目を向けると，かつては国政選挙よりも高い傾向にあった投票率も現在では低迷し，国政選挙の投票率を下回る傾向にある。それだけでなく，首長選挙（都道府県知事や市区町村長）で1人しか立候補しなかったり，地方議会議員選挙で定員と同数しか候補者が出なかったりして，有権者が投票することなく候補者の当選が決まる**無投票当選**が地方部を中心に多くみられるようになってきている。

投票参加と投票行動

投 票 参 加

選挙での有権者の行動を，政治学では投票参加と投票行動という2つに分けて考えてきた。**投票参加**とは選挙に行くか否かのことであり，**投票行動**とはどの政党・候補者に投票するかのことである。

第1節でみたように，近年の投票率は低下している。しかし，そもそも投票率が高かった時期でも，投票をする人もいれば，投票をせずに棄権する人もいた。このような行動の差はどのような要因によって生まれているのだろうか。投票参加を説明するモデルは，資源モデル，合理的選択モデル，動員モデルの

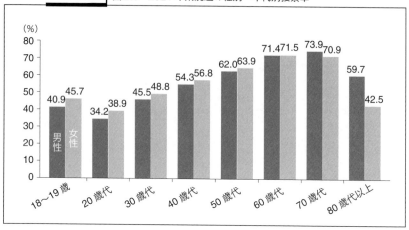

CHART 図2.3　2021年衆院選の性別・年代別投票率

3つに大別できる。

第1に，**資源モデル**では，投票参加を可能とする能力や余裕を持っている人のほうが投票をしやすいといわれている（Brady, Verba, and Schlozman 1995）。その能力や余裕のことを資源（resource）という。先進国では一般的に，所得の高い人は所得の低い人よりも投票に行きやすいという傾向がみられ，また，教育程度の高い人ほど投票に行き，その反対に，教育程度の低い人ほど投票に行かない傾向があるといわれている。政治的な情報を得て，それについて判断を加えて行動することは一般市民には難しいが，教育程度の高い人ほどその能力を身につけている可能性が高いためである。

このモデルを日本の選挙に適用すると，若年層ほど投票率が低く，高齢層ほど投票率が高いという事象の説明ができる。**図2.3**は2021年衆院選における年代別投票率であるが，20歳代では3分の1程度しか投票していない一方で，60，70歳代では3分の2は投票所に足を運ぶ。若者に比べると年長者のほうが，就職や子育て，介護などの日常生活での困難を経ることで政治について関心を持ち，ニュースや新聞などを通じて政治についての情報に接するようになり，政治的な知識を蓄えていく。そのため，年長者のほうが政治関心や政治知識といったような資源を多く有しており，それゆえ，投票をする傾向があるといえる。他方で，80歳代以上になると投票率が下がるのは，身体的な意味での資源（健康）が不足し始めるためだと考えられる。また，性別ごとの投票率

をみると，若い世代では女性の投票率のほうが高いが，高齢になると男女で逆転する。

　第2に，投票参加を有権者の合理的な思考に基づいて説明しようという考え方もある（Riker and Ordeshook 1968；ダウンズ 1980）。合理的な思考とは，個々人が自分にとって最も利益になるような行動をとるという意味であり，そのような前提を置いて投票参加について分析するモデルを**合理的選択モデル**という。

　合理的選択モデルでは，投票参加に際し，有権者は R＝PB－C＋D という式に基づいて投票するか棄権するかを決定しているとされる。R というのは報酬（reward）のことで，選挙に行くことによって得られる利益のことをいう。利益がある場合，つまり R の値がプラスの場合には投票に行き，マイナスの場合には投票には行かない。R＝PB－C＋D の右辺は，R の値が P と B と C と D という4つの要素から決まることを示している。P とは，「自分の1票で選挙結果が変わる確率（probability）」である。つまり，自分が支持する政党の候補者に投票したときに，自分の1票のおかげでその候補者が当選するような確率である。B とは，「自分の支持する政党が政権を握ったときに得られる利益（便益，benefit）」と「対立政党が政権を握ったときに得られる利益」の差のことをいう。たとえば，農家のように，政権の政策によって大きく自分の所得が変わるような職業の場合はその差は大きいし，会社員のように所得が政策によって直接的には左右されにくい職業の場合は，その差は小さい。

　C は，投票に行くコスト（cost）のことをいう。たとえ徒歩だとしても，投票所までの移動のコストがかかるし，それだけではなく，投票先を決めるためにさまざまな情報を集めるコストもかかる。雨が降ると投票率が下がるという議論があるが，それは，雨が降ると移動のコストが上がるためとも考えられる。さらに，投票に行かなければ得られたであろう利益のことをコストとも考える（機会費用ともいう）。わざわざアルバイトを休んで投票しに行った場合やデートをキャンセルして投票をした場合，投票に行かなければ得られたであろう利益（アルバイト代やデートから得られる楽しみ）のことをコストと考えるのである。

　D は，民主主義を支えるような意識（civic duty）のことを指し，投票をすることによって民主主義体制を維持していくという意味での利益や投票をすべきであるという義務感，投票をすることによって感じる満足感，自分の1票に

よって政治に影響を与えているという感覚（これを政治的有効性感覚という）のようなものであるとされる。

このような各要素について、PとBを掛け合わせたものからCを引いてDを足した値が正の値（つまり、プラスの値）になれば投票に行き、負の値（マイナス）になれば棄権するというのが合理的選択モデルの理屈である。有権者が実際に頭の中で具体的に算盤を弾いているかといえば、必ずしもそうではないが、重要なことは、投票参加／棄権の原因について、このような要素に分けて考えることができるというその整理の仕方自体である。たとえば、投票率が変動したときに、P, B, C, Dという要素に分けて、その時々の状況を考えることは重要であろう。

1990年代から投票率が低迷していったのは、選挙制度の変更によってPが低下したためとも考えられる。かつての中選挙区制下での接戦率に比べて、小選挙区制での接戦率は下がり、勝敗が事前に簡単に予測できる選挙区も増えた。そのため、主観的にも自分の1票の有効性が下がり、有権者がPの値を低く見積もるようになったと考えられる。また、55年体制下における自民党と社会党の対立に比べれば、現在の二大政党の政策的な相違は、少なくとも有権者にとってはそれほど明確ではなくなり、Bの値も下がったものと思われる。つまり、投票率の低下は個々人の要因によるだけでなく、そのときの政治状況や環境にも依存するのである。

他方で、かつては午後6時までだった投票時間が午後8時まで延長されたことや、投票日以前の投票を可能にする期日前投票制度の導入は、有権者の投票コストを引き下げるという意味で、Cに関わる投票率の向上のための努力といえる。各地の選挙管理委員会などが行っている「選挙に行こう」という選挙啓発運動はDの部分に強く訴えることで投票率を上げようとする試みである。

第3に、有権者側の要因ではなく、候補者や政党などの選挙キャンペーンに注目するのが**動員モデル**である（Rosenstone and Hansen 1993）。選挙キャンペーンとは、候補者や政党が有権者にアピールして投票を訴えかける行為であるが、このような選挙キャンペーンを指して動員ともいう。日本の場合、多くの政治家は選挙キャンペーンを展開するために、日頃から個人後援会を組織して支援者をまとめておく。そのうえで、後援会や支持団体のメンバーの友人、職場、

近所などのつながり（ネットワークという）を媒介として投票依頼をしていくという形態が多い。このような直接的で個別的な接触を伴う選挙キャンペーンのほかに，街頭で演説をしたりビラを配ったり，政党であればテレビやインターネットで広告を流したりして投票を訴えかけるような間接的で不特定多数に向けた選挙キャンペーンも行われている。

　動員モデルでは，選挙キャンペーンがどれくらい盛んに行われたかによって，投票率の高低が決まるとしている。選挙キャンペーンが人々を投票に向かわせる効果があることがこれまでの研究で確認されてきたが，その背景にはさまざまな要因が考えられる。個々人のしがらみによって投票に行かなければならないという圧力を感じさせて投票所に向かわせる効果があるともいえるし，選挙キャンペーンが多くなされることで選挙が行われていることに注意を喚起する効果があるとも考えられる。また，投票の働きかけを受けることでさまざまな情報に接触し，その結果，どの候補者や政党に投票をするかを決めるための情報コストが低減されているとも考えられる。

投票行動

　有権者が投票先をどのように決定しているかについて，これまで多くの研究がなされてきた。これらの研究は社会学モデル，社会心理学モデル，経済学モデルという3つのモデルに大別できる。

　第1に，**社会学モデル**は，個々の有権者の社会経済的な背景によって投票先を説明するモデルである（Lazarsfeld, Berelson, and Gaudet 1948）。社会経済的な背景とは，人種や宗教，ジェンダー，居住地域，職業，組織加入，所得などをいう。アメリカであれば，人種や宗教などは投票先を左右する大きな要素であり，その関係はかなりの程度安定的である。たとえば，アフリカ系アメリカ人は民主党に投票する傾向があり，プロテスタントは共和党に投票をする傾向があるといった具合である。

　日本においては，それほど強固な結びつきがあるとはいえないものの，社会経済的な背景もたしかに投票先に影響を与えている。たとえば，地方に居住している有権者は自民党に代表される保守的な政党に投票する傾向がある。同様に，大企業の経営者も産業政策を主導してきた自民党に投票する傾向がある。

あるいは，労働組合に加入している有権者は，かつての社会党や民主党，立憲民主党などの労働組合が支持している政党に投票する傾向がある。

社会学モデルは個別の政党の支持層を特定し，社会における利益やアイデンティティがどのように各政党と結びついているかについて考えるときに役に立つ。他方で，社会経済的要因は容易には変化しないので，あるときにはA党が勝って，別のときにはB党が勝つといったような，選挙ごとの結果の変動を説明できないという弱点がある。

第2に，**社会心理学モデル**は，社会経済的要因だけではなく，有権者個人が有する心理的な傾向を考慮したモデルである（Campbell et al. 1960）。心理的な傾向は短期間でも変わりうるため，選挙結果の短期的な変動も説明できるという利点がある。

投票決定に影響を及ぼす心理的な要因を大きく分けると，候補者イメージ，政党帰属意識（政党支持），争点態度の3つがある。候補者イメージは，文字どおり，候補者に対するイメージである。若々しさといったその候補者の見た目などからの印象だけでなく，有能さ，誠実さなどそれまでの実績なども織り込んでできあがったイメージは，その候補者への投票に影響を与えるとされる。また，近年では，候補者のイメージだけでなく，政党リーダー（党首）への評価も投票決定に影響を与える要因として注目されている。

社会心理学モデルにおいて中心的な概念である政党帰属意識は，その政党のメンバーであると自認するような意識のことを指す。これは社会心理学モデルが提唱されたアメリカにおいて顕著にみられる意識であり，投票に対する規定力が強いことが知られている。政党帰属意識は，家庭や地域，学校などの若年時に育った環境から影響を受けて形成され，形成後は安定的で変化しづらい（このようなプロセスを政治的社会化という）。よくたとえられるように，大リーグのチームのファン（「私はヤンキースファンです」）と同じような感覚で，政党への帰属も表明する（「私は共和党員です」）という。

しかし，日本においてはプロ野球チームのファン（「私は阪神ファンです」）のような感覚で，政党への帰属を表明する（「私は自民党員です」）ことはない。日本の有権者が政党に対して有しているのは政党帰属意識ではなく，**政党支持**であるといわれ，両者は区別される。政党支持は，政党に対する評価に基づく愛

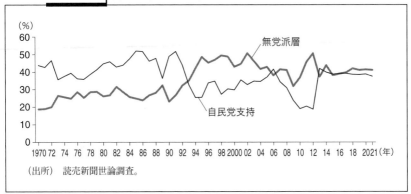

CHART 図2.4 自民党支持層と無党派層の推移

（出所）　読売新聞世論調査。

着心のことをいう。政党支持も，投票決定に対する影響力が強いことで知られているが，政党の行動や業績をその都度，評価していくことで更新されるため，変動が大きく，政党帰属意識ほど安定的ではない。たとえば，政権交代直後の民主党支持率（2009年9月，時事通信）は26.3％であったが，政権末期（2012年11月）には12.7％にまで落ち込んだ。

　さらに，1990年代からは有権者の政党離れが進み，**無党派層**と呼ばれる政党支持を持たない有権者が増加した。無党派層はいまや有権者の半数以上を占めるようになっており，この有権者の投票次第で選挙結果が大きく変わるようになってきている（**図2.4**）。

　争点態度は，選挙で争われている政策に対する賛否や有権者が個人的に重要だと考えている政策に対する賛否のことであり，投票決定に際して考慮されるという想定がある。特に，争点態度に基づいて投票をすることを**争点投票**といい，民主主義の理想的なイメージと合致した行動パターンのように考えられる。争点投票は，①有権者がある争点について認知しており，②その争点を重要だと判断し，③どの政党の立場が自分の立場に最も近いかを把握できているという条件が揃って初めて成り立つ。しかしながら，この3つの条件を満たすことは意外に難しく，現実でもそう多くみられるわけではない。

　第3に，**経済学モデル**は，これまでの政府の業績を評価して投票を行うというモデルである（そのため，業績評価投票モデルともいう：Fiorina 1981）。特に，経済業績が大きな影響を与えることが知られていることから，経済投票モデルとも呼ばれる。経済状況と選挙結果の間に関連があるのはよく知られており，

経済状況が良ければ政権党は票を伸ばし，経済状況が悪ければ票を減らすという関係がみられる。先にみたように，消費税値上げによる景気悪化が自民党の敗北を導いた 1998 年参院選はその典型といえる。

　ただし，有権者個々人が何をもって「経済状況が良い／悪い」を判断しているかについては論争がある。たとえば，自分の家計は苦しいが，全国的な景気は上向いている場合，政権党に票を投じるか否かは，何を判断材料にして投票を決定するかに依存する。有権者が家計のような自分の経済状況を判断材料にして，政権党に投票するかどうかを決めるのを**ポケットブック投票**（ポケットブックとは家計簿という意味がある）といい，それに対して，景気のような全国的な経済状況を判断材料とする場合を**ソシオトロピック投票**という。この例の場合，有権者がポケットブック投票をしているのなら，政権党は票を失い，ソシオトロピック投票をしているのなら，政権党は票を得る。

　経済学モデルは，政府業績を判断材料に政権党に投票するか否かを決定するという意味で明快な意思決定のように思える。しかし，近年，そのメカニズムは徐々に複雑になっている。まず「政権党」といった場合に，かつては自民党の単独政権であったため，その業績を帰責させる先が自民党であることは明らかであった。しかし，連立政権が常態化した現在，帰責させるべき「政権党」は複数になってしまい，責任関係はあいまいとなっている。さらにいえば，グローバル化が進んだ現在において，経済状態は国際経済の状況にも大きく左右され，各国政府の政策にどの程度帰責できるのかは必ずしも明らかではない。2008 年にはリーマン・ショックに端を発する世界的な金融危機が日本においても（他国と同様に）景気の悪化をもたらした。この景気の悪化は間違いなく 2009 年衆院選における自民党の大敗の一因であったといえるが，同時に，当時の政権がどの程度，責任をとるべきなのかという判断は有権者には難しかったはずである。

3 現代日本の政治参加

選挙の実際

　みなさんが政治に参加するとき，まずは選挙について考えるだろう。ここでは，日本の選挙がどのような制度のもとに行われているかを具体的にみていこう。さらに，投票以外の政治参加の方法についても紹介する。

　選挙で投票することは難しいことではない。選挙人名簿に自分から登録をしに行かなければならないアメリカとは異なり，日本では，18歳以上になると自動的に選挙人名簿に登録され有権者となる。選挙が公示されると，住民票の住所に投票案内はがき（あるいは封書）が送られてきて，そこには選挙当日の投票所，および，期日前投票の投票所が記載されている。選挙の当日は，午前7時から午後8時までの間に基本的には指定の投票所で投票ができる（一部，午後8時より早めに閉まる投票所もある）。もし選挙当日に用事があったりして行けない場合は，投票日以外にも，選挙管理委員会が指定した期間と場所で**期日前投票**を行うことも可能であり，近年ではこの制度の利用者が増加している。さらに，**不在者投票**という制度もある。選挙期間中に，長期出張などの用事があって住民票を置いている市町村以外に滞在している場合に，有権者はその市町村の選挙管理委員会に申請をすることで他の市町村で投票できる制度である。このように選挙当日に投票所に行けない場合でも，投票をすることができるのである。

　大学生の場合，実家を離れて学校に通っている場合も多いだろう。このときに問題になるのは住民票をどこに登録しているかである。もし現在居住している自治体に登録していれば，その自治体で投票ができる。しかし，引っ越したときに住民票の移動をせず，居住している自治体に登録していない場合には注意が必要である。その場合に，不在者投票の手続きを認めるケースと「生活の本拠」がないとみなして認めないケースがあり，自治体によって対応が異なるというのが実情である。

投票方式についていえば，日本の選挙では**自書式**という世界的にみても稀な方式が採用されている。ほとんどの国では，投票用紙に候補者名や政党名が書いてあり，それに印をつけるだけで投票できるが，自書式では，投票する政党や候補者の名前を自分で筆記する必要がある。もし候補者名や政党名を書き間違えた場合には，その間違いの程度によっては無効票になる場合もある。

▎選挙制度▕

　有権者が選挙に行く機会は意外に多い。衆院選は数年に1回だが（任期は4年），参院選は3年に1回は必ずある。これらの国会議員を選ぶ選挙（国政選挙）だけでなく，自分の住んでいる都道府県の知事や都道府県議会議員，市町村長，市町村議会議員（東京都区部では区長，区議会議員）を選ぶ地方選挙もある。合計すると，全部で6種類の選挙が，それぞれ数年ごとに行われているのである。

　日本の選挙においては，それぞれの選挙で異なった種類の選挙制度が採用されている。それぞれを理解するためには，選挙制度の代表的な類型である小選挙区制と比例代表制についてまずは理解する必要がある。

　小選挙区制とは，選挙区において最も多く票を得た候補者が議席を得る制度で，議員として選出されるのは各選挙区で1人のみである。つまり，多くの定数1（選出される議席数のことを定数という）の選挙区で国土を分割し，それぞれの選挙区で当選者を決めるという方式である。小選挙区制を採用している代表的な国はアメリカやイギリスである。小選挙区制においては，最も票の多かった候補者しか当選しないため，どれだけ接戦であっても，敗者は議席を得られない。つまり，議席にカウントされない票（死票という）が多くなり，小さな政党が生き残りにくい。その反面，どの勢力に政権を担わせるかという政権選択の選挙になりやすい制度といえる。勝敗がはっきりと決まっていくため，過半数の議席を占める政党が生まれやすい。つまり，第一党が過半数の票を得なくても過半数の議席を得られる場合があるなど，得票率と議席率を乖離させることによって第一党の政権の安定性を担保するような制度である。そのため，選挙後に樹立される政権は単独政権となりやすい。多数派に意図的に権力を集中させ，選挙ごとの大胆な政策転換を可能にするような制度であり，**多数決型**

民主主義（第 5 章参照）の根幹をなす。

比例代表制というのは，各政党の得票数に応じて，議席を割り当てる制度である。比例代表制を採用している国は，大陸ヨーロッパ諸国に多い。この制度では政党が乱立してしまい，連立政権になりやすく，政権形成のルートが複雑になり，責任の所在がわかりにくくなるが，一方で，社会における有権者の選好がそのまま議会に反映される。つまり，社会の多様性をそのまま議会に持ち込むことができる。権力を分散させることで，少数派の声も尊重し，社会のさまざまな人々との交渉で政策を決定していこうという**コンセンサス型民主主義**（第 5 章参照）を支える制度である。

日本の選挙制度

日本の選挙制度について具体的にみていこう。衆院選では，小選挙区比例代表並立制を採用している。これは，有権者が小選挙区と比例代表でそれぞれ 1 票ずつ投じ，それぞれ別々に当選者を選出する制度である。自分の居住地域の小選挙区では候補者に 1 票を投じる。そのうち，最も得票の多かった候補者が当選する。それとは別に，比例代表では政党に 1 票を投じる。比例代表では全国を 11 に分割した地域ブロックごとに票が集計され，議席が割り振られる。それぞれの政党は，比例代表候補者について順位をつけた名簿を地域ブロックごとに提出しているものの，有権者が投票用紙に書けるのは政党の名前だけである。開票後に配分された議席数に従って，上位の候補者から当選していく。当選者が政党の名簿に「拘束」されるため，このような制度を**拘束名簿式**という。

小選挙区で落選したはずの候補者が「**復活当選**」をしているというケースをみたことがあるだろうか。小選挙区と比例代表は基本的には別々に集計されているが，**重複立候補**という制度だけが 2 つの選挙制度をつないでいる。政党は，小選挙区で立候補している候補者を比例代表の候補者リストに掲載することが可能であり，両方の選挙区で重複して立候補させることができる。小選挙区で当選した重複立候補者はこのリストからはずれるが，落選した場合にはそのままリストに残る。そのため，政党が得た比例代表での議席数とその候補者のリストでの順位によっては「復活当選」するのである。また，重複立候補者に

　日本国憲法下においては，18歳以上の日本国民であれば，その性別や年収にかかわらず，1人1票が与えられる。これは憲法で保障された，すべての国民の法の下の平等に基礎を置く。しかし，現行の選挙制度では，住んでいる地域によって1票の価値が変わってしまうため，政治的な平等に反するとして問題視されてきた。たとえば，2021年の衆院選において最も有権者数の多い選挙区は東京13区であり，有権者数は48万2445人であった。他方，最も有権者数の少ない選挙区は鳥取1区で，23万1313人であった。人口の違いにもかかわらず，いずれの選挙区からも国会議員は1名選出されるため，鳥取1区の1票の価値は東京13区に比べて約2.09倍あることになる。このような問題を**1票の格差**問題という。人口の少ない地方の選挙区のほうが人口の多い都市部の選挙区よりも1票の価値が高くなるというのが一般的な傾向であり，このことが農村を支持基盤とする自民党の強さの源泉となってきたという議論も存在する（斉藤 2010）。

　国土を分割して議席を割り振る選挙制度（小選挙区制や中選挙区制）を採用している以上，すべての選挙区において1票の価値をまったくの平等にすることは難しいともいえる。選挙区の境界線を引くときに，①飛び地を作らず，②隣接する複数の市区町村をまとめるが，③できるだけ1つの市区町村の中に複数の選挙区を作らないとすると，どうしても選挙区の人口に偏りが出てしまうのである。1票の価値をできるだけ平準化するためには，③の要件を緩和して，1つの市区町村を異なる選挙区に積極的に分割する必要がある。他方で，選挙区で選出される国会議員が実態としてその地域の利益の代弁者となっている現状は，その地域のまとまりや生活圏を選挙区の基盤とするべきであるという考え

限っては同一の順位に複数の候補者を並べることが可能であり，その場合には，小選挙区における**惜敗率**（「その候補者の得票数」÷「その小選挙区の当選者の得票数」）が高い順に当選していく。小選挙区での負け方がどれくらい惜しかったかによって優先順位が変わるのである。

　参院選でも有権者は2票を有しており，1票は選挙区で，もう1票は比例代表で投じられる。選挙区選挙は，基本的には都道府県を単位としており（例外についてはColumn ❶参照），有権者数によって定数が割り当てられている。有権者数の少ない県では定数1であるので小選挙区の選挙といえるが，有権者数

につながり，人為的に境界線を引く方法とは対立しうる。

　自治体の境界線と選挙区の境界線を一致させようとする最たる例は，参議院の都道府県を単位とする選挙区選挙である。しかし，議席定数と人口比の関係から，1票の格差を是正するために2議席（3年ごと半数ずつの改選では1議席）を確保できない県も出てきた。2016年参院選では，人口の少ない隣接県同士をまとめて1選挙区とする**合区**制度が導入された。鳥取と島根，徳島と高知はそれぞれ合区選挙区となり，定数1をめぐる選挙を行った。ただし，その県単独の代表を選出できなくなった合区対象県では不満が噴出したため，自民党は比例代表に特定枠制度を導入し，合区対象県（のうち，候補者を出せなかった県）の候補者を優先的に当選させるよう運用している。

　問題は，どの程度の1票の格差であれば許容されるかであるが，近年，1票の平等を求める訴訟において，裁判所の判決はその基準を厳しくしてきている。1993年衆院選の2.82倍については，95年には合憲という判決を下しているのに対して，2.13倍であった2014年衆院選について最高裁判所は「違憲状態」という判決を下し，1票の格差の是正について国会にさらなる努力を求めている。

　しかし，いくら改革を求められても，選挙制度は漸進的にしか変化しない。というのも，選挙制度を変更するのは国会の役割であるが，国会議員は現行の選挙制度のもとで選ばれた人々であるため，基本的には現行の制度の恩恵を受けており，制度変更を望まない傾向にある。むしろ，選挙制度の変更は各議員の再選にとって有利・不利に直結するため，政党内でも対立を生みやすく変更がしにくいのである。

の多い都道府県では有権者数に応じて定数が2〜6となっている。定数が複数の選挙区では，得票が多い順に定数分だけ当選者として議席を割り当てている。このように有権者は1人の候補者の名前しか書けないが，複数の候補者が当選する選挙制度を**中選挙区制**という。中選挙区制は1993年までは衆院選で採用されてきた。参議院の選挙区選挙では，1人区は32選挙区，2人区は4選挙区，3人区は4選挙区，4人区は4選挙区，6人区が1選挙区となっている（2022年時点）。

　他方，比例代表については衆院選と異なる点が3点ある。第1に，得票は地

域ブロックごとの集計ではなく，全国ブロックでの集計となる。第2に，拘束名簿式ではなく，**非拘束名簿式**を採用している。非拘束名簿式では，有権者は政党名で投票することもできるし，政党が提出した比例代表候補者リストをみて，その中の候補者名で投票をしてもよい。候補者名での票は，その政党の政党名での票と合算され，その得票数によって政党に議席が割り振られる。その後，割り振られた議席数から当選者を決めていくが，衆院選のように名簿の順位があらかじめ決められているわけではなく，誰が当選するかは候補者名での得票の多い順番で決定されるのである。ただし，2019年からは名簿に順位をつけられる特定枠制度が導入された（Column ❶参照）。第3に，重複立候補制は採用されておらず，比例代表の候補者は同時に選挙区で立候補することはできない。

　地方選挙でもそれぞれ異なる選挙制度を採用している。知事選挙と市区町村長選挙においては，当選者は1人しかいないため，小選挙区制の選挙といえるが，都道府県議会選挙では，その都道府県をいくつかの選挙区に区割りして，有権者数に応じて定数を割り振るかたちの選挙を行っている。有権者は1票しか投じることはできないが，居住地によっては複数の市町村をまとめて定数1とした選挙区もあれば，1つの市で定数が20近い選挙区もある。市区町村議会選挙においても同様に有権者は1票しか投じることができない。基本的に，その自治体を1つの選挙区とするので定数は非常に大きくなり，東京都世田谷区のように定数が50にもなる場合もある（このように選挙区の定数が大きい選挙制度を大選挙区制という。第10章参照）。

　この他にも，議員を選出することを目的としない選挙も存在する。**住民投票**は，地域の問題の解決をめざして，いくつかの選択肢を提示して，住民に直接的に選択させるものである（第10章参照）。地方議会・首長レベルで，所定の手続きがとられたときにのみ実施されるため，実施された例は少ない。また，国会によって発議された憲法改正案に対して賛成か反対かを投票するための**国民投票**という制度も存在する。国民投票で賛成が過半数を占めた場合には憲法は改正される。ただし，国民投票はこれまで実施されたことがない。

	参加経験率(%)
選挙で投票した	93.3
自治会や町内会で活動した	56.4
選挙や政治に関する集会に出席した	19.9
地元の有力者と接触した	16.1
選挙運動を手伝った	10.9
政治家や官僚と接触した	8.7
市民運動や住民運動に参加した	7.1
Twitter，Facebook，ブログ，ネット掲示板などで，政治について意見を述べた	5.3
議会や役所に請願や陳情に行った	4.9
デモに参加した	2.2

データ：世代と選挙に関する世論調査（2018年）

公職選挙法とインターネット選挙運動

　これまでは，投票という行為に絞って有権者の政治参加をみてきた。しかし，有権者が政治に影響を与えるための機会は，それ以外にも存在する。投票以外の政治参加を投票外参加という。**表2.2**は，投票参加とさまざまな投票外参加についての参加経験について尋ねた世論調査の結果である。このデータによれば，投票参加が最も一般的な政治参加の形態であることがわかる。同時に，その他にも多様な政治参加の形態があり，それなりに経験者が多いこともわかる。

　投票外参加の主要な形態の1つは，（投票以外の）選挙での活動である。たとえば，衆議院なら25歳以上，参議院なら30歳以上の日本国民であれば，選挙に立候補できる。自分が立候補しないまでも，議員になってほしい人の選挙運動を手伝うことはできるだろう。選挙ボランティアとして選挙期間中に街頭でビラを配ったり，事務所での雑務を手伝ったりすることができる。ただし，これらの活動はあくまでボランティアで行うものであり，アルバイトとして金銭を受け取ることは**公職選挙法**で禁止されている。

　選挙運動を手伝うときには，公職選挙法に抵触しないかどうか気をつける必要がある。日本の選挙は公職選挙法によって欧米諸国よりも厳しく規制されており，禁止されていることも多い。象徴的なのは，日本の公職選挙法法令集が2300ページ以上あるのに対して，アメリカの連邦選挙運動法はおよそ10分の

1 の 230 ページしかないという事実である（McElwain 2008）。たとえば，選挙期間中に候補者が有権者の家を回って投票依頼をする戸別訪問について，アメリカでは認められており有権者の投票参加に大きな影響を与えるとされているが，日本では買収などの温床になるという理由で禁止されている。また，候補者が有権者に政策を伝えるための手段についても規制が多く，「文書図画」と呼ばれるビラや新聞広告についてもその枚数や回数に上限が設定されている。これは，選挙資金の多寡によって選挙での有利・不利につながらないようにするという考え方に基づく。

　インターネット上での選挙運動も厳しく規制され，選挙期間中のホームページの更新も禁じられてきたが，2013 年の参院選からはインターネットでの選挙運動が解禁され，ホームページやブログ，SNS（Facebook, Twitter, LINE, Instagram, YouTube, TikTok など）などが選挙運動に利用されるようになった（第 8 章参照）。これにより，有権者はパソコンやスマートフォンを通してネット選挙に関わることができるようになった。しかし，気をつけるべきは，有権者による選挙に関するネット上の発信も規制されていることである。有権者がSNS 上で候補者への投票依頼をすることは可能である一方で，メールはなりすましによる誹謗中傷に悪用される危険性があるため，有権者がメールで投票を呼びかけることは禁じられている（そもそも候補者の選挙運動においても，メールを受け取る側の負担を考慮してメール送付対象について厳しく規制されている）。また，選挙期間中に，候補者や政党のホームページや電子メールを印刷して配布することは，「文書図画」の配布とみなされるため，禁止されている（以上，2022 年時点）。

　そもそも投票を依頼するような活動は，**選挙運動期間**（公示日から投票日の前日まで）だけに限られているが，その期間は短く，衆院選では 12 日間しかない。投票日は選挙運動期間ではないので，投票日当日に投票依頼をすることは，いかなる方法であっても公職選挙法に抵触するため，注意が必要である。

　選挙運動（投票依頼）以外でもインターネットは選挙時における重要な情報提供の場として機能している。従来は，政党・政治家同士の議論やメディアでの論争に基づいて，その選挙の争点が何かという認識が形成され集中的に報道されたので，有権者の触れる情報もそのような争点に限られてきた。しかし，

近年，さまざまな団体がそれぞれの関心に基づいて多様な争点について政党・候補者アンケートを実施し，その結果をインターネット上で公表することによって，メディアで必ずしも多く報じられない政策についても各党の相違を認識できるようになってきている。また，メディア各社も候補者アンケートに基づいてボートマッチ（vote match）と呼ばれるサイトを作成している。政策についての質問に答えることで，各党や各候補者の考えと回答者の考えがどれくらい近いかを計算してくれるというサービスであり，投票判断の際の一助となっている（上神 2006）。

投票外参加

もちろん，選挙運動期間以外でも政党や政治家の活動を支援するというような活動はある。たとえば，政党の党員になったり，政治家の後援会に入ったりして，政治家の日常的な活動を支えるというものである。政治家にとっては，選挙のためだけでなく，選挙に備えた日常的な支援組織づくりのためにも多額の資金が必要とされる（第4章参照）。その資金については，政党からの補助だけでなく，献金というかたちで支援者や支援団体からも資金援助を得る。しかし，日本では政治献金が有権者の間に根づいていないため，政治家や政党は多額の献金者の確保に積極的になり，場合によっては，不透明な政治資金スキャンダルにつながることもある。

また，このような活動をしている団体や組織への参加も政治参加の一種と考えられる（第3章参照）。労働組合や農協，業界団体などは，組織としてそれぞれが目的とする利益を実現するために活動しており，それを支えるメンバーとなることはその団体の活動の成否にとって重要である。それ以外にも，自治会活動は地域社会と行政をつなぐ役割を担っている場合があり，これへの参加も政治参加の一形態といえる。

さらに，地域の問題であれ，全国的な問題であれ，何らかの問題を解決するためには選挙だけが唯一の手段ではない。議員や行政に接触しながら，政策変更を求めていくことを**ロビイング**という。ロビイングの手法には，行政に相談をしに行くことや，与野党の議員に接触をしてその問題について議会で取り上げてもらうこと，あるいは請願書を作成して提出することなどがある（行政へ

の働きかけについては，第7，10章を参照）。場合によっては，大勢が集まって自らの意見を路上で訴えるデモ活動も考えられる。デモ活動での主張は議会内で必ずしも取り上げられないかもしれないが，メディアに取り上げられることで問題提起や世論への働きかけを狙うものである。ロビイングを主体的に実施することには多大なエネルギーが必要かもしれないが，デモや集会への参加，請願書への署名など，これらの活動への参加はそれほどハードルは高くないし，実際に経験率も高い。

　表2.2で挙げられている形態以外にも，新しい形態での政治参加が登場してきている。世論調査の数が増え，それと同時に，政治家が世論の行方に敏感になりつつある現在，世論調査に回答すること自体も政治参加の一種といえるかもしれない（第8章参照）。伝統的な世論調査だけではなく，近年では，**討論型世論調査**（第10章参照）という新たな手法も開発され研究が進んでいる。さらに，SNSの普及による新たな政治参加のあり方についても注目が集まっている（第8章参照）。Facebookで政治家や政党の投稿のシェアをしたり，Twitterでフォローやリツイートすることで，政治的な情報を入手するばかりでなく，自分の意見を表明したり，他の人と議論したりすることが可能になっている。近年では，SNS上で＃（ハッシュタグ）をつけて同一のメッセージを拡散するハッシュタグデモも頻繁に行われ，従来型のデモに参加していなかった層にも広がっている。

読書案内 ┃　　　　　　　　　　　　　　　　　　　　Bookguide ●

小田中直樹（2010）『ライブ・合理的選択論──投票行動のパラドクスから考える』勁草書房。
⇒投票参加の合理的選択モデルについて，そのモデルの成り立ちから，その後の研究展開までライトノベル仕立てで紹介している。本章ではふれていないモデルも紹介されているので，それらのモデルが日本の事例に当てはまるかどうかも考えてみよう。

砂原庸介（2015）『民主主義の条件』東洋経済新報社。
⇒選挙制度や政党について考察する一般向けの書。本章と第4章の内容のいずれにも関係するが，選挙制度の細かな違いや選挙管理の細かなルー

ルが，選挙結果や政治のあり方に影響を与えうることを平易に描き出している。

駒崎弘樹・秋山訓子（2016）『社会をちょっと変えてみた――ふつうの人が政治を動かした七つの物語』岩波書店。
⇒私たちが生活の中で困っていること，それを解決するために政策を変える。難しいことに聞こえるが，ふつうの人たちでも実現ができた例はある。政策変更をいかに実現していったか，そのロビイングについて豊富な実例を紹介する書。

引用・参考文献　　　　　　　　　　　　　　　　　　　References ●

※本章の引用・参考文献リストは本書のウェブサポートページをご覧ください。

第**3**章

団体政治・自発的結社

INTRODUCTION

　この章では，日本政治において団体が果たす役割について考えよう。市民が政治に影響力を及ぼす回路としては，選挙もあるが，団体も重要な役割を果たす。私たちが日常的に政治に影響力を及ぼそうとするとき，個人として政治家に働きかけても大きな影響を与えられないかもしれないが，団体として働きかければ，より大きな影響を与えうる。政治の場においては，さまざまなタイプの団体が登場するが，団体には，組織されやすい団体，されにくい団体がある。これらを分けるものは何だろうか。またこれらの団体は，政策の実現のためにさまざまな活動を展開する。日本では，どのような団体が結成され，どのような活動を行い，どのような政策を実現してきたのだろうか。

QUESTIONS

1. 団体・結社とは何か。
2. 組織されやすい団体，されにくい団体にはどのようなものがあるのだろうか。
3. 日本では歴史的にどのような団体が存在し，今日の団体にはどのような特徴がみられるのだろうか。
4. 日本の団体が政策に影響を及ぼした例としては，どのようなものがあるのだろうか。

1 団体・結社とは何か

| 利益集団，利益団体，圧力団体，社会運動 |

　2007 年，被害者参加制度が成立し，重大犯罪の被害者やその家族が，一定の条件のもとに，裁判に出席し，証人の尋問や被告人の質問，意見陳述などをできるようになった。また従来，犯罪によってケガなどを負った場合，あるいは障がいなどが残った場合，医療費は自己負担となっていたが，犯罪被害給付制度が拡充され，一定の条件のもと，国から給付金が支給されることになった。これらは，2000 年から展開されてきていた「全国犯罪被害者の会」の運動の成果である。全国犯罪被害者の会は，メディアを通して世論喚起を行うとともに，2002 年から 2004 年にかけて全国 50 カ所で街頭署名活動を行い，550 万人を超える署名を集め，政府に要望を提出するなど，積極的に運動を展開していた。

　全国犯罪被害者の会のように，政治においてはさまざまな団体が活動を行っている。まずは団体をめぐる概念を整理しておこう。団体とは，特定の目的のために集まった人々のまとまりである。団体をめぐっては，利益集団，利益団体，圧力団体，社会運動など，いろいろな概念が用いられる。**利益集団**とは，利益を共にする人々の集団である。ここでいう「利益」には経済的な利益も含まれうるし，地域的な利益，あるいは「権利」や「価値観」といった抽象的な利益も広く含まれうる。

　利益は，それを共にする人々に認識されている場合もあるし，認識されていない場合もある。また利益を共にする人々がそれを認識しているとしても，その利益の追求のための団体が組織化される場合も，されない場合もある。利益集団が組織化され，構成員の共通の利益を追求するために活動を展開している場合，**利益団体**と呼ばれる。利益団体は**圧力団体**とも呼ばれる。圧力団体という言葉は，一般には否定的なニュアンスでもって用いられることも少なくないが，政治学の観点からは，圧力団体の「圧力」とは利益団体が政策を実現する

ために行う活動を指すものであり，「圧力」を行使しているからといって，その団体が「悪い」団体であるということにはならない。

　一般に，経済的な利益を志向する団体は「物質志向」の団体，「権利」や「価値観」を志向する団体は「価値志向」の団体，地域的な利益を志向する団体は「地元志向」の団体に分けられる。とりわけ，政策決定過程において大きな影響力を持つのは，財界団体や業界団体，企業といった，**物質志向型の団体**である。その資金力，政党への影響力から，これらの団体は，政策決定過程においてしばしば大きな影響力を行使することが可能である。物質志向型の団体の典型例としては，日本の大企業の窓口である，日本経済団体連合会（日本経団連）が挙げられる。たとえば，1990 年代末から始まった一連の司法制度改革においては，裁判の迅速化を望む経済界の要望が大きく反映していたとされる。日本経団連の前身である経済団体連合会（経団連）など，経済団体やその加盟企業にとっては，裁判を延々長引かせるよりも，早く決着をつけるほうが経済的メリットが大きいことが少なくない。しかし，従来の日本の裁判は，日本の司法人口が他の先進諸国と比べて少ないこともあり，非常に時間がかかっていた。94 年に財界人の団体である経済同友会が発表した政策提言「現代日本社会の病理と処方」や，97 年に発表した政策提言「グローバル化に対応する企業法制の整備を目指して」はいずれも司法制度改革の必要性を謳っており，その後始まった改革を促す重要な一歩となった。

　政策決定過程においては，**価値志向型の団体**も影響力を増してきている。たとえば，1960 年代から 70 年代にかけて，全国各地において反公害運動が高まり，水俣病，四日市ぜんそくなど，多くの訴訟において勝利を収めるとともに，当時，他の先進諸国と比べても厳しい公害基準の導入に成功した。これらの運動は，被害者救済という側面を持つとともに「生活の質」（quality of life），つまり経済的な利益を超えた利益を追求する運動である。このように「生活の質」を追求する運動としては，日本では近年，日照権や景観をめぐる運動なども一定の成果を収めている。価値志向型の活動としては，「人権」を追求する活動も挙げられる。たとえば，人権団体や弁護士団体などは，被疑者の権利保障や冤罪の防止のため，長年，取調べの可視化を訴えてきたが，2010 年代に入り，警察や検察の一部取調べにおいて録音・録画が始まっている。

これらの活動を展開する団体は，価値志向型の団体であるとともに，**アドボカシー団体**でもある（アドボカシー活動については後述）。アドボカシー団体とは，特定の価値の実現に向けて，世論を喚起したり，政策の実現に向けて活動することを主たる目的とする団体のことである。国際的なアドボカシー団体としては，人権団体のアムネスティ・インターナショナルや，環境保護団体のグリーンピースなどが有名である。

　利益集団と利益団体の中間的な形態が**社会運動**である。社会運動とは，社会問題の解決に向けて社会の変革を促す集合的な運動である。社会運動は，公式の政策決定過程に組み込まれていることもあるが，組み込まれていないこともある。社会運動の例としては，公害運動や反原発運動などが挙げられる。社会運動は，それに参加する人々の価値や利益の追求のためにデモや署名といった活動を展開する。

　日本では規模は比較的小さいが，多くの西ヨーロッパ諸国では規模も政治的影響力も大きいのは**労働運動**である。よく知られるように，労働運動は，多くの先進諸国において，産業化とともに成立・拡大し，賃金や労働条件の改善を実現してきた。ヨーロッパ諸国では，労働組合組織率（労働者のうち，組合に加盟する者の比率）が5割を超えることも珍しくなく，たとえばスウェーデンなどでは7割を超えるといわれ，大きな政治的影響力を持つが，日本では終戦直後の時期に組織率が5割を超えた時期もあったものの，現在では2割を切っている。日本の労働運動の政治的影響力については後述する。

さまざまな活動の型──ロビー活動，アドボカシー，サービス供給

　団体が政治に影響を及ぼそうとする際，さまざまな方法を用いる。まず，団体が直接政治家や官僚などに接触し，特定の政策の実現やその阻止を訴えたりする**ロビー活動**がある。もちろん，団体が政治家に要望を訴えるだけでは，政策は実現しない。団体の影響力の裏づけとなるのは，動員力（＝票）であったり，資金であったり，あるいは科学的な分析などの情報であったりする。たとえば，小泉政権が郵政民営化を推し進めた際には，全国の「特定郵便局」の局長から構成される全国郵便局長会が反対運動を展開し，自民党議員に積極的にロビー活動を行った。その裏づけとなったのは，約2万人といわれた会員数，

しかも特定郵便局長の多くが地元の名士であり，選挙区において大きな動員力を持つことであるといわれた。

　団体は特定の政策の「実現」において重要な役割を果たすだけでなく，特定の政策の「阻止」においても大きな役割を果たすことが少なくない。実際，影響力のきわめて大きな団体であれば，政策決定の当事者は，その意向をあらかじめ組み込んで政策を決めるため，団体はそもそもロビイングを行う必要すらない（**予想された反応**）。つまりロビー活動の活発さは，必ずしもその団体の影響力の大きさに比例しない点には注意が必要である。

　最近の調査によると，日本の団体の半分近くが中央あるいは地方の行政に対して働きかけを行ったことがある（後・坂本 2019b）。しかしその大部分は市区町村や都道府県への働きかけであり，中央省庁への働きかけではない。後述するように，日本では規模の小さい団体が多く，活動の地理的範囲も限られるため，アドボカシー活動の対象も中央というよりは地方の政府に向かいやすい傾向がある。

　団体はまた，世論に訴え，人々を動員することで影響力を及ぼすことがある。**抵抗運動**を通して特定の政策を阻止しようとすることもある。2011 年にアメリカに始まった「ウォール街を占拠せよ」運動は，金融業や富裕層の優遇に対する反対を訴えた。2016 年末には，韓国の朴槿恵（パククネ）大統領のスキャンダルをめぐり，退陣を求めて多くの人々がソウル市内外でデモを行った。ロビー活動が集票力や資金力，情報をてこに政策の実現や阻止を訴えるのに対して，抵抗運動の影響力の源はその動員力である。より多くの人々を動員できてこそ，抵抗運動は**世論の喚起**ができ，影響力を発揮しうる。抵抗運動が世論を喚起するための手段としては，デモや署名運動，シンポジウムの開催，SNS を通じた情報発信などがある。このように，政策の実現や阻止を求めて政策決定者や世論に対して働きかける活動全般を**アドボカシー**という。

　日本では，環境運動や人権運動など，さまざまな社会運動が展開されてきたが，なかでも平和運動は多くの市民を動員してきた。もっとも，環境運動にせよ，平和運動にせよ，社会運動は必ずしも一枚岩であるわけではなく，内部でさまざまな小さな運動を抱えることが多い。たとえば日本の平和運動，とりわけ反核運動なども，戦後長い間，社会党系・共産党系に分裂してきており，統

一的な行動をとってこなかった。政党色を嫌う「無党派的」な運動の流れも一定程度存在する。しかし近年では，社会党系と共産党系の長年の対立を克服して，党派性を超えた「総がかり行動実行委員会」（略称「総がかり」）のような新たなかたちの社会運動も台頭しており，2015年に成立した安全保障関連法案に対して反対運動を展開するなどしている。また，団体のロビイングの対象は，政治家や行政（官僚）であることが多いが，とりわけ日本の価値志向型・地元志向型の運動においては，政策決定に影響を及ぼすために，司法（裁判）が重要な場として浮上している。先にみた反公害運動や薬害運動なども，訴訟を通して政策の変更を促すことに成功している。このように日本では，訴訟がアドボカシーの重要な手段になっている。

　ロビー活動，抵抗運動といった政治に訴える活動とは別に，団体は**サービス供給**を行うこともある。サービスは，高齢者や子ども，被害者のように，特定の社会的困窮者を対象とする場合もあれば，地域の美化のように，社会一般を対象としたものもある。日本の高齢者介護サービスなどは，多くの社会福祉法人によって担われている。地域で清掃活動や植林活動などを行う環境団体も少なくない。ここでいう「サービス」とは，必ずしも無償で提供されるわけではなく，介護サービスのように，一定の対価を条件とする場合もある。また，サービス供給は地域に密着したものとは限らない。海外で医療活動を展開する「国境なき医師団」や，海外で植林を行う環境保護団体など，国際的なサービス供給を主眼とする団体も少なくない。

　団体が展開するこれらの活動は相互に排他的ではなく，同じ団体が同時並行的に上記のうちの複数の活動を展開することもある。たとえば，サービス供給を行う団体が，特定の政策の実現を求めて，ロビー活動を行うことも珍しくない。たとえば，ふだんは地域の公園でサッカーをしている団体も，その公園がマンション建設のために使えなくなったりすれば，建設計画の中止を求めて，利益団体と化し，地域の地方議員に働きかけを行ったりするかもしれない。うまくいかなければ，賛同者を募って，デモに訴えることもあるかもしれない。もっとも，H・キッチェルトの指摘するように，ロビー活動を効果的に行うことのできる団体は，抵抗運動を展開して世論を喚起する必要も少ないといえよう（Kitschelt 1986）。

このように，民主主義社会における市民は，団体活動を介して，政治に対して影響力を及ぼすことが可能である。もちろん，市民は投票を通して影響力を及ぼすことも可能である（第2章参照）。しかし，選挙は何年かに1度しか実施されず，政党や政治家という「代表」を選ぶ手段であり，個別の政策の中身について細かい要望を提出したり，影響力を及ぼすには必ずしも適した手段ではない。民主主義社会においては，さまざまな政策領域に対して，さまざまな団体が，影響力を行使することをめざして，日常的に活動を展開している。

組織化されやすい利益，されにくい利益——集合行為問題

すでに述べたように，利益を共にする人々がいるからといって，その利益が団体として組織化されるとは限らない。M・オルソンは，多数の人の利益よりも，少数の人の利益のほうが組織化されやすいとした（Olson 1971）。利益を組織化し，政治の場において追求していけば，その利益が政治の場において反映されていくメリットはある。他方で，団体を組織し，運営していくうえではさまざまなコストがかかる。コストの中には，時間的なコストも，経済的なコストもある。団体を運営していくうえでは，その団体の活動によって利益を得る者がそのコストを負担する必要がある。しかし団体に参加する側の観点からすれば，できるだけコストを負担せずに，団体の活動の恩恵を受けたいと思うのが「合理的」である（**フリーライダー**＝ただ乗りの問題）。少数の人が恩恵を得るような利益を追求する団体であれば，誰がフリーライドをしているのか，相互に監視が可能であり，フリーライダーに対して制裁を科すことも可能である。しかし多くの人が恩恵を得るような利益を追求する団体の場合，そのすべての人がコストを負担するように監視することは現実的に困難であり，また監視すること自体にも多大なコストがかかる。つまり，少数の人が利益を得るような場合，フリーライダーは比較的発生しにくく，組織化が比較的容易である一方，多数の人が恩恵を得るような利益についてはフリーライダーが発生しやすく，組織化が比較的難しいというパラドクスが存在する。これを**集合行為問題**という。

集合行為問題の克服には，どのような方法があるだろうか。オルソンによれば，2つの方法があるという。1つは，一定の範囲の人々に，団体への参加を

強制することである。たとえば，日本では，弁護士は弁護士会に加入していなければ，弁護士活動を行ってはならないことになっている。加入が活動の条件とされることで，強制力を持つ。また，ヨーロッパの多くの国では，労働組合に参加している者しか採用できない仕組み（ユニオン・ショップ）になっていることも少なくない。これも，組合への加入が雇用の必須条件となっており，参加が事実上，強制される一例である。

　フリーライダー問題を克服するもう１つの方法としてオルソンが挙げるのは，**選択的誘因**の提供である。これは，言葉を換えれば，「団体に加入した者しか得ることのできない何らかの特典」を提供することを通して，自発的な参加を促そうとすることである。たとえば，日本自動車連盟（JAF）という団体がある。JAFは広く自動車ユーザーの利便を図るために，クルマにかかる税金を安くするように政府に働きかけている。JAFに会員として加入すると，運転中に万が一のトラブルがあった際に，軽微な料金で修理などのロードサービスを受けることができる。これは，「ロードサービス料金の大幅割引」という特典が，加入者のみに選択的に提供され，この特典が団体への参加を促す例である。また多くの団体では，ニューズレターなどを定期的に発行しており，団体の活動に関する情報や，会員の動向，団体の活動から得られた情報を掲載したりしている。このような情報も，加入者のみに提供される「特典」として，団体への加入を促す選択的誘因として機能しうる。

　もっともオルソンの議論に対しては，実際には多くの人々を代表する団体が組織されることも少なくなく，人々は参加のコストのみを考慮して団体に参加するか否かを決めているのではないという批判もなされている。

　組織化されやすい利益，されにくい利益を左右するのは，利益の性質だけではない。どのような利益が組織化されやすく，どのような利益が組織化されにくいかは，政策や制度の影響も受ける。たとえばR・ペッカネンは，日本において大規模アドボカシー団体がアメリカと比べて少ないのは，政策，とりわけ日本の税制や，非営利団体の法人化が困難であることが大きな要因になっていると論じた（Pekkanen 2006）。アドボカシー活動を行ううえでは，その分野の専門家を雇い，独自の研究・調査を行ったり，大規模な啓発活動を行う必要があるなど，多額の資金が必要である。この点，アメリカでは寄付税制が充実

しており，個人が団体に寄付をすると，税金からの控除が認められることが多い。したがって，団体に寄付を行う個人が多く，これが団体の規模の拡大を可能にするとともに，専門家を雇い，アドボカシー活動を行う資金の裏づけとなっている。日本でも同様の税制はないわけではないが，多くの団体については寄付をしても控除が認められず，控除が認められる団体の数はアメリカと比べると圧倒的に少ない。その結果，ペッカネンによると，アメリカでは規模も大きく，全国規模で活動し，会員も多いアドボカシー団体が発達した一方で，日本では規模が小さく，地域レベルで活動するサービス供給団体が中心となったという。このことは，日本では，地域レベルの利益が比較的組織化されやすく，全国レベルの利益は組織化されにくいということでもある。ペッカネンは日本のこのようなアドボカシー活動を行わない団体を「政策提言なきメンバーたち」と呼んでいる。最近では日本でも民主党政権のもと，特定非営利活動法人（NPO 法人）の基準が緩和され，寄付をすれば控除が認められる NPO 法人（このような NPO 法人を「認定 NPO 法人」と呼ぶ）の数は増加傾向にあり，2022年 7 月末現在，1200 団体を超えるまでになった（内閣府 n.d.［1］）。ただし，NPO 法人が認定 NPO 法人としての資格を取得するには，その活動が広く社会から支持されていることを所轄庁に対して示す必要がある（パブリック・サポート・テスト）。NPO 法人については次節で述べる。

現代日本政治における団体・結社の影響力

▎日本の特徴と歴史的経緯 ▎

　日本では，どのような団体が，どのような時期に，形成されてきたのだろうか。日本の団体の形成の歴史的傾向については，この 20 年，辻中豊らにより，急速に研究が進んできた。辻中らの調査では，日本では，第二次世界大戦直後に急速に多くの団体が結成されたことがわかっている。この時期につくられた団体の中には，ゼロからつくられたものも多いが，戦前に設立され，戦後に再編成されて再出発をした団体も少なくない。この時期に設立された団体には，

現在も活動しているものが多い。民主化が多くの団体の結成を促すことは，スペインや韓国など，他の国の例とも共通してみられる傾向である。また，高度成長後の1970年代，バブル経済後の90年代にも団体形成の波が起こり，多くの団体が結成された。人口当たりの団体数でみると，戦後の日本は，50年代初めには人口10万人当たり15団体弱，70年代後半には20団体前後，90年代後半には30団体弱と，ほぼ一貫して増加の一途をたどってきた。90年代後半以降は団体数の伸びはやや鈍ったものの，2006年時点では人口10万人当たり40団体強となっている（辻中・山本・久保 2010）。

　このように団体が増え続ける傾向は，たとえば戦後アメリカでみられる傾向とは対照的である。辻中らの調査によれば，戦後アメリカでは人口当たりの団体数の推移はほぼ横ばいであるという。労働団体がやや減少したり，市民団体がやや増加したりと，団体のタイプごとに多少の変動はあるものの，人口当たりの団体数は10万人当たり35団体前後と，それほど大きく変わっていない（辻中・崔 2002：274頁）。

　また日本では，時代とともに結成される団体のタイプも変遷を遂げてきた。たとえば，経済団体や農業団体のような**生産者団体**は，終戦直後の1940年代後半に多く設立されている。先ほど挙げた日本経団連の前身である，経済団体連合会と日本経営者団体連盟はいずれもこの時期に設立されている。他方，**社会サービス団体**（教育，行政，社会福祉，専門家団体）については，多少の波はあるものの，おおむね戦後一定したペースで設立されている。**アドボカシー団体**（政治，市民［環境保護を含む］団体）は，戦後すぐの設立は少なかったものの，90年代以降，設立のペースが上がっている。辻中によれば，このように近年社会サービス団体やアドボカシー団体が増加する傾向は，ドイツやアメリカ，韓国など，他の多くの先進諸国とも共通する（辻中編 2002）。

　また足立研幾によると，1980年代以降，国際的な問題関心を持つ「世界指向団体」の数が急激に増加している（足立 2002）。日本では，このように国際的な問題関心，とりわけ発展途上国に関心を持つ団体をNGOと呼ぶことが多い。もっとも，NGOはNon-Governmental Organizationの略であり，非政府組織全般を指す概念であるので，本来は必ずしも問題関心が国際的か国内的か，あるいは途上国に関心を持つか持たないかで区別されるものではない点は注意

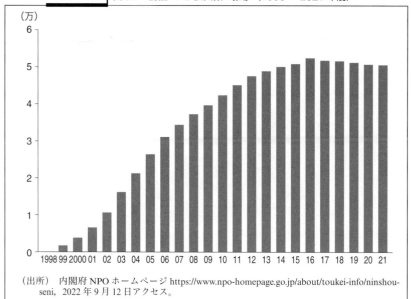

（出所）内閣府 NPO ホームページ https://www.npo-homepage.go.jp/about/toukei-info/ninshou-seni, 2022 年 9 月 12 日アクセス。

が必要である。

　1995 年 1 月の阪神・淡路大震災は，日本において民間の非営利活動が評価されるきっかけとなった。震災の直後，多くの民間団体がいち早く現地に駆けつけ，救援活動に当たった。このことから，従来，日本において民間の非営利団体が法人格を取得するのに必要であった煩雑な手続きが緩和されるべきだとの機運が高まり，98 年に**特定非営利活動促進法**（いわゆる **NPO 法**）が成立した。NPO 法のもと，災害救援や保健，医療など，当初は 12 の分野，その後 20 の分野に該当する団体は，比較的簡易な手続きで特定非営利活動法人（いわゆる NPO 法人）として法人格を取得することができるようになった。NPO 法の成立以降，NPO 法人として組織化される団体が大きく増え，2022 年 7 月末現在，5 万 586 法人が認証を受けている。このように，日本では，時代の変遷とともに，異なるタイプの団体が設立されてきたことがわかる。NPO 法人数の推移は**図3.1**，活動分野の内訳は**図3.2**のとおりである。

　法人格の取得は，社会的信用にもつながる。ペッカネンが指摘するように，法人格があれば，団体は団体の名前において銀行口座を開いたり，不動産登記を行ったりすることが可能になるため，団体経理を明瞭にしやすい。また不動

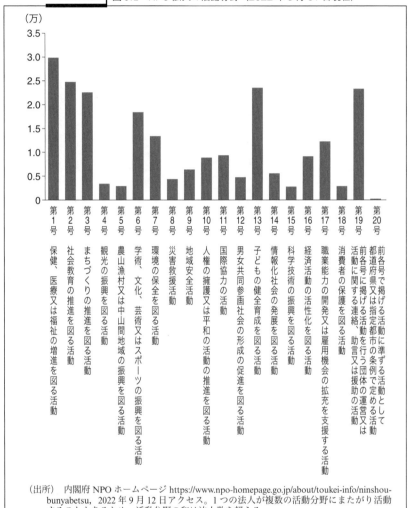

（万）

号数	活動分野
第1号	保健、医療又は福祉の増進を図る活動
第2号	社会教育の推進を図る活動
第3号	まちづくりの推進を図る活動
第4号	観光の振興を図る活動
第5号	農山漁村又は中山間地域の振興を図る活動
第6号	学術、文化、芸術又はスポーツの振興を図る活動
第7号	環境の保全を図る活動
第8号	災害救援活動
第9号	地域安全活動
第10号	人権の擁護又は平和の活動の推進を図る活動
第11号	国際協力の活動
第12号	男女共同参画社会の形成の促進を図る活動
第13号	子どもの健全育成を図る活動
第14号	情報化社会の発展を図る活動
第15号	科学技術の振興を図る活動
第16号	経済活動の活性化を図る活動
第17号	職業能力の開発又は雇用機会の拡充を支援する活動
第18号	消費者の保護を図る活動
第19号	前各号に掲げる活動を行う団体の運営又は活動に関する連絡、助言又は援助の活動
第20号	前各号で掲げる活動に準ずる活動として都道府県又は指定都市の条例で定める活動

（出所）　内閣府 NPO ホームページ https://www.npo-homepage.go.jp/about/toukei-info/ninshou-bunyabetsu, 2022 年 9 月 12 日アクセス。1 つの法人が複数の活動分野にまたがり活動することもあるため，活動分野の和は法人数を超える。

産登記を行うことも法人格がなければできないが，法人格を取得すれば可能である。これらは団体の活動を円滑にし，拡大することを可能にするものである。

　近年の状況はどうだろうか。ペッカネンは，日本では依然として経済団体が相対的に多いと指摘する。辻中らが 2 度にわたって行った調査でも，他の先進諸国に比べて，日本では，経済・業界団体や農業団体，労働団体などの職業・生産関連団体が比較的多く，2006-07 年調査ではこれらの団体が全体の 4 割近

くを占めることが確認されている。アメリカではこの種の団体は全体の2割強，ドイツでは5%前後，韓国でも2割を切っている。もっとも，近年では災害や環境，福祉などに関わる団体の設立が目立っており，全体に占める生産者団体の比率はやや下がる傾向にある（後・坂本 2019a）。また日本の特徴としては，町内会や自治会，PTA など，半強制的な団体が多いことも挙げられる。自治会は約30万団体存在するという（辻中・崔・久保 2010）。

　さらに2010年代以降はフォーマルな組織形態を持つ「団体」よりもインフォーマルなネットワークの形成が進んでいる。黒人に対する暴力に抗議するアメリカの Black Lives Matter 運動，セクシャル・ハラスメントに抗議してアメリカやフランスなどヨーロッパ諸国，韓国などでも拡大した #MeToo 運動など，海外では SNS から政治的な運動が生まれることも増えており，SNS 利用の活発な日本でも今後 SNS を介した政治運動が高まりをみせることも考えられる。

　すでにみたように，ペッカネンによると，日本は規模の大きなアドボカシー団体が少ない反面，地域に根ざした小規模なサービス供給団体が多い。アメリカなどでは，世界自然保護基金（World Wide Fund for Nature：WWF）は100万人以上の会員を擁する（2022年現在）。日本でも名前を知られるグリーンピースもアメリカの会員数は25万人超，人権団体として有名なアムネスティ・インターナショナルも35万人以上である。しかし日本ではこの規模の会員数を要する団体はほとんどない。日本では，「日本野鳥の会」など比較的名前の通った団体でも3万人程度の会員数にすぎず，アメリカにおける WWF やグリーンピースなどのように，全国的に名前を知られる団体もほとんどない。2006-07年調査では，個人会員を10万人以上擁する団体は，アメリカでは6.8%に上ったが，日本では0.8%にすぎない（辻中・崔・久保 2010）。すでにみたように，日本でも「認定NPO法人」の制度などが始まっているものの，日本において規模の小さな市民団体が多く設立されている傾向はあまり変わっていない。

　NPO法人に対しては，行政の「下請け」化が進んでいるといった批判も一部にある。日本の団体は一般市民からの寄付を多く得ることが難しいため，収入源として行政の委託事業収入への依存が強くなり，その結果，団体活動の自律性が損なわれている，という批判である。この点について，内閣府の実施す

る「特定非営利法人に関する実態調査」をみると，たしかに，まちづくりや地域安全などの分野においては，行政からの委託事業への依存度の高い団体もみられる。しかし，2020年の調査によれば，NPO法人の収入のうち，行政などの委託事業収入は平均して16.6%である（内閣府 n.d.［2］）。団体の種別にもよるが，NPO法人の大部分が行政の下請けとなっているというのはおそらくいいすぎであろう。

団体の影響力①──多元主義モデルによる理解

すでに述べたように，政策決定過程において，経済団体，とりわけ生産者団体（財界団体，業界団体，企業など）は，その他の団体に比べて，資金力などの資源（リソース）の面で，圧倒的に有利である。このことから，政治家や官僚に対しても，大きな影響力を及ぼすことができる。とすると，政策は生産者団体の言いなりになってしまうのか，価値志向型の運動や地元志向型の運動にはまったく勝ち目はないのか。この論争はもともと，1960年代のアメリカで生まれ，展開してきたものであるが，80年代に入り，日本をめぐっても，さまざまな研究が進められてきた（政策過程については，第6，7，9章を参照のこと）。

1980年代に急激に発達した一連の日本政治研究は，猪口孝，村松岐夫，大嶽秀夫，蒲島郁夫らの手によるものであり，日本政治を**多元主義モデル**から理解した。このモデルによれば，生産者団体は資源の面で有利であるが，だからといってすべての政策領域において政策の内容をコントロールできるわけではない。すでにみたように，戦後日本においても，環境規制の充実などが図られてきた。多元主義の立場はさまざまあるが，税制や農業，環境，といった各政策領域はそれぞれ「仕切られて」いて，政策領域ごとに，政治家，官僚，団体といった主要アクター間の対立構図が異なり，アクター間の力関係も異なる，という理解においてはおおむね一致する。たとえば，選挙において大きな重要性を持つとされている建設分野においては，建築業界や，その利益を代弁する自民党議員は大きな影響力を持ち，官僚の独自の影響力は比較的弱い。他方，選挙に直接的な影響を及ぼさず，専門性も高い金融分野などにおいては，金融業界や官僚が比較的大きな影響力を持ち，政治家の影響力は他のアクターと比べて限定的であったと評価されてきた。また，生産者団体は一枚岩ではなく，

さまざまな生産者団体間の対立もある。たとえば，弁護士業界と司法書士業界は，双方の参入領域について対立を繰り広げてきた。このような場合には，2つの業界の間の利害対立の調整は，政治家や官僚に委ねられることとなる。

多元主義モデルの1つの意義は，資金の面で他の団体よりも圧倒的優位に立つ経済団体が，必ずしも政策過程において有利ではない点を示した点にあるが，日本政治研究の文脈では，もう1つの意味もあった。それまで多くの研究は日本の政治を**官僚優位モデル**から捉え，政治家や利益団体の影響力は限定的なものとして理解していたのに対して，多元主義モデルは日本政治の中心に政治家を据え，政治家に影響力を及ぼす存在として利益団体の役割を正面から捉えたことである。むろん，この枠組みにおいて官僚は政策決定に影響力を及ぼさないわけではないが，あくまで中心的なアクターは政治家であり，官僚の影響力は副次的であり，しかも政策分野によって異なるものと位置づけ直されたのである（第6, 7章参照）。

┃ 団体の影響力②——コーポラティスト・モデルによる理解 ┃

日本政治に関するこのような捉え方に対して，**コーポラティスト・モデル**から日本政治を理解しようとする試みもある。もともとコーポラティズムの概念は，第二次世界大戦下のイタリアにおいてムッソリーニが政府主導で業界団体や労働組合などの団体（コーポレーション）を結成させ，それらを通して経済を統制したことを指して提起された概念である。戦後，多くのヨーロッパ諸国においては，経営側・労働側それぞれの利益を代表する**頂上団体**（ピーク・アソシエーション）が政府と共に合意を結んで，貿易における国際競争力の強化を図ってきた。戦後ヨーロッパ諸国における頂上団体間の協調的な合意体制は，戦時期イタリアの仕組みと区別して，「**ネオ・コーポラティズム**」と呼ばれることもある。労働組合は賃上げの抑制に合意する一方で，経営者団体は積極的に投資を行い，政府は福祉サービスの拡大などに合意した。主要政策課題に対して政（政党）・労（労働組合）・使（使用者）の三者で協議し，合意に至るというこのような合意形成方式は，今日に至るまで，スウェーデンやドイツなど，多くの西ヨーロッパ諸国において引き継がれている。

このような合意の前提となっているのは，とりわけ労働組合と経営者の頂上

団体が，傘下の組合員や企業などに対して，統制力を持つことである。たとえば労組の頂上団体が賃上げの要求をしないことを合意しても，傘下の一部の組合がこの合意に反して賃上げの要求を行ってしまっては，頂上団体間の合意は実効的なものとならない。コーポラティスト的決定が成立する前提としては，団体内部のきわめて統制力の強い構造が必要なのである。

団体についてのこのようなイメージは，多元主議論において想定されているイメージとはかなり異なる。コーポラティズムにおける利益団体のイメージは階層的なものであり，政策分野ごとに多様な活動を自由に展開する多元主義的なイメージとは性質が異なる。またコーポラティスト・モデルにおいては労働組合・経営者団体・政治の間の関係は協調的であり，安定的であるが，多元主義モデルのイメージでは，団体を含めた政策当事者間の関係はより競争的であり，当事者相互間の力関係は争点によって異なる。

日本の利益団体は，一党優位制のもと，政権党である自民党と安定的な関係を築いている団体と，野党（1990 年代半ば頃までは社会党，その後は民主党・民進党）と安定的な関係を築いている団体との間で「系列化」されているという見解が長く提唱されてきた（石田 1960；森 2002）。

日本の場合，政権政党（自民党）と経済団体の間に緊密な関係がみられる一方で，労働組合に統一的な頂上団体がなく北欧諸国にみられるような政・労・使三者の緊密な協調体制はみられないことから，「**労働なきコーポラティズム**」と特徴づけられることもある。ヨーロッパ諸国と異なり，日本では産業別の労働組合ではなく，企業別組合が中心であり，企業別組合の連合体である産業別組合，産業別組合の連合体である頂上団体の 3 層構造をとる。日本最大の労働組合は，日本労働組合総連合会（連合）であり，会員数は 700 万人といわれる。日本の頂上団体は，かつては官公労を中心とする日本労働組合総評議会（総評）や，民間の労動組合を中心とする全日本労働総同盟（同盟）などに分かれており，総評は社会党を，同盟は民社党を支持していた。1989 年に総評と同盟が連合に合流し，日本最大の頂上労働組合が成立した。連合は民主党や民進党の支持母体となってきたが，2017 年の民進党の分裂以降，連合は立憲民主党と国民民主党などとの間で「股裂き」の状態にある。また連合の成立により，日本のすべての頂上団体が連合に統合されたわけではなく，全国労働組合総連

合（全労連）をはじめ，連合の枠外に残った団体もあり，連合に参加する組合員は全体の67％程度である。しかし，すでに述べたように，日本の労働組合は産業別組合ではなく企業別組合がベースとなっているだけでなく，もともと先進諸国の中でも低いほうであった労働組合組織率は近年さらに低下傾向にあり，労働組合の政治的影響力は，他の先進諸国と比較すると，限定的であるといわれる。

　他方，伊藤光利は，日本では企業内で労使協調が成立していることに着目し，その結果，北欧型のコーポラティズムというかたちをとらなくても，企業や経済団体の主張の中に「**大企業労使連合**」の利益が表出し，実現されているとする（伊藤 1988）。久米郁男も，日本の大企業に 1960 年代までに成立した労使協議制が労使協調を可能にするとともに，労働者の利益実現に重要な役割を果たしたと指摘する（Kume 1998）。

　多元主義論も，コーポラティズム論も，団体間の交渉・調整が，個別の団体の利益を越えて，より広い利益の追求を可能にする点を強調する。しかし，民主主義社会における団体の役割について，より批判的な立場をとるのがT・ロウィの「利益集団自由主義」の議論である。ロウィは，団体間の交渉によって政策がつくられるとき，掲げられている政策の是非よりも，団体の力（リソース）の強さによって政策の中身が決まり，組織化されざる人々の利益は反映されないため，公益が損なわれるとした（Lowi 1969）。日本でも近年，団体の政治や行政への接触頻度はあまり変わらない一方で，組織されざる人々の拡大が指摘されており（森・久保 2014），こうした人々の利益がどこまで政策過程の場において代表されているのか，検証が必要である。

３ 民主政治における団体・結社の重要性

　団体が民主主義社会において果たす役割については，さまざまな議論がなされてきた。本章で紹介した多元主義やコーポラティズムの議論は，その中でも代表的なものである。

　19 世紀にアメリカを視察したトクヴィルは，団体を「**民主主義の学校**」であ

ると位置づけた。団体に参加することで，市民は議論や合意形成など，民主主義を草の根から支える「シビック・スキル」を身につけることができるとした。アメリカにおける活発な団体活動が，民主主義体制を草の根から支えていることを指摘したのである。近年では，R・パットナムも，トクヴィルの議論をより詳細に実証的に跡づけ，団体活動が活発な地域では，行政もより円滑に機能することを示した（Putnam 1994）。前述のロウィの指摘と照らし合わせると，団体が民主主義体制において果たす役割については，必ずしも合意があるとはいえそうもない。しかし，これらの議論は団体が「どのように重要か」をめぐって展開してきたのであり，団体が重要であることについては，研究者の間でも異論はない。

すでに述べたように，民主主義社会において有権者が政治に対して影響を及ぼす方法としては選挙があるが，選挙はそれほど頻繁に行われるものではない。そのため，個別の政策形成においては，さまざまな団体が政治家や官僚に対して働きかけ，影響力を行使しようとする。ただし，団体がどれほどの影響力を発揮できるかは，その団体の持つ資金力や知識，ノウハウといった「資源」のみならず，選挙制度や政党システムといった制度的な要因や，その時々の政治情勢（制度や政治情勢のように，団体の外にあり，団体の影響力を左右するような要因を「政治的機会構造」という），言説の「フレーミング」（第8章参照）などにもよる。

私たちが団体に参加する際も，ただ参加し，主張を訴えれば，望む政策が実現するわけではない。望む政策の実現のしやすさは，具体的な主張の中身に加えて，団体のタイプや規模，ロビイングや世論喚起（アドボカシー）の方法などによって変わってくる。団体を通して政治に参加する際には，どのような方法をとれば，どのような主張がより実現しやすいのか，読者には賢くみきわめてもらいたい。

読書案内 |　　　　　　　　　　　　　　　　　　　　　　Bookguide ●

辻中豊・森裕城編（2010）『現代社会集団の政治機能——利益団体と市民社会』木鐸社。
　⇒日本の社会集団・利益団体について，諸外国との比較を交えながら，詳細な独自調査に基づいて実証的に明らかにした壮大な研究である。日本

の団体の現状がよくわかる1冊である。

村松岐夫・伊藤光利・辻中豊（1986）『戦後日本の圧力団体』東洋経済新報
　社。
⇒日本の利益団体をめぐる実証研究の出発点となった，古典的な著作であ
　る。上記『現代社会集団の政治機能』とあわせて読むと，日本の団体が
　たどってきた足跡がよく理解できる。

ロバート・D・パットナム／河田潤一訳（2001）『哲学する民主主義──伝
　統と改革の市民的構造』NTT出版。
⇒団体が民主主義社会において果たす機能について，「ソーシャル・キャ
　ピタル」の概念を提示しながら，実証的に明らかにした本である。団体
　に参加することにはどのような意味があるのか，考える手がかりとした
　い。

引用・参考文献　　　　　　　　　　　　　　　　　　References ●

※本章の引用・参考文献リストは本書のウェブサポートページをご覧ください。

第**4**章

政党と政治家

INTRODUCTION

　私たちは選挙で政治家や政党に投票するが，誰が政治家になり，政治家や政党はどのように活動するのだろうか。なぜ政党が必要なのだろうか。政党ごとの政策志向の違いがわかりにくくなってきているのは，なぜだろうか。それは良いことなのだろうか，懸念すべきことなのだろうか。本章では，代議制民主主義の根幹をなす政党について，理念，組織，行動に焦点を当て，日本の特色をみていこう。さらに有権者と政治家や政党の関係について掘り下げ，選挙の仕組みや選挙活動のルールがどのように私たちと政治家や政党の関係性を規定しているのかを明らかにする。有権者の行動が政治家や政党に対してどのように影響を与えているのかを理解すれば，1票の重みが感じ取れるはずだ。

QUESTIONS

1　どのような人が，政治家になるのだろうか。
2　政治家は，どのような活動をしているのだろうか。
3　そもそも政党とは何のためにあり，どのような役割を果たすのであろうか。
4　政党の理念や組織，政党と政党の関係（政党システム）にはどのようなタイプがあるのだろうか。
5　小選挙区制や比例代表制といった選挙制度の違いは，政党システムや政党組織，政治家の行動にどのような影響を及ぼすのであろうか。

1 　誰がどのような活動をしているのか

▌政治家とは──当選・再選に向けて▐

　私たちは選挙で政治家または政党に 1 票を投じる。**政治家**は当選すれば**議員**となる。代議制民主主義のもとでは，議員が私たちを代表するかたちで意思決定に参画する。つまり，議員というのは選挙を通じて公職に就いた者であり，選挙によって選ばれていない**官僚**とはこの点で決定的に異なる。民主的正統性を持つのが議員という存在なのだ。

　政治家には，これから選挙に出ようとする人や落選中の人も含まれるので，議員や知事，市区町村長よりも広い概念となる。議員は当選後に議会において立法活動などに従事し，知事や市区町村長は自治体の行政を担当する。議会での活動については第 6 章，地方自治については第 10 章で詳しく述べることにして，本章では主に選挙に関する政治家や政党の活動全般についてみていこう。

　政治家は当選しなければ，たとえば議員としての活動ができない。したがって，政治家としてのあらゆる活動の中でも，当選・再選のために割くエネルギーは大きい。具体的に，政治家はどのような活動を通じて議員になっているのだろうか。

　選挙区で当選するには，一般的に**地盤・看板・カバン**が重要だといわれる。地盤とは地域での支持基盤，看板は地域での知名度，カバンは資金を意味する。

　地盤：投票所で自分の名前を書いてもらうためには，常日頃から地域住民との関わりを密にする**日常活動**が重要だ。政治家は祭りや運動会などのさまざまな地域の行事に顔を出し，顔と名前を覚えてもらうよう努力する。また，自分を応援してくれる人たちに会って，要望を聞いたりする。そのため「金帰火来」といわれるように，金曜日に選挙区に帰り，翌週の火曜日に国会の位置する永田町に戻る，というスケジュールの国会議員が多い。

　国政に限らず，公職に立候補する政治家は，日頃から支持者を**後援会**と呼ばれる団体に組織する傾向が日本では強い。後援会は政党の組織ではなく，政治

家個人の組織である。つまり，後援会を維持するためには，政治家自らが努力しなければならないのである。後援会の会員たちは選挙で投票してくれることはもちろん，投票するように周囲に働きかけてくれる，ありがたい人たちであるから，政治家は後援会の会員をつなぎとめることに力を注がざるを得ない。あなたの住んでいる市区町村にも後援会の事務所があるかもしれない。

看板：政治家が地元活動をスムーズに進めるうえで，有力政党による公認（政党の正式な候補者として党を挙げて支援の対象とすること），中央官庁の勤務歴，有名大学の卒業歴，地元の名家や政治家一家出身，などがあれば，有権者の信用を得られやすいだろう。また，地元活動を通じては，なかなか接点を保てないような有権者に対するアピールとしても，こうした経歴や学歴などがあるに越したことはない。

カバン：選挙区での活動を支えるには一定の資金とスタッフが必要である。国会議員は永田町にある議員会館だけではなく，地元の選挙区にも事務所を設置し，そのために秘書を雇うこともある。政策秘書，第1秘書，第2秘書までは公費で雇うことができるが，それ以上の数の秘書を雇う場合，各国会議員自身の負担となる（私設秘書と呼ばれる）。公費の秘書も地元を拠点に活動していることが珍しくない。国会議員には，給料である歳費が支給されるほかに，事務経費として一定額の補助があるし（文書・通信費），地元の選挙区と行き来する交通費にも補助が出る。しかし，私設秘書の給料や事務所の維持経費は巨額になることが多い。たとえば，2010年以降の自民党の国会議員による支出額は，年間5000万円から6000万円程度である。ただし，選挙時には普段よりもさらに多くの費用がかかる。また，所属政党や衆参の別，選ばれ方（選挙区選出と比例代表選出）でも異なる。たとえば所属政党では自民党所属議員，選出方法では衆議院の小選挙区選出議員の支出が多い（濱本 2022）。これらの支出は政党や派閥からの資金援助，支援してくれる企業や団体，個人からの寄付，資金集めパーティーなどの事業収入で賄うことになる。

誰が政治家になるのか

では，誰が政治家になるのだろうか。国政に関していえば，政党の公認を得なければまず当選は難しい（地方議会には無所属議員が多い）。政党が果たす役割

　日本では女性議員が極端に少ない。2023 年 1 月現在で女性議員割合は衆議院で 10％（46 人），参議院で 25.8％（64 人）で，下院（日本の場合は衆議院）で比較すると世界 190 カ国中 164 位というきわめて低い水準にある。世界平均は 26.5％である（https://www.ipu.org/wmn-e/world.htm）。地方議会においても女性が少ないのが日本の特徴で，都道府県議会の女性議員割合は 11.8％，市区議会は 17.5％，町村議会は 11.7％と国政とほぼ同水準である（2021 年 12 月現在）。

　戦後直後の 1946 年の衆院選は，女性参政権が実現した最初の選挙で，39 人の女性が当選し，割合は 8.4％と，当時としては世界的にも高い水準であった。この時の選挙制度は定数 4 〜 14 の大選挙区制で，有権者は 2 〜 3 人の候補者に投票できる制限連記制であった。2 票目，3 票目を新人の女性候補者に投じた有権者が多く，女性の大幅な進出を可能にした。しかし翌年の選挙で中選挙区制に戻り，女性は激減した。

　一般的に女性が小選挙区で公認されるには多くの壁があり，定数の多い比例代表のほうが候補者に選ばれやすい。また，クオータ（性別割当）制が比例代表

の 1 つが政治家となる人材の発掘，育成，登用であり，これを**政治的リクルートメント**と呼ぶ（第 2 節）。

　議員は主権者を代表する以上，日本社会の多様性を反映することが求められるだろう。はたして，議員構成はどの程度社会の実態を映し出しているのだろうか。男女比に関していえば，圧倒的に男性が多く，著しい性差の偏りとなっている。日本の国会の女性議員比率は衆議院で 10％（2023 年 1 月現在）で，190 カ国中 164 位と，国際的にみてきわめて低い状態にある。参議院は 2022 年の参院選で 25％を超えたが，地方議会は約 1 割程度にすぎず，市区町村議会の 16％は女性ゼロ議会である（**Column ❷**参照）。なお，議会には若者も少なく，40 歳未満の議員が占める割合は，衆議院は 4.9％，都道府県議会は 7.5％，市区議会は 5.1％，町村議会は 2.2％である。

　性別とともに重要な指標は議員となる前の職業経験だ。これをみることで，政治家になるためにどのようなキャリア・パスが存在しているのかがわかる。1947 年から 2014 年までの衆院選における当選者の前職を概観すると，地方政

のもとで導入されると，女性の代表性を改善する。すでに130カ国近くで何らかのクオータ制が導入されたことが，女性議員の増加に大きく貢献している。

　政治代表における性別の偏りは，そのこと自体が民主的正統性を弱めると同時に，男女で政策志向が異なる領域で意思決定に偏りが生まれることになる。少子化問題が長年にわたって解決してこなかったことも，女性の過少代表，あるいは男性の過剰代表と無関係ではないだろう（三浦 2016）。

　2018年には政治分野における男女共同参画推進法が成立し，政党は候補者を擁立する際に男女の数の均等をめざすことが基本原則となった。2021年には大幅改正され，政党は数値目標，候補者選定過程の改善，人材育成，セクシュアル・ハラスメントやマタニティ・ハラスメント防止が努力義務，議会は環境整備，人材育成，セクシュアル・ハラスメントやマタニティ・ハラスメント防止が責務となった。女性候補者割合の数値目標を掲げる政党も増えてきた。割合は党の実情に応じて3～5割となっている。数値目標の効果は2022年の参院選では発揮されたが，2021年の衆院選ではそれほどでもなかった。強制力のあるクオータの導入や政党交付金を女性割合に応じて増減する制度などの検討が必要だろう。

治家（地方議会議員，市区町村長，知事など）が33.5％と最も多く，次いで官僚（18.3％），政治家秘書（17.9％）が続く。同様に，1947年から2019年までの参院選における当選者の前職については，地方議員（23.2％），官僚（21.1％），労働組合関係者（17.3％）の順となっている（濱本 2022）。

　男女別にみると，1990年から98年に衆議院議員となった814人のうち，男性は781人（95.9％），女性は33人（4.1％）であった。男性が議員になる前の職歴の1位は地方政治家（36.4％），2位は政治家秘書（27.8％），3位は官僚（13.7％），4位は労働組合役員（13.6％），5位は会社役員と政党役員が共に11.5％である（職歴の重複があるため，合計が100％を超えることがある。データは東大法・蒲島郁夫ゼミ編『現代日本の政治家像 第I巻』〔『現代日本の政治家像』CD-ROM版〕による。集計は国広 2016）。男性が国会議員を志そうと思ったら，地方政治家，官僚，政治家秘書になるというのが主たるキャリア・パスとなっている。労働組合と関係の深い政党（社民党やかつての民主党，現在では立憲民主党や国民民主党など）の場合は労働組合役員を経て政治家となるコースも一般的だ。

女性に関しては，男性のように政治家になる一定のルートが存在しているわけではない。女性議員の前職の1位は大学教員と医療関係者で（15.2%），次いで地方政治家，労働組合役員（ともに12.1%）となっている。男性に多かった官僚は1人，政治家秘書はゼロだ。他方，女性に多い大学教員は男性では3.1%，医療関係者は0.3%にすぎない。女性の場合，国政に近い仕事からリクルートされるのではなく（そうした職業にそもそも女性がきわめて少ない），専門性のある職業を持つ女性が政治家に転じる傾向にある。このように，男女で政治家になるチャンスに著しい差があるだけでなく，政治家になるキャリア・パスもまったく異なっている。

　参議院議員に関しては，男性の前職の1位は地方政治家（28.9%），2位は官僚（17.9%），3位は労働組合役員（16.0%），4位は政治家秘書（13.8%），5位は政党役員（13.6%）と衆議院の場合とあまり変わらない。他方，女性の参議院議員で10%以上を占める前職は政党役員，地方政治家，小中高校教師，労働組合役員，報道関係者，法曹関係となっている。衆議院と異なりマスメディア関係者が多いことが注目に値するだろう。女性の場合は，専門性に加えて知名度が政治家となる鍵となっている。

　なお，2003年1月から2016年1月の期間に衆参両院議員（男女）であった者について特筆すべきは，親類に国会議員がいる（いた）者であり，2585人に及んでいる（『国会要覧』参照。延べ人数であるため，たとえば2世議員で父親の秘書出身など，複数の出身背景を持つ場合，同じ人物が複数カウントされている点に注意が必要）。

　こうした**世襲議員**の多さは政治家の多様性の観点からは問題であろう。世襲議員あるいは2世議員とは，父親や祖父が政治家であり，その地盤や看板を引き継いで政治家となった議員である。政治家の娘と結婚して跡を継ぐ場合もある（女性の場合は政治家の夫の死後に継ぐことがある）。

　世襲議員の多さは政治家のなり手を発掘する政党のリクルートメントの不十分さを意味する。とりわけ懸念すべきは，首相や閣僚における世襲議員の割合であろう（2017年発足の第4次安倍政権の場合，首相，財務相，総務相，外相，文科相，厚労相，経産相など主要閣僚が該当する）。政治家の家に生まれれば，選挙で当選しやすくまた閣僚になりやすいのだとすると，有能な人物の登用を妨げる

ことにもなりかねないからだ。

　もっとも，世襲議員自体が悪いわけではなく，一般的にも親の職業を子ども
が継ぐことは少なくない。ここで問題となるのは，民主主義の観点から議員構
成に関してどのように多様性を確保するか，という点だ。多様な人材から政治
家へと選出できるルートを確保することも，政党が担うべき重要な役割である。

 ## 政党の理念と組織

政党の目的と機能

　政党は政治家を発掘し当選させる組織であることをみてきたが，政党の役割
はそれに限定されるものではない。ここであらためて政党の存在意義について
考えよう。そもそも政党とは何のためにあり，どのような役割を果たすのであ
ろうか。

　政党を簡潔に定義すると，選挙を通じて候補者を公職に就けようとする団体
であり，そのことを通じて公共政策に対する影響力を確保しようとするもので
ある。政党はより多くの候補者を当選させることによって議会での影響力を増
大させる。議院内閣制においては，議会の多数派が首班指名を通じて内閣形成
に影響を及ぼす（第5章）。したがって，政権獲得をめざす政党は選挙で第一党
になることをめざす。他方，少数派の利益を反映することを目的とする政党は，
政権を獲得せずとも議会内に一定の議席数を得ることをめざす。ただし，小政
党は連立政権に参画することで影響力を確保する場合もある（「要政党」とい
う）。

　W・C・ミュラーとK・ストロムの整理によると，政党が追求する目標は
「政策の実現」「政府のコントロール」「有権者の支持」の3つがある（Müller
and Strøm eds. 1999）。ただし，これらの目標は相互に矛盾することがある。た
とえば，有権者が好まない政策を実現しようとしたら，選挙において有権者の
支持は得られにくいだろう。あるいは，連立政権を形成する際に，他の政党と
の政策的な妥協を拒めば，政府に入れてもらえないだろう。そのため，政党に

とって理念は重要なものであるはずだが，有権者の支持を得ることや政権の獲得のほうが優先される場合もある。

　政権獲得をめざす政党は，結党の理念や固定的な支持基盤の利益を追求する政策ばかりではなく，広く有権者の支持を得るために，選挙ではより柔軟に政策を打ち出す場合もある。J・A・シュンペーターやA・ダウンズによると，政党は政策を実現するために議席の獲得をめざすというより，議席を獲得するために政策を調節する（Schumpeter 1950；Downs 1957）。ダウンズの考え方は政策空間において政党が競争することを想定しており，**空間競争モデル**という。

　政党は，さまざま機能を担う存在でもある。すでに説明したように，政党は政治家となる人材を発掘，育成，登用することにより，**政治的リクルートメント機能**を担う。また，社会には多種多様な要望やニーズが存在するが，それは政治的に表出されることによってはじめて政策的対応がなされる。**利益表出機能**は政党が果たすべき役割の1つである。さらに，多様な利害関係を調整し，政策にまとめあげる**利益集約機能**も政党の重要な役割である。政党は利益表出と利益集約の機能を担いながら，政策を形成していく。すなわち，社会の多様な意見は政党によって整理され，対立する利害の調整が図られ，最終的には立法へとつながっていく。

　長期にわたって政権を担当してきた自民党は広く社会の利益を表出する**包括政党**（後述）であったため，党内において相互に反する利害を調整し，利益を集約する仕組みを制度化してきた。特定の政策に関する専門知識を蓄積し，人脈を広げることにより，その政策の決定過程に影響を及ぼす**族議員**が存在し，調整機能を担ってきた。政策決定は政務調査会（政調会）の部会・審議会を経て，最終的には総務会で満場一致にて了承される。政府（官僚）が検討している政策に対して党内で反対があれば，その政策を担当する部会において異論が出され，族議員や政調会長が妥結を図ることになる。いったん総務会で了承されれば，党に所属する全議員は**党議拘束**に従って行動する。こうした意思決定を制度化することにより，予見性と透明性を高めるのも政党の役割である（立法過程における政党の役割については第6章を参照）。

　政党が政治家の発掘に重要な役割を果たしていることは第1節で述べたが，政治家の中から政治指導者となる者を選抜するのも政党の重要な機能である。

大平正芳→鈴木善幸→宮澤喜一	加藤紘一	堀内光雄 → 古賀・丹羽*1	古賀誠	岸田文雄
	小里貞利 →	谷垣禎一		谷垣禎一
	河野洋平	――――――→		麻生太郎
田中角栄→ 竹下登 → 小渕恵三 → 橋本龍太郎→津島雄二→額賀福志郎 → 竹下亘 → 茂木敏充
福田赳夫 ――――→ 三塚博 ―――→ 森喜朗 ――→ 町村信孝 → 細田博之 → 安倍晋三
三木武夫 ――――→ 河本敏夫 ―――――→ 高村正彦――――→ 大島理森→山東昭子*2 ―
中曽根康弘 ―――――→ 渡辺美智雄	江藤隆美・亀井静香*3	亀井静香 → 伊吹文明→ 二階俊博
	山崎拓	――――――→ 石原伸晃 → 森山裕

(注)　1　古賀誠・丹羽雄哉。
　　　 2　麻生派に合流。
　　　 3　三塚派から離脱。

議院内閣制では通常は第一党の党首が首班指名を受けて首相になる。つまりは将来の首相候補者を選抜し育成していくのが政党なのだ。

自民党の長期政権が続いた日本では，自民党による党首（総裁）の選出方法が，実質的に誰がどのように首相になるかを決定してきた。自民党では総裁候補者たちが議員を組織して派閥というグループのリーダー（領 袖と呼ばれる）となり，総裁選をめぐって激しい権力闘争を繰り広げてきた。自民党総裁の任期は3年（2003年までは2年）であり，2017年からは3回連続選出が可能となった。ただし，首相在任中であっても総裁選に勝ち抜かなければその地位にとどまることができない。現行のルールでは，出馬に当たり自民党所属の国会議員20人による推薦が必要であり，国会議員と党員の票を最も多く得た者が総裁に選出される（なお，国会議員票の総数に等しくなるように党員票は算定される）。ただし，総裁が任期途中で辞任し，緊急を要する場合，新総裁は国会議員と都道府県の代表（都道府県ごとに3名）による投票で選ぶことができる。自民党の総裁は総裁選における党内の多数派工作に勝ち抜いた者であり，総裁候補を支援する側はその見返りに，出世（大臣などの重要ポストへの就任）や政治資金の援助を期待する。

55年体制下（第1章参照）では，自民党総裁には首相としての適性以上に，派閥抗争の勝者や主流派閥がかつぐ人物が選ばれてきた。自民党内の派閥については，1970年代に成立した5人派閥（大平派，田中派，福田派，三木派，中曽根派）の変遷をまとめた図4.1を参照してほしい。大きな流れとしては，池田勇人や大平正芳の流れをくむ宏池会系，田中角栄や竹下登に連なる経世会系，

岸信介や福田赳夫らの系統の清和会系が対立してきた。

政党の理念

　政党は自由民主主義のもとでは複数形成されるが，その理由はそれぞれの政党が社会の中の一部の要望や利益を吸い上げ（利益の表出と集約の機能），政策に反映させようとするからである。社会には多様な価値観や利益がある以上，1つの政党だけですべてに応えることはできない。社会の一部を代表する政党が政権獲得をめぐり競合し，多数派となった政党がその主張を政策に反映させることになる。そして政権交代が起きることで，異なる利益や要望に光が当てられる。

　政党はこのように社会の一部を代表するが，それぞれの政党は基本的には共通の理念や利益によってまとまっている。S・M・リプセットとS・ロッカンは社会の中の構造的な対立（**社会的亀裂**）に沿って政党が形成され，それは長期にわたって変動がないと論じた（凍結仮説，Lipset and Rokkan eds. 1967）。たとえばヨーロッパでは，20世紀に入ると工業化の進展が労働者対資本家という経済的な対立を深めた。これにより，労働組合を基盤とする革新政党（労働党や社民党）が，資本家から支持を受ける保守政党と対峙するという基本的な構図ができあがり，長期にわたって変動が起きなかった。

　ここで保守と革新という言葉を用いるのは，一般的に既存の権力構造を「保守」したい人々が保守政党を形成・支持し，他方で権力構造をより平等に「変革」したい人々が革新政党を形成・支持するからである。この**保革対立軸**は先進国に共通する基本的な政党間の対立軸となっている。もっとも，攻守は時代とともに変わりうる。現在では20世紀に成立した福祉国家の維持をめぐる対立が大きな争点になっていることを踏まえると，政府による市場への介入を縮小し，企業や富裕層の自由を拡大したい「右」と，富の再分配をめざす福祉国家を維持発展させたい「左」に区分し，**左右イデオロギー軸**として理解することが有効であろう。さらに，価値観をめぐる対立としては，「右」が国民の一体感を強調する排外的なナショナリズムや伝統的家族観を，「左」が性や人種の多様性などの人権を尊重し，さらに「左」は気候変動が引き起こす環境問題や社会的不公正を問題視するといった違いもある。なお，イデオロギーという

のは，望ましい社会経済秩序のあり方をめぐっての価値や信念，世界観の総体である。イデオロギーは，政治思想や政治哲学と比べると，有権者にとってわかりやすい言葉で語られることが一般的である。

　55年体制下では左右イデオロギー軸上に，保守の自民党，中道の公明党・民社党，革新の社会党・共産党という具合に各党を位置づけることが可能であった。もっとも，戦後日本の最大の争点は経済というより憲法であり，戦後憲法を護る護憲勢力は革新政党（社会党，共産党）を結成し，改憲を望む勢力は保守政党（自民党）を形成し，両者が対立してきた。革新が護り，保守が変革を望むという言葉遣いはわかりにくいかもしれないが，保守が戦後の非武装化や民主化をいきすぎと捉える一方，革新は日本国憲法に代表される平和主義や個人の人権に基づく価値観の定着を望んだと考えれば，この対立構造と用語は理解しやすくなるだろう（詳しくは第1章を参照）。

　55年体制崩壊以降は，新自由主義的な新党がいくつも登場する一方，護憲勢力が後退するようになった。**新自由主義**とは市場原理に基づく自由な経済活動を重視する理論と実践であるとここでは定義しておこう。高度経済成長の終焉とともに，福祉国家や再分配税制，安全規制や労働者の保護といった政策が企業の自由な収益活動を阻害し，経済の停滞をもたらしたと主張する勢力が，既存の仕組みを「改革」しようとする動きが活発になった。90年代に自民党の利益誘導による分配政治を批判して登場した日本新党，新生党，新進党などは新自由主義的な政党であった。そうした政党との競争を通じて，2000年代に入ると自民党自体が新自由主義的な政党へと変容を遂げた。

　市場原理を徹底すると社会的紐帯が破壊されるため，強い抵抗に遭うことになる。これを「既得権益」と捉えて「改革」を断行するには，強い国家や強い指導者を必要とする。新自由主義と国家主義の親和性を捉えて，あわせて**新保守主義**あるいは**新右派**と呼ぶこともある。21世紀に入ってからの自民党の変化や新たに結成された日本維新の会の主張はこうした背景から理解することもできる。また，政治手法として，「既得権益」や外国人などの「敵」を作り出して攻撃することで，新自由主義的政策によって不満や不安感を高めた層にアピールして多元主義を否定する**ポピュリズム**が用いられることもある。他方，国家主義と対峙するリベラル（自由主義）勢力や，新自由主義と対峙し格差是

正を求める左派勢力は，かつての民主党や現在の立憲民主党，社民党，共産党等に分散して存在している。

　日本の政党を理念やイデオロギー軸から一応の整理をすれば上記のようになるが，実際には自民党やかつての民主党などの大きな政党は異なる考えを持つ政治家を抱え込んでおり，政党や党首の公的立場と所属する議員の見解が常に一致するわけではない。各議員の価値観や見解は，東京大学谷口研究室・朝日新聞社共同調査などを通じて，確認することができる。

政党組織の変遷

　政党がより多くの議席を獲得し，自らの主張を国政に反映させるためには，それを可能にする組織が必要となる。

　M・デュベルジェは議員や活動家を中心とする少数の人によって運営される政党を**幹部政党**とし，多数の一般党員に支えられる**大衆政党**と区別した（Duverger 1951）。幹部政党は制限選挙制のもとで，地方の名士（名望家）や資産家が中心となって地方幹部会を結成し議員を支援した。地方幹部会は相互に独立的なため分権的な構造を持ち，政党幹部は議員に対して大きな影響力を持たなかった。他方，大衆政党は普通選挙が実現するなか，社会主義政党が考案した組織形態であり，党員が支部に参加し，党員の間の選挙によって指導者（中央執行委員会）が選ばれる。集権的な構造を持ち結束力が強く，活動家が主に固定的な支持基盤を対象に集票活動を行う。

　この区分は日本の政党にもある程度当てはまる。自民党は地方名望家層に基礎を置く点では幹部政党であるが，西洋とは異なり地方幹部会は発達せず，議員の連合体であるという意味で**議員政党**と呼ぶほうが正確である。自民党の有力政治家は相互に競争し，それぞれが若手政治家や地方政治家を系列化している。特に選挙制度改革以前の自民党組織にはこうした特徴が顕著にみられた（第3節）。自民党も規則上は，国会議員と都道府県支部連合会の代表によって構成される党大会を最高機関と位置づけているが，実際には党の執行機関の要職を占める国会議員の役割が大きい。

　大衆政党のほうが近代的であり，また効果的な集票活動が可能であると考えられていたため，自民党は長い間，議員政党体質を克服し党組織を近代化する

ことを試みてきた（中北 2014）。その試みはあまり成功することがなかったものの，1970 年代には，O・キルヒハイマーがいうところの**包括政党**として（Kirchheimer 1966），社会の多様な利益に敏感に応答するようになった。そもそもの支持基盤である農林業者や名望家・資本家層のみならず，自営・商工業者や都市のホワイトカラーへと支持基盤を拡張させた（佐藤・松崎 1986）。

　他方，社会党や共産党は大衆政党であり，集権的な中央組織を持ち，党員の党費によって運営され，活動家が集票活動を担う。社会党は支持団体制度を持ち，職場支部や党員協議会の設置を規約で定めるが，共産党や西欧の社会主義政党と比べれば党員も少なく議員政党的性格も有していた。集票は労働組合である総評に依存し，党員数は自民党よりも少なかった。西欧では社会主義政党が 1960 年代以降イデオロギー的主張を弱め，包括政党へと変容していったが，日本社会党が社会主義路線を放棄するのは 86 年になってからだった。

　政党が包括政党へと変容するということは，固定的な支持集団との依存関係を弱め，無党派層を含む多様な有権者にアピールするようになるという集票活動の変化を伴う。こうした変化に対応して集票活動をより効果的に行うものが，**選挙プロフェッショナル政党**である。A・パーネビアンコによると，選挙プロフェッショナル政党の特徴には，マスメディアが発達した状況下で選挙に勝利するために，世論調査，宣伝，選挙コンサルタントなどの専門スタッフを抱え，争点やリーダーシップを強調し，利益団体や政党交付金を通じて資金調達を行うことが含まれる（Panebianco 1982）。

　現在の自民党やかつての民主党ないし民進党は，組織運営の点では選挙プロフェッショナル政党と捉えることもできるだろう。自民党の党員は，1990 年には 221 万人いたのが，2000 年代には半分以下にまで減少し，2020 年時点では 110 万人ほどである。かつての民主党や民進党はそもそも党員が少なく，より緩やかなサポーターを含めても当時で 23 万人ほどでしかなかった（政治資金収支報告書より）。かつての社会党のように支持団体を持っているわけではなく，労働組合の集票が支えているとはいえ，連合（日本労働組合総連合会）とは国政選挙のたびに政策協定を結ぶ関係にある。

　政治家の後援会に加入している有権者も減ってきている。ある調査によると，後援会に加入している有権者の比率は，1990 年の 18.2 ％から 2003 年には

10.7%，2021 年には 3.4%にまで下落している（明るい選挙推進協会）。政党は市民社会に根ざした存在というよりも，選挙で勝つための専門家集団となりつつある。

　政治資金の観点からも近年の変容を確認することができる。企業・団体献金は 55 年体制の末期は 100 億円を超えていたが，2000 年代に入ると 30 億円を割り込むようになった。経団連は所属企業からの献金を集め，自民党および民社党に献金を行っていた。こうした企業献金への批判が高まり，またバブル経済崩壊以降の景気低迷により企業・団体献金は大幅に減少した。一方，1994 年に政党助成法が成立し，**政党交付金**として国民 1 人当たり年間 250 円の税金が投入されることになり，2022 年現在は総額で年間約 320 億円に上っている。政党交付金創設の前提となっていた企業・団体献金の廃止はいまだ実現していない。経団連（2002 年以降は日本経団連）の献金額は 91 年の 98.5 億円から 94 年には 41.5 億円に半減したが，2000 年代も 20 億円程度となっている。また個人献金は伸び悩んでいる。政党助成法に反対する立場から政党交付金を受け取っていない共産党以外の政党は，交付金への依存を強め，市民社会との距離が広がっている。

　大衆政党や包括政党は，市民社会の利益を政党が媒介することで政策に反映させる機能を有していた。ところが，政党が有権者を消費者とみなし，マーケティングの発想で選挙戦略を立てるようになると，主客が逆転し，政党は国家の資源を利用して政策などを有権者に売りつけるブローカーに転じるようになる。R・S・カッツと P・メアは，こうした政党を**カルテル政党**と呼ぶが，それはカルテルを組んでいるがごとく結託をし，似たような政策を訴え，有権者の政治への希望をしぼませ，政党としての存続を図ろうとするからだという（Katz and Mair 1995）。日本の政党も主要政党は公的資金に依存している。もし，有権者の下からの要望に応えるというよりも，エリートが考える望ましい政策を上から訴える側面が強くなっているのだとしたら，カルテル政党化が日本でも進行していることになる。

　このように，政党組織はどのような集票活動が必要であるか，または有効であるかによって変遷を遂げてきた。19 カ国・122 政党の組織を調査した T・ポグントケらの最近の研究によると，党員の減少傾向は継続する一方，政党交付

金への依存度が高まっている。また，政党交付金への依存度が高い政党ほど，党内運営が民主化されておらず，党首の指導力が強い（Poguntke, Scarrow, and Webb 2016）。有権者と政党の関係が変わり，集票活動のあり方が変化するなら，政党組織もまた変化していくだろう。

選挙制度の影響

選挙制度と政党システム

　私たち有権者は，投票やそのほかの政治参加を通じて，政党や政治家に自らの意思を伝えている。第 2 章では，私たちの意識や行動が選挙制度などの公的な仕組みによって枠づけられていることを説明した。それでは，政党や政治家はどうであろうか。ポグントケらによると，政党組織は掲げる理念や国によって異なるが，後者，すなわち公的な制度により多く影響を受けていると考えられる（Poguntke, Scarrow, and Webb 2016）。本節では，選挙制度と政党の関係について，その概略を説明してから，日本を事例として，より具体的に検討していく。なお，どのような考え方に基づいて選挙制度が設計されているのか，また，その詳しい仕組みについては，第 2 章を参照してもらいたい。

　政党システムとは，政党と政党の「関係」に焦点を当てる考え方である。どのくらいの数の政党がどの程度のイデオロギー距離でもって競合関係にあるのかによって，いくつかのパターンに区分される。G・サルトーリは，一党優位政党制，二大政党制，穏健な多党制，分極的多党制といった分類を提示している（Sartori 1976）。日本の 55 年体制はこの分類に従えば，**一党優位政党制**になろう。一党優位政党制とは，サルトーリによると，複数の政党が競合しているにもかかわらず，1 つの政党が連続 4 回の選挙を通じて絶対多数議席を獲得し，政権交代が行われない政党システムである。穏健な多党制とは，イデオロギー距離が小さい 3・5 政党が競合する政党システムである。分極的多党制とは，左右に極端な主張を掲げる政党が存在するため，政党間競合が遠心的となり，不安定な政党システムである。

長期にわたって政権交代のない自民党一党優位は汚職などの問題を生むとして批判を呼び，90 年代の選挙制度改革に際しては，**穏健な多党制**をめざすべきか，**二大政党制**をめざすべきかが議論された。政党システムの形成に対しては，選挙制度が次のような影響を与える。

　ふたたび，デュベルジェによると，小選挙区制は二大政党制を，比例代表制は多党制をもたらすという (Duverger 1951)。これは**デュベルジェの法則**と呼ばれる。第 2 章で説明したように，小選挙区制においては，1 つの選挙区から 1 人しか当選しない。したがって，議席を獲得する可能性があるのは上位 2 政党の候補者のみであり，第 3 位の政党の候補者には当選の可能性がない。これは小選挙区制の機械的要因による効果である。また，有権者が自らの票を**死票**（当選者以外に投じられた票）にしたくないのであれば，議席獲得のチャンスがある上位 2 政党の候補者に投票することになる。これは有権者の心理的要因による効果であり，こうした投票行動は**戦略的投票**と呼ばれる。以上の機械的要因と心理的要因によって，小選挙区制では上位 2 政党の候補者に票が集中することになり，二大政党制が促進される。

　反対に，比例代表制においては，得票に比例して政党に議席が配分されるため，上記の心理的要因が働かず，有権者は自分の好みに従って投票すると考えられる（**誠実投票**という）。したがって上位 2 政党への票の集中が起こらず，多党制となる。

　以上，デュベルジェの法則を説明してきたが，注意すべき点がないわけではない。この法則は選挙制度と政党システムの関係を直接的に結びつけているが，選挙制度は個々の選挙区レベルで作用しているので，個々の選挙区レベルでの候補者間競争が全国レベルでの政党間競争に集計された結果，政党システムに影響を及ぼすと理解しなければならないのである（日本の事例で検証した代表的な研究としては，Reed 1990; Kohno 1997）。たとえば，選挙区 A と選挙区 B とでは，2 大有力候補者の所属する政党が異なる場合を想定してみる。選挙区 A の 2 大有力候補者の政党は X，Y，選挙区 B は Y，Z としよう。そうすると，全国レベルでは政党 X，Y，Z の 3 党制となる。近畿地方で選挙に強い，日本維新の会を想起されたい。政党システムがどのように構成されるのか，選挙制度だけではなく，地域的な違いなどの社会的亀裂のあり方を考慮に入れる必要

がある（Cox 1997；Chhibber and Kollman 2004）。

選挙制度と政党組織

選挙制度は政党システムのあり方に影響を及ぼすが，それだけではない。選挙制度は政党のあり方，組織そのものをかたちづくる。選挙制度は政党内部の力関係を左右する。この点について，政党による候補者の**公認**，選挙運動のあり方という2つの側面から考えてみよう。

まず，政党による候補者の公認についてである。小選挙区制においては，政党が公認する候補者は1つの選挙区に1人となる。なぜなら，当選者は1人なのだから，同じ政党が複数の候補者を公認することはできない（共倒れになってしまう）。したがって，議員になることをめざす人が，ある政党から立候補するかどうかを考える際には，たった1人の公認候補の地位を得られるかどうかが重要な判断材料となる。政党の執行部が公認候補を決める権限を握っている場合，小選挙区制は政党の中央集権化を促進するといえる。

比例代表制においては，候補者を登載する名簿の順位を誰が決めるのか，という点が重要である。すなわち，この制度には，名簿の順位を決める権限を与えられた人ないし組織の権力を強める効果があるといえる。第2章では，名簿には拘束名簿式と非拘束名簿式の2通りあることを述べた。**拘束名簿式**において政党の執行部が候補者の順位を決める場合，党の中央集権化が進むことになる。**非拘束名簿式**においては，候補者の順位を決めるのは有権者の投票結果であるので，組織票や知名度が重要となり，拘束名簿式のような集権効果はないといえる。

選挙制度は候補者選びだけではなく，政党や候補者の選挙運動を通しても，党内の力関係に影響を及ぼす。そこで，1つの選挙区から複数の議員が選ばれるが，有権者が投じる票は1票だけ，という選挙制度について考えてみよう。これを**単記非移譲式投票制**という（かつての衆議院の中選挙区制や現在の参議院の複数定数区，地方議会の多くで採用されている選挙制度がこれに相当する）。この制度においては，小選挙区制とは異なり，同じ政党から複数の候補者が立候補することになる。そのため，同じ政党の候補者同士はライバルであり，党としての選挙運動を行うことが難しいため，それぞれの候補者が選挙運動組織（たとえば

後援会）をつくり，候補者個人への投票を促さなくてはならない（個人投票という；Carey and Shugart 1995）。その結果，候補者自身が選挙運動を組織することにより（たとえば後援会），政党に頼る必要性が低くなり，政党執行部の権力は制約される。

▎日本の選挙制度改革は政党をどのように変えたのか ▎

それでは，こうした選挙制度の影響は日本でも確認されるのであろうか。自民党は衆議院の選挙制度改革を含む政治改革をめぐって分裂し，1993 年に下野し 55 年体制は終焉した。翌年成立したのが現在の衆議院の小選挙区比例代表並立制であり，96 年の衆院選から用いられてきた。上記の議論によれば，それまでの中選挙区制から小選挙区比例代表並立制への変更によって，政党システムの二大政党化や党内における中央集権化が進むはずである。二大政党が衆院選で政策（マニフェスト）を競い合うことで，有権者による政権選択を可能にするというのが，政治改革の 1 つの目的であった。

かつての中選挙区制においては，自民党の候補者に対抗するために野党各党は候補者を統一する必要はなく，その点において，二大政党化を進めなければならない理由はなかった。ところが，1994 年に新進党，96 年には民主党が成立し，2003 年には民主党と自由党が合併するなど野党勢力の結集が試みられてきた。選挙制度改革は自民党と民主党の二大政党化を促したといえよう。実際に，2009 年には民主党による政権交代が実現した。

もっとも，二大政党制と呼べる状況には至っていない。小選挙区比例代表並立制は小選挙区と全国 11 ブロックからなる比例代表の組み合わせのため，比例代表において小政党が議席を確保することを可能としている。また，参議院でも都道府県ごとを原則とする選挙区と全国単位の比例代表を組み合わせて用いているので，比例代表で小政党が議席を確保しやすい。このため，日本の政党システムは二大政党制ではなく，公明党や共産党などが存続し，日本維新の会などが新たに進出する**穏健な多党制**だと捉える説もあり，実際に連立政権が常態化している。ただし，多くの小政党が乱立し離散集合を繰り返しており，政党システムは安定していない。

政権を獲得した民主党は党内対立によって多くの離党者を出し，2012 年の

衆院選で大きく議席を減らした。2016 年に維新の党と合流し民進党となるが，2017 年衆院選前に分裂し，立憲民主党，希望の党が成立した。そして 2018 年には，民進党と希望の党は再び合流し，国民民主党が成立したが，少なくない数の議員が結成に参加しなかった。自民党との議席数の差は大きい。野党が分裂状況にあることから，**一強多弱**と評されることもある。野党が分裂したままでは自民党を利することから，野党は 1 人区を中心に選挙協力を行う（第 1 章参照）。これは候補者を一本化するものであり，共産党を含む野党共闘の試みなどがある。

　一方，政党内部の権力は，中選挙区制から小選挙区比例代表並立制への変更によってどのように変化したのであろうか。小選挙区制の導入に伴って，同じ政党所属の候補者同士が争うことがなくなり，選挙は議員中心から政党中心へと変化することが予想され，実際にそのような変化が観察できる。

　中選挙区制の時代の自民党では，同じ選挙区から立候補する候補者たちは，異なる派閥に所属することで，お互いに対抗してきた。候補者は派閥に所属することで公認を獲得し，選挙における支援を受け，政治資金や閣僚ポストなどの配分を受けていた。また，同じ選挙区の候補者はお互いに差別化するために，地域的に棲み分けるか（地盤の形成），政策的に棲み分けるか（族議員），いずれか（あるいは両方）を追求してきた（建林 2004）。しかし，小選挙区制の導入に伴い，同じ選挙区の候補者同士で競争する必要がなくなり，派閥に所属する意義や地域的，政策的な棲み分けの意義は低下した。

　また，党の公認を得られる候補者が 1 人のみとなったことで，公認決定に対する派閥の役割は相対的に低下し，党本部が積極的に関与しようと思えばできるようになった（ただし，依然として政党の都道府県支部連合会の役割は大きい）。他方で，比例代表は拘束名簿を採用しているものの，小選挙区との重複立候補によって比例単独で立候補する者がほとんどいないことから，こちらは党の集権化に寄与していない。

　さらに中選挙区制の廃止に伴い，同一政党の候補者らがお互いに集票を競い合う状況がなくなることで，有権者の投票選択における政党の公約の重要性が高まり，2003 年の衆院選から政党の公約（マニフェスト）が選挙運動の重要な手段となっている（**図4.2**参照）。もっとも，マニフェスト選挙を積極的に展開

した民主党が政権の座に就いてから約束を履行できない事態に陥り，税や社会保障をめぐって自民党や公明党と妥協を図ったことから，カルテル政党化が進行したという評価もある（三浦 2013）。また，政党中心の選挙といっても，「顔」，つまり党首の性格や実力が前面に打ち出される傾向も否定できない。無党派層が増えたり，その投票率が上がってくると，むしろ選挙プロフェッショナル政党の側面が強くなり，党首を中心としたメディア戦略が勝敗を決するようになるだろう（第 8 章参照）。

　選挙制度改革以降の自民党において，数値でも確認できる大きな変化は，派閥の衰退である。無派閥議員の数は中選挙区制のころと比べて大きく増えた。選挙制度改革直後の 1996 年衆院選前には無派閥議員は衆参合わせて 28 名であった。小泉政権の誕生前夜，2001 年初めには 17 人であったが，自民党が大勝利を収めた 2005 年衆院選（郵政解散）の翌年，2006 年初めには 82 人，2012年衆院選（自民党の政権奪還）の直後，2013 年初めには 136 人まで激増した。その後，無派閥議員数はゆるやかに減少し，2021 年衆院選後には 74 名となっている（『国会便覧』より）。つまり，国会議員が派閥に所属するメリットは小さくなったといえる。とりわけ，人気のある総理・総裁が政権を率いている場合は，その傾向が強いが（小泉政権，第 2 次安倍政権），党内外の情勢に応じて増減している。

　総裁選においては，2000 年代以降，必ず一般の党員による投票が実施されるようになり，派閥の影響力は低下している。また，派閥は大臣の任命でも大

きな影響力を持ってきたが，近年では首相の権限が強まり，存在感を弱めている（詳しくは第5章を参照）。小選挙区制中心の選挙制度への変更によって政権交代の可能性が高まるようになったため，総裁には選挙の顔としてのアピール度が重視されるようになり，そのことも総裁の求心力を高めている。

　衆議院の選挙制度改革は，このように政党システムや政党組織に大きな変容を迫ったが，すでにみたように二大政党制が確立したとはいえない。衆議院の選挙制度は，小選挙区制と比例代表制の組み合わせ（**混合選挙制度**）であり，両者の影響が打ち消し合うのである（**連動効果**；水崎・森 1998；リード 2003；川人ほか 2011）。

　二大政党化が進まないもう1つの理由としては，政党に影響を及ぼす選挙制度は衆議院のものに限られないことが挙げられる。参議院の選挙制度は1人区（小選挙区制），複数定数の単記非移譲式投票制，比例代表制の組み合わせであり，二大政党化を進める力は強くない。また，政党は大勢の地方議員によっても構成されている。たとえ無所属の地方議員でも，自民党国会議員の後援会を担っていることがある。地方議員の選挙制度は1人区のほかは単記非移譲式投票制であり，複数定数の選挙区においては同じ政党を支持する複数の候補者が立候補するため，お互いがライバルとなる。地方議会の選挙区では，かつての衆議院の中選挙区制でみられたメカニズムが，まだ働いているといえる。これも，とりわけ自民党に対抗する新党の地方組織が形成されにくい理由の1つである。つまり，日本の選挙制度は複数のレベルにわたって**不均一**なのである（上神 2013；建林 2017；砂原 2017；小川 2017）。

　他方で，候補者の選挙運動における後援会の役割が小さくなったという証拠は得られていない（谷口 2004；Krauss and Pekkanen 2011）。理由の1つは，**重複立候補制**にある。自民党や民主党などの大政党は小選挙区候補のほとんどを比例代表でも重複して候補者としており，重複候補は同一順位に配置され，その間の順位は**惜敗率**によって決まる。同じ選挙区でライバルが復活当選している場合，次回選挙では2人の現職が激戦を繰り広げることになる。日常活動に手を抜くわけにはいかず，それを支える後援会が維持されることになる。また，投票率が低い限り，組織票の重みが増し，後援会による集票活動が重要になっ

てくる。

　関連して議員の多様性にふれると，政党は比例代表制のほうが小選挙区制よりも，より多様な人材をリクルートする傾向にある。小選挙区では必ず勝てる1人の候補に絞らなければならないが，比例代表であればむしろ多様な層にアピールするほうが票を集められるからである。しかしながら，日本では重複立候補制があるために，比例代表は小選挙区で落ちた議員の救済のために使われてしまい，議員の多様性の確保にはつながっていない（Column ❷参照）。一部の小選挙区では政党の都道府県支部連合会が公募で候補者を募るといった変化も生じているが，現職優先の状況を変えるには至っていない。女性や若者を含む多様な人々が議員になるには，政党の公認過程がいっそう透明になることが必要だろう。

　以上，本章では，私たち有権者が1票を託する政治家や政党について，日本の事例を中心に紹介してきた。政党や政治家は代議制民主主義の要_{かなめ}であること，私たち有権者の投票が選挙制度を通して影響を及ぼしていることを再確認しておこう。

読書案内　　　　　　　　　　　　　　　　　　　　　　　Bookguide ●

　川人貞史（2004）『選挙制度と政党システム』木鐸社。
　川人貞史・吉野孝・平野浩・加藤淳子（2011）『現代の政党と選挙』有斐閣。
　待鳥聡史（2015）『政党システムと政党組織』東京大学出版会。
　⇒政党について，より広く，深く学びたいなら，上の3冊が頼りになる。

　佐藤誠三郎・松崎哲久（1986）『自民党政権』中央公論社。
　G・カーティス／山岡清二・大野一訳（2009）『代議士の誕生』日経BP社。
　中北浩爾（2017）『自民党──「一強」の実像』中央公論新社。
　⇒上の3冊は，日本の政党の原イメージ（一党優位政党としての自民党）
　　を描き出す。

　前田幸男・堤英敬編（2015）『統治の条件──民主党に見る政権運営と党内
　　統治』千倉書房。
　濱本真輔（2022）『日本の国会議員──政治改革後の限界と可能性』中央公
　　論新社。

三浦まり（2023）『さらば，男性政治』岩波書店。
⇒日本の政党をめぐる最近のトピックを学びたいなら，この 3 冊をお勧め
する。

引用・参考文献 | References ●

※本章の引用・参考文献リストは本書のウェブサポートページをご覧ください。

第5章

議院内閣制と首相

INTRODUCTION

　日本では，政府の仕組みとして議院内閣制を採用している。そもそも議院内閣制とは何だろうか。本章では，まずその仕組みをアメリカの大統領制との対比から理解する。また，議院内閣制はどのようにして日本へ導入され，展開してきたのだろうか。戦後日本の議院内閣制の変容について，内閣総理大臣（首相）の役割を中心として明らかにする。戦後の首相はどの程度リーダーシップを発揮してきたのだろうか。それはどのような制度や組織に支えられてきたのだろうか。さらに2000年代に入り，「官邸主導」と呼ばれる現象が目立ってきているが，これはなぜ生じたのだろうか。こうした疑問を通じて，私たち市民が政治権力を統制するためにはどのようにすればよいか，考えてみよう。

QUESTIONS

1. 議院内閣制とは何か。日本への導入の経緯，日本の議院内閣制の特徴は何か。
2. 戦後日本の首相にはどのような人がいたか。誰がどのような力学で首相になったのか。有権者の意向は首相の交代にどの程度影響を与えてきたのか。
3. 近年の日本政治ではなぜ「官邸主導」が目立つようになったのか。
4. 有権者が権力を統制するためにはどのようにすればよいか。

1 議院内閣制とは何か

議院内閣制と大統領制

　「歌手1年，総理2年の使い捨て」とは，竹下登元首相の言葉である。実際，日本の首相の任期は平均すると2年程度であり，これは戦前から続く傾向である。また，他の民主主義国と比較してもこの短さは明らかであり，日本政治の特徴である。しかし，短さの原因はいつも同じではなく，時代によって異なっている。なぜ日本の首相はその地位に長くとどまることができないのか。本章では議院内閣制という仕組みを軸に理解を深めていこう。

　議院内閣制は政府の仕組みに関わるものである。私たちは政府の仕組みをどのようにつくるのか。政府の権力はある程度強くなければ，効果的な統治ができない。一方で，強くしすぎると今度は市民が政府をコントロールできなくなってしまう。これは古くから議論されているテーマである。

　議院内閣制と**大統領制**は政府の仕組みとして，最も代表的なものである。この2つの制度の違いは，行政府と立法府の関係をどのように構成するのかという点である。議院内閣制は有権者が自分たちの代表を議員として選び，議会に国政の基本的な権限を集中させる。議会によって選ばれ，議会の信任に依存する内閣が行政権を担う。そのため，議院内閣制を議会制と呼ぶこともある（国会については，第6章を参照）。それに対して，大統領制は立法府である議会と行政府の長である大統領を有権者がそれぞれ別に，直接選出する制度である。

　2つの制度の背景には，政治や権力に対する考え方の違いがある。議院内閣制は内閣を通じた**権力の融合**を特徴としている。議会の多数派に支持された内閣は，行政を担当するために選出された議会の委員会として立法を推進する。そのため，内閣は行政と立法の2権をコントロールする。一方，大統領制は議会が立法を担い，大統領が行政を担うというかたちで権力が分立している。

　議院内閣制を生み出したイギリスと，大統領制を生み出したアメリカを比べたとき，その違いはより明瞭である。議会主権の国であるイギリスでは，政党

政治の発達とともに，議会の権限を多数党を代表する首相が手にすることで，権力が比較的集中しやすい体制になっている（イギリスと英連邦の国々を念頭に置いて，イギリス議会の所在地＝ウェストミンスター宮殿から**ウェストミンスター・モデル**という）。それに対して，アメリカは多数派の専制に対する危惧から政治制度が設計されており，議会と大統領が相互に牽制し，強力な権力が成立しないようになっている。また，アメリカは連邦制，権限の対等な二院制を採用し，権力の分立と相互牽制に主眼が置かれている。

議院内閣制と大統領制の違いを掘り下げてみよう。両者は大きく2つの点で区別される。第1に，誰が行政府の長を選ぶのかである。先に述べたように，議院内閣制では有権者の選出した議員が行政府の長（首相）を選出する。大統領制では有権者が行政府の長（大統領）を直接選ぶ。厳密にみると，アメリカの大統領選挙は有権者が州ごと（とワシントン D.C.）に選挙人団を選出し，選挙人団が大統領候補に投票するという間接選挙である。

第2に，誰が行政府の長を罷免できるのかである。議院内閣制の場合，内閣は議会の信任の上に成り立っているので，それが失われた場合は議会が**内閣不信任決議案**を可決することによって，首相を辞めさせることができる。大統領制の場合，議会に不信任決議権はなく，大統領が議会によって辞めさせられることは基本的にはない。ただし，大統領が弾劾裁判で有罪となれば，任期の途中で罷免される。

議院内閣制と大統領制は，上記の2点以外にも，多くの点で異なる（川人 2015）。はじめに，議会の解散の有無である。議院内閣制では議会が内閣不信任決議案を可決したときなどに首相は**解散権**を行使することがある。しかし，大統領制では議会が解散されることはなく，大統領も議員も定められた任期を全うする。

次に，大臣と議会議員の兼職がなされるかどうかである。議院内閣制では閣僚が議員と兼職することが通常である。大統領制では閣僚である各省長官をはじめとする政府職員は議会議員と兼職できない。

また，行政権のあり方も異なる。議院内閣制では行政権が首相および大臣（閣僚ともいう）で構成される内閣に帰属する。内閣の決定は合議体としての決定であり，閣僚はそれに拘束される。また，内閣は議会に対して連帯して責任

を負う。一方，大統領制では行政権は大統領に専属する。大統領制においても各省長官で構成される内閣があるものの，大統領の決定に内閣の同意は必要ない。

　さらに，政府が立法に関与できる程度にも違いがある。議院内閣制では政府が積極的に立法に関わるが，大統領制では政府が議会における立法に公式に関与することはできない。たとえば，アメリカの大統領は一般教書演説のときを除いて連邦議会に赴くことはなく，各省長官や政府職員は連邦議会の公聴会に召喚されるとき以外は議会に出席できない。政府は法案提出権がなく，政府の望む法案は大統領と同じ政党の議員を通じて提案される。

　ここまで比較してきた諸点は，各国によって微妙に異なる。たとえば，解散権の行使のあり方である。後述するように，日本では内閣が解散権を行使する際の制約が少なく，平均 2.8 年で解散している。4 年任期の議院内閣制諸国をみると，日本はデンマークの 2.6 年に次いで早期に解散している（川人 2018）。これに対して，ドイツでは解散権が抑制的に行使されている。ドイツでは大統領が解散権を有するが，それが行使されるのは，連邦首相の指名選挙で 3 回目までに連邦議会の過半数を超える投票を得た者がおらず，大統領が 3 回目投票の最多得票者を任命しないか，首相に対する信任決議案が連邦議会で否決されたときに限定されている。そのため，ドイツ連邦議会議員は 4 年の任期をほぼ満了まで務めることが多い。他に，議院内閣制の国でも解散権のない国や，閣僚と議員の兼職が禁止されている国も一部にある。

　また，大統領制を採用する国々の中でも，大統領の権限には大きな違いがある。たとえば，立法に関してみると，予算や安全保障などの特定分野に限って大統領が法案提出権を有する国もある。議会が成立させた法律や予算について，大統領が署名しないことで成立を止める拒否権を与えていない国もある。大統領が拒否権を有する場合でも，その強さには違いがある。

　このように国によって違いはあるが，権力の融合を基本とする議院内閣制，権力の分立を基本とする大統領制という点は共通している。また，有権者によって選ばれた大統領と，議会の信任を必要とする首相が共存する**半大統領制**と呼ばれる仕組みも存在する（両者の関係は国によってさまざまである）。

日本の議院内閣制の特徴

　議院内閣制は日本にどのように導入され，いかなる特徴があるのだろうか。

　第1章で述べたように，第二次世界大戦前の内閣は統治権を総攬する天皇を補佐する国家諸機関（枢密院，貴族院，軍部等）が競合する，きわめて分権的な体制であった。明治憲法体制のもと，首相が指導力を発揮できず，閣内不統一によって瓦解することもしばしばあった。特に，枢密院，貴族院，軍部の存在は内閣が国政を推進するにあたって，大きな障害となっていた。

　この状況は，敗戦を経て一変した。連合国最高司令官総司令部（GHQ）は民主化の方針を掲げ，国民代表の機関である国会の強化を重視した。その中で，GHQ は議院内閣制を採用するマッカーサー草案を起草し，日本国政府に憲法改正を要求した。日本国憲法の制定によって，国会が「国権の最高機関であって，国の唯一の立法機関である」（憲法41条）とされた。また，内閣総理大臣（首相）は「国会議員の中から国会の議決で」（憲法67条1項）決定されることとなった。これにより，国会によって指名される首相が組織する内閣が行政権を担当し，国会に対して連帯して責任を負う議院内閣制が成立した。権力の融合を特徴とする議院内閣制の採用により，分散した政治権力の統合を一定程度，達成した。

　しかし，権力の融合という議院内閣制の特徴は，憲法解釈や関連法規の中で弱められている。憲法学および実務では，41条の国権の最高機関や唯一の立法機関という規定の解釈にあたって，**権力分立制**の点から留保が付け加えられる。国権の最高機関性は相対化され，立法権と行政権がお互いに抑制・均衡の立場に立つことになる。具体的には，どのようなことになるのだろうか。国会法と立法活動を例にみてみよう。

　国会法は，内閣の国会審議への介入を否定する構造になっており，権力分立が強く作用している（大山 2011）。たとえば，内閣は法案の議事日程の決定に関与できない。審議の進め方は議院運営委員会で国会議員によって行われ，内閣の代表が参加する余地はない。また，内閣は内閣提出法案の成立を促す手段を有していない。一例として，日本では法案の議決に信任をかけられない。信任をかけるとは，法案が否決された場合，内閣不信任決議案が可決したものと

することを意味する。議員に解散の可能性を認識させることで，法案への賛成を促す。また，内閣の法案修正権が制約されており，内閣は法案を国会に提出すると，その後の扱いは与党の運営方針と与野党の協議に委ねるしかない。これは，議院内閣制としては他に例のない厳しさとされる。このように，権力の融合という議院内閣制の特徴は，権力分立制と組み合わされた憲法解釈と国会法などの関連法規のもとで弱められている。

対等な二院制，日本型分割政府

また，**対等な二院制**も権力の融合という議院内閣制の特徴を弱めている。第6章で述べられるように，日本の国会は比較的対等な権限を有する二院制である。たしかに衆議院は参議院よりも強い権限を与えられている。たとえば，衆議院による再可決制度がある（憲法59条2項）。これは，衆議院と参議院の議決が異なった場合，衆議院で3分の2以上の賛成により再議決すれば，法案は成立するという制度である。また，衆議院は予算（憲法60条），条約の承認（憲法61条），首相の指名（憲法67条2項）に関して，参議院の議決に関係なく成立させられる，**衆議院の優越**が認められている。

しかし，衆議院の優越は上記のものに限られており，参議院は法案の成立について，衆議院と対等の権限を有する。そのため，もし与党が参議院で過半数を確保できない場合，与党は予算を成立させられるものの，歳入を補うための特例公債法案などの予算関連法案を成立させられない。衆議院は参議院よりも権限を与えられているものの，その程度は小さい。

また，参議院は首相，内閣との関係においても自律性が高い。まず，首相は参議院の解散権を有しない。参議院議員の任期は6年に固定されており，首相が解散権を盾に議員の行動を変更させることはできない。次に，参議院において，野党は閣僚などに対して**問責決議案**を提出できる（第6章参照）。問責決議案は憲法や法律に基づくものではなく，法的拘束力はないが，政治的効果はある（川人 2015）。これまで大臣への問責決議案が可決された場合，首相は野党が審議に応じず国会運営が滞ることを懸念し，いずれも後に大臣を交代させている。つまり，首相の選出や内閣の存続には参議院の信任を必要としないものの，参議院は審議拒否や法案の否決，問責決議案を通じて，内閣を総辞職や解

散に追い込むほどの権限を有している。

　参議院の対等な権限と内閣に対する高い自律性は，**日本型分割政府**の状態において表面化しやすい。日本型分割政府とは「衆議院で政権を獲得している，あるいは，単独で獲得しうる立場にある政党が，参議院で過半数の議席を獲得していない状態」（竹中 2005：100 頁）である。この状態は一般的に「**ねじれ国会**」として表現されている。この場合，首相は野党の賛同が得られる案件を中心に政策を進める必要がある。

多数決型民主主義とコンセンサス型民主主義

　このように，議院内閣制も政治権力の創出と抑制のための 1 つの制度であり，他のさまざまな制度や政党との関係によって変化する。議院内閣制を民主制の中に位置づけると，どのように捉えられるだろうか。レイプハルトは民主制に多数主義的かコンセンサス重視かという点で明瞭なパターンがあることを 36 カ国の実証分析から示している（Lijphart 2012）。

　多数派が政権を掌握し，多数派の利益に応答するのが**多数決型民主主義**である。これに対して，できる限り多くの党派が政権に参加し，幅広い合意に基づく政策実現を追求するのが**コンセンサス型民主主義**である（第 2 章参照）。

　多数決型民主主義では，政府が議会の多数派の支持を確保しており，政府提出法案を与党議員の賛成によって無修正で成立させられる。政府は与党議員の造反に注意しなければならないが，野党の支持を期待する必要はない。与党が多数を占めているので，どのように野党が反対しようとも，法案を成立させられるからである。野党は自らの考えを法案に反映させ，与党に修正を迫るのではなく，政府の政策を批判し，異なる選択肢を有権者にアピールして次の選挙で多数派になることをめざす。

　コンセンサス型民主主義では，政府は複数の政党による連立政権になることが多く，時には議会の主要政党がすべて参加する大連立内閣となることもある。政党が内閣と常に対立するわけではなく，政策により政府に協力する政党となったりする。与野党の対立よりも協調が基調となり，政府提出法案の審議も野党の賛成をできるだけ得られるように進められ，修正されることも多い。

　2 つの民主主義のパターンは，さまざまな点で異なる要素からなる。多数決

型民主主義の典型的な仕組みをみると，**小選挙区制**を採用し，二大政党制のもとで単独内閣が形成される。議会は一院制であり，憲法は改正が比較的容易な軟性憲法である。それに対して，コンセンサス型民主主義の場合は，**比例代表制**を採用し，多党制のもとで連立内閣が形成される。議会は二院制であり，憲法は改正が比較的難しい硬性憲法である。2つの民主主義のパターンは，これら以外にも単一制か連邦制か，違憲審査の有無，中央銀行との関係など，権力の集中と分散という点で特徴づけられる。

　興味深い点は，議院内閣制を採用しているイギリスとドイツの位置づけが異なることである。イギリスは多数決型民主主義に位置づけられ，ドイツはコンセンサス型民主主義に位置づけられている。戦後（特に55年体制期）の日本もこの評価軸の中ではコンセンサス型民主主義に近い位置にある。議院内閣制が採用されているからといって，必ずしも多数決型民主主義で想定されるような集権的な政治運営になるわけではない。

戦後日本の首相

55年体制下までの首相の条件

　戦後の日本ではどのような人物が首相となり，どの程度のリーダーシップを発揮したのだろうか。議院内閣制のもとでの政治，特に首相の影響力は，首相の制度的権限と政権を構成する政党のあり方に大きく左右される。本節では戦後から55年体制下の首相の特徴を振り返ったうえで，首相の権限と補佐体制，与党との関係をみていこう。

　戦後の日本ではどのような人物が首相になったのだろうか。**表5.1**（106-107頁）は戦後の首相の経歴などをまとめたものである。経歴をみると，その傾向は時期によって異なる。戦後から55年体制の成立までは官僚，特に外交官出身者が多い。GHQの占領のもと，国内にいながらも外交に長けた人物が求められたことがうかがえる。55年体制下の首相をみると，1980年代中頃までは官僚出身者が非常に多く，その後はさまざまな経歴の人物が就任している。

55 年体制下の首相には，多くの共通する特徴がある。第 1 に，ほとんどの人物が**派閥の領袖**（リーダー）である（第 4 章参照）。領袖以外が首相に就任した例は宇野宗佑，海部俊樹など，ごくわずかである。首相になるためには派閥の領袖として，一定の議員を仲間として率いている必要があった。

　第 2 に，初当選から首相就任までの年数，就任時の年齢をみると，長い時間がかかっている。自民党が長期政権になるにつれて，首相になるのは 65 歳前後，初当選から 30 年近くかかるようになった。首相になるためには長い年月をかけて党と政府の要職を歴任することが必要であるとみられていた。このように，55 年体制下の首相は，党内に仲間を増やし，党や政府で経験を積みながら，非常に長い派閥競争を勝ち抜く必要があった。

▍首相を支える公式の制度と組織 ▍

　首相には，どのような権限が与えられているのだろうか。1990 年代の改革以前についてみていこう。第 1 に，**解散権**である。解散の対象は衆議院のみである。解散については内閣不信任決議案の可決，または信任決議案の否決時であることが憲法 69 条で定められている。ただし，衆議院の解散は内閣の助言と承認に基づく天皇の国事行為（憲法 7 条）であり，7 条に基づく解散も判例および学説上は否定されていない。実際，解散は 2021 年 10 月までに 25 回行われているが，内閣不信任決議の可決による解散は 4 回にとどまり，7 条解散が多数を占める。つまり，内閣が解散時期を選択しており，いつ発議するかは首相の意思次第となっているのが実態である。

　第 2 に，人事権である。憲法 68 条では首相に大臣の任免権がある。後述するように，首相が人事権を自由に行使できるとは限らないものの，制度上は首相の権限である。

　第 3 に，首相の各省大臣に対する指揮監督権である。首相，内閣の権限は憲法 72 条，73 条でそれぞれ規定されている。ただし，内閣法 6 条において，首相の指揮監督権は「閣議にかけて決定した方針」に基づく場合にのみ，行使できるとされた。また，内閣が自ら行使しうる行政権限には一定の限界があり，それ以外の行政権の行使は，各省（大臣）の分担管理に委ねられているとする考えが採られてきた（分担管理の原則については第 7 章を参照）。結果として，首

首相	就任年月	在任期間	就任年齢	学歴
東久邇宮稔彦	1945 年 8 月	2 カ月	57 歳	陸軍大学校
幣原喜重郎	1945 年 10 月	7 カ月	73 歳	東京帝大・法
吉田茂	1946 年 5 月	1 年 1 カ月	67 歳	東京帝大・法
片山哲	1947 年 6 月	9 カ月	59 歳	東京帝大・法
芦田均	1948 年 3 月	7 カ月	60 歳	東京帝大・法
吉田茂	1948 年 10 月	6 年 2 カ月	70 歳	東京帝大・法
鳩山一郎	1954 年 12 月	2 年	71 歳	東京帝大・法
石橋湛山	1956 年 12 月	2 カ月	72 歳	早稲田大・文
岸信介	1957 年 2 月	3 年 5 カ月	60 歳	東京帝大・法
池田勇人	1960 年 7 月	4 年 3 カ月	60 歳	京都帝大・法
佐藤栄作	1964 年 11 月	7 年 8 カ月	63 歳	東京帝大・法
田中角栄	1972 年 7 月	2 年 5 カ月	54 歳	中央工学校
三木武夫	1974 年 12 月	2 年	67 歳	明治大・専門部
福田赳夫	1976 年 12 月	1 年 11 カ月	71 歳	東京帝大・法
大平正芳	1978 年 12 月	1 年 6 カ月	68 歳	東京商大
鈴木善幸	1980 年 7 月	2 年 3 カ月	69 歳	農水省水産講習所
中曽根康弘	1982 年 11 月	4 年 11 カ月	64 歳	東京帝大・法
竹下登	1987 年 11 月	1 年 7 カ月	63 歳	早稲田大・商
宇野宗佑	1989 年 6 月	2 カ月	66 歳	神戸商大（中退）
海部俊樹	1989 年 8 月	2 年 1 カ月	58 歳	早稲田大・法
宮澤喜一	1991 年 11 月	1 年 8 カ月	73 歳	東京帝大・法
細川護熙	1993 年 8 月	8 カ月	55 歳	上智大・法
羽田孜	1994 年 4 月	2 カ月	58 歳	成城大・経
村山富市	1994 年 6 月	1 年 7 カ月	70 歳	明治大・専門部
橋本龍太郎	1996 年 1 月	2 年 7 カ月	58 歳	慶應義塾大・法
小渕恵三	1998 年 7 月	1 年 8 カ月	61 歳	早稲田大・文
森喜朗	2000 年 4 月	1 年 1 カ月	62 歳	早稲田大・商
小泉純一郎	2001 年 4 月	5 年 5 カ月	59 歳	慶應義塾大・経済
安倍晋三	2006 年 9 月	1 年	52 歳	成蹊大・法
福田康夫	2007 年 9 月	1 年	71 歳	早稲田大・政経
麻生太郎	2008 年 9 月	1 年	68 歳	学習院大・政経
鳩山由紀夫	2009 年 9 月	9 カ月	62 歳	東京大・工
菅直人	2010 年 6 月	1 年 3 カ月	63 歳	東京工業大・理
野田佳彦	2011 年 9 月	1 年 4 カ月	54 歳	早稲田大・政経
安倍晋三	2012 年 12 月	7 年 9 カ月	58 歳	成蹊大・法
菅義偉	2020 年 9 月	1 年 1 カ月	71 歳	法政大・法
岸田文雄	2021 年 10 月	1 年〜	64 歳	早稲田大・法

（注）　2022 年 9 月末時点。領袖は自民党政権に限り，－は非自民政権である。
（出所）　高安（2013），御厨（2013），森本（2016）に基づいて筆者作成。

相といえども，行政権を分担管理する大臣に強力な指揮監督権を行使すること
は，法的には困難であった。

　このような権限を有する首相や内閣を，どのような組織が補佐するのだろう

国会議員以前の職歴	領袖	世襲	主な政策，出来事	辞任理由
陸軍大将(軍事参議官)	−	×	終戦処理	自発的辞任
官僚（外務省）	−	×	民主化改革	衆院選の敗北
官僚（外務省）	−	○	日本国憲法制定	衆院選の敗北
弁護士	−	×	傾斜生産方式	党内支持の喪失
官僚（外務省）	−	○	昭和電工疑獄事件	国内的混乱・スキャンダル
官僚（外務省）	−	○	サンフランシスコ平和条約	自発的辞任
弁護士	○	○	日ソ共同宣言	健康問題
東洋経済新報社社長	○	×	病気辞任	健康問題
官僚（商工省）	○	×	日米安保条約改定	国内の混乱・スキャンダル
官僚（大蔵省）	○	×	所得倍増計画	健康問題
官僚（運輸省）	○	×	日韓基本条約，沖縄返還確約	自発的引退
建設会社社長	○	×	日中共同声明，列島改造論	国内的混乱・スキャンダル
学生	○	×	防衛費 GNP1％枠，ロッキード事件	衆院選の敗北（党内支持の喪失）
官僚（大蔵省）	○	×	日中平和友好条約	総裁選挙の敗北
官僚（大蔵省）	○	×	日本型福祉社会	死去
大日本水産会	○	×	増税なき財政再建	総裁任期切れによる引退
官僚（内務省）	○	×	国鉄，電電公社，専売公社民営化	総裁任期切れによる引退
県議会議員	○	×	消費税導入，リクルート事件	国内的混乱・スキャンダル
県議会議員	×	×	参院選惨敗	参院選の敗北
議員秘書	×	×	日米構造協議，湾岸戦争	総裁任期切れによる引退
官僚（大蔵省）	○	○	PKO 法案	衆院選の敗北
朝日新聞記者	−	×	選挙制度改革	国内的混乱・スキャンダル
バス会社員	−	○	少数与党政権	不信任決議（案の提出）
県議会議員	−	×	被爆者援護法，阪神・淡路大震災	自発的引退
紡績会社員	×	○	橋本行革，金融ビッグバン	参院選の敗北
大学院生	○	○	周辺事態法，男女共同参画社会基本法	健康問題
産経新聞記者	○	×	九州・沖縄サミット	党内支持の喪失
議員秘書	×	○	不良債権処理，郵政民営化	総裁任期切れによる引退
製鉄会社社員	×	○	国民投票法，防衛庁省昇格	ねじれ国会
石油会社社員	×	○	消費者行政，ねじれ国会	ねじれ国会
セメント会社社長	○	○	リーマン・ショック	衆院選の敗北
大学助教授	−	○	政権交代	国内的混乱・スキャンダル(党内支持の喪失)
弁理士	−	×	東日本大震災	党内支持の喪失
県議会議員	−	×	社会保障・税一体改革	衆院選の敗北
製鉄会社社員	×	○	アベノミクス，安全保障法制	健康問題
市議会議員	×	×	コロナ対策，デジタル庁	党内支持の喪失
銀行員	○	○		

か。それは**内閣官房**の役割である。内閣官房の仕事は，閣議事項の整理，その他内閣の庶務，政策の総合調整，情報の収集調査であった。政策の総合調整とは，各省庁が分担管理する行政事務の対立を内閣のレベルで総合的視野に立っ

て調整することである。ただ，その権限は強くなく，またスタッフも少なかった。職員録によれば，内閣官房の定員は 1985 年まで 100 名前後であり，86 年に 176 名に増強されてから 99 年まで 200 名未満であった（高橋 2010）。

与党のリーダーとしての首相

　首相は与党のリーダーとして，いかに行動してきたのだろうか。議院内閣制において，内閣の存続は議会の多数派から支持を得ていることに依存する。国民から直接選ばれる大統領制と異なり，首相は与党内の支持を常に確保していなければならない。首相と与党議員の関係によって，首相がリーダーシップをどの程度発揮できるのかが左右される。

　55 年体制下の首相は，自民党内の激しい派閥対立と国会・党内の分権的な仕組みの中で，そのリーダーシップが抑制されてきた。その最大の要因は**派閥**である。自民党内は派閥に分かれ，派閥内の結束も強かった。また，派閥同士は総裁を支える主流派と，総裁と距離を置く非・反主流派に分かれて対立を繰り返していた。そのため，首相は与党内の派閥対立を抑えて支持を得るために，党内への配慮に努める必要があった（第 4 章参照）。

　党内への配慮として，首相の人事権が大幅に制約された。首相が組閣する際，自らの政策を実行するために，適材適所で大臣を任命することは難しかった。派閥均衡，派閥順送り人事と批判されるように，首相は各派閥から大臣候補者の名簿を受け取り，基本的にその範囲内でしか選択できなかった。

　また，国会と自民党内の分権的な仕組みも，首相が党内に配慮することを強いた。日本の議院内閣制の特徴で述べたように，日本では内閣と国会の関係が疎遠であり，法案提出後は与党や与野党間の調整に委ねざるを得ない。内閣の制度的な権限が弱いために，与党の意向を重視せざるを得ないという面がある。また，第 6, 7, 9 章で言及している**事前審査制**が自民党内で形成され，党の承認がなければ内閣は法案を事実上提出できない状態になった。

　結果として，55 年体制下の首相は「国民世論」よりも「党内世論」に配慮してきた。たとえば，海部俊樹は退陣する直前まで内閣支持率は高かったものの，派閥の支持を失い，退陣を決意するに至った。これは議員たちのつくる党内世論が国民世論の意向を上回ることを端的に示すものであった。もちろん首

相個人の資質や能力，状況の差もあるが，権限と補佐体制の弱い内閣と自民党の派閥体制のもと，首相は受動的なリーダーシップであるとみられてきた。

3 21世紀日本の首相

▌小泉以降の首相──「官邸主導」「日本型分割政府」の登場▌

21世紀に入り，日本の首相にはさまざまな変化が指摘されている。なぜ変化したのだろうか。その背景には，1990年代の**多数決型民主主義**（ウェストミンスター・モデル）をめざした制度改革の影響が指摘されている。2000年代以降の首相を振り返ったうえで，変化の原因，世論との関係についてみていこう。

先の表 5.1 をみると，首相の特徴が変化している。第 1 に，派閥の領袖ではない人物が首相になることが増えた。橋本龍太郎（後に領袖），小泉純一郎，安倍晋三（後に領袖），福田康夫，菅義偉などである。また，総裁選挙に出馬する候補者も，派閥の領袖以外の人物が増えており，派閥の領袖であることは 55 年体制下ほど重要ではなくなった。議員歴も短く，従来よりもやや都市的な選挙区の候補者が出馬するようになってきている（上神 2013）。第 2 に，世襲議員が首相になることが増えた。議員だけでなく，首相レベルにも世襲の結果が及ぶようになった。第 3 に，辞任理由をみると，党内支持の喪失，**ねじれ国会**が原因となる例が増えている。以下では小泉以降の首相を振り返ってみよう。

2001 年 4 月，小泉純一郎が首相に就任した。小泉は高い内閣支持を背景に強い指導力を発揮し，道路公団民営化，郵政民営化，不良債権処理，公共事業の削減などを推し進めた。2006 年 9 月に安倍晋三が首相となり，防衛庁の省昇格，教育基本法改正，国民投票法などを成立させた。しかし，郵政民営化に反対して離党した議員が自民党に復党したのを契機に，支持率が下がり始め，閣僚の相次ぐ不祥事や年金記録問題が原因となって失速した。

自民党は 2007 年 7 月の参院選に大敗し，公明党と合わせても過半数を確保できず，衆議院の多数派が参議院での多数を形成できていない，日本型分割政府の状態となった。安倍が健康問題で辞任した後，福田康夫，麻生太郎が首相

に就いた。自民党・公明党の連立政権は衆議院で3分の2以上の議席があったため，再可決により法案を成立させたものの，政策立案は停滞し，自民党への支持も回復しなかった。

　民主党が2009年8月の衆院選に大勝し，鳩山由紀夫が首相に就任した。70％を超える高い支持率で始動したが，鳩山は普天間基地の移設問題に適切に対処できず，また自身の献金スキャンダルもあり，辞任した。2010年6月には菅直人が首相となった。ただ，民主党は7月の参院選に敗北して過半数を確保できず，再び日本型分割政府の状態となった。民主党は衆議院の3分の2以上の議席を確保できなかったため，2007〜09年のときよりも政策決定の停滞が深刻であった。菅の後を継いだ野田佳彦は自民党，公明党との連携を重視し，多くの離党者を出しつつも，社会保障と税の一体改革に取り組んだ。

　民主党政権は「コンクリートから人へ」を1つのスローガンとして，高校授業料の無償化，子ども手当，農家戸別所得補償などを進めた。また，さまざまな分野で改革の端緒がつけられ，第2次安倍政権に引き継がれ，その後も進められている政策が多い（竹中編 2017）。

　第2次安倍政権ではアベノミクスを掲げ，2013年の参院選で大勝し，両院での多数を確保した。環太平洋パートナーシップ（TPP）への参加や農協改革，消費税の2度の引き上げ，集団的自衛権行使の解釈変更，安全保障法制，働き方改革など，多岐にわたる政策が推進された（アジア・パシフィック・イニシアティブ 2022）。

　安倍は第1次政権の失敗を教訓として，世論の支持を重視するとともに，人事権を積極的に行使し，政策遂行をめざした。重要課題の推進にあたっては，政策会議を設置し，議論が進められた（野中・青木 2016）。他方で，不透明な意思決定が不祥事として露顕するなど，情報公開の不十分さも浮き彫りとなった（牧原 2018）。また，争点設定や業績評価が行われにくい，唐突かつ小刻みな解散権の行使もみられた。安倍はコロナ禍の中で健康問題から辞任した。

　安倍内閣の官房長官であった菅義偉が2020年9月に首相に就任し，コロナ対策，デジタル庁の新設等を進めた。しかし，コロナ対策への批判と内閣に対する評価が連動するなかで，内閣支持率は次第に低下し，党内の支持も失い，菅は総裁選挙への出馬を断念した。2021年10月に岸田文雄が首相に就任し，

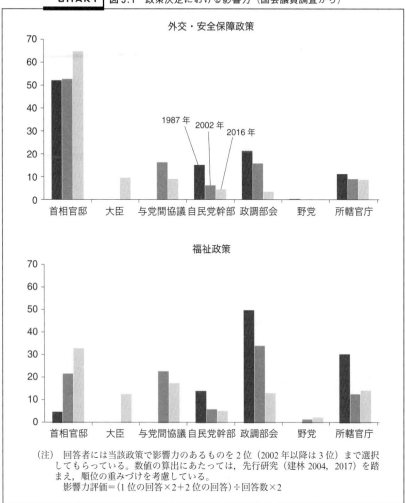

外交・安全保障政策

1987 年　2002 年　2016 年

福祉政策

（注）　回答者には当該政策で影響力のあるものを2位（2002年以降は3位）まで選択
　　　してもらっている。数値の算出にあたっては，先行研究（建林 2004, 2017）を踏
　　　まえ，順位の重みづけを考慮している。
　　　影響力評価＝（1位の回答×2＋2位の回答）÷回答数×2

同月末の総選挙，翌年の参院選で多数を維持した。

　政策決定において，首相はどの程度影響力があるのだろうか。**図5.1**は，国
会議員の影響力評価の結果（1987, 2002, 2016 年）である。首相の影響力は分野
と時期によって大きく異なる。外交・安全保障分野は1987年の段階からほぼ
一貫して首相の影響力が強い分野であると評価されている。ただし，福祉政策
分野では87年に族議員が活躍する政調部会（政務調査会）の影響力が首相のそ
れを大きく上回っている。しかし，2002年，2016年と現在に近づくにつれて，

他の政策分野においても首相の影響力が強まっている（建林 2004，2017）。

┃ 制度改革の効果 ┃

なぜ官邸主導の体制が登場し，首相の影響力が向上したのだろうか。その最大の要因は，1990 年代の政治・行政改革である（竹中 2006；待鳥 2012）。はじめに，政治改革である。第 2 章で紹介されたように，選挙制度が 1994 年に中選挙区制から小選挙区比例代表並立制へと変更された。それにより各政党の候補者は 1 人に絞られ，有権者は政党，政策，政権への期待感や業績評価，党首を考慮して投票する側面が強くなってきた。自民党議員からみると，同じ党の候補者と戦うことがなくなり，派閥の支援も必須のものではなくなった（第 4 章参照）。また，政党助成法も定められ，2023 年現在，約 315 億円の政治資金が政党交付金として各党に配分されている。この改革により，派閥が資金を集め，各議員に配分する必要性が減少し，配分される額も大幅に低下した。

これらの改革の結果として，自民党内の派閥の結束力が大きく低下した。総裁選挙の際には派閥が一致結束して行動する面が弱くなり，総裁からみると，派閥からの圧力が弱まり，政策決定の推進や人事権を行使しやすくなった。

次に，行政改革（橋本行革，詳細は第 7 章を参照）である。橋本内閣のもとで 1996 年に設置された行政改革会議の最終報告に基づいて，①首相の発議権の明記，②内閣官房の機能強化，③首相の補佐体制の整備，④内閣官房組織の整備，⑤内閣の担当大臣の活用，⑥内閣府と内閣府特命担当大臣の設置などが進められた。

はじめに，首相の発議権が明示され，内閣における首相のリーダーシップが強化された。具体的には，内閣法 4 条 2 項が「閣議は，内閣総理大臣がこれを主宰する。この場合において，*内閣総理大臣は，内閣の重要政策に関する基本的な方針その他の案件を発議することができる*」（斜体が追加部分）と改正された。首相の発議権が認められただけでなく，首相が自らの意向を政策に反映させるために必要な権限も拡大した。特に，内閣府に首相が議長を務める経済財政諮問会議が置かれた。

また，分担管理原則の行きすぎの是正が図られた。内閣府以外の国の行政機関について定める国家行政組織法の改正（1999 年）において，従来，「権限」

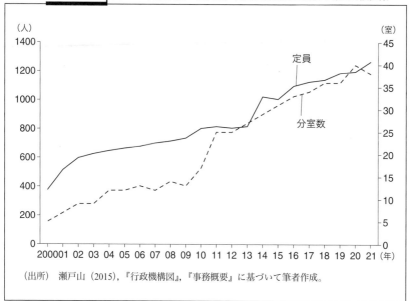

（出所）瀬戸山（2015），『行政機構図』，『事務概要』に基づいて筆者作成。

とされていた分担管理する行政事務を「任務」にし，任務を基軸とした組織構成原理とした。行政権は本来内閣が持ち，それを任務として各省大臣と行政機関の官僚制に委任するかたちになった。

　さらに，首相と内閣を直接支える内閣官房の機能も強化された。2001年施行の改正により，内閣官房はこれまでの総合調整機能に加えて，首相が発議する「内閣の重要政策に関する基本的な方針」などに関する企画・立案機能を持つことになった。これ以前も事実上，内閣官房が政策の立案を担当することもあったが，法律上も明記された。

　内閣官房の機能強化とあわせて，補佐体制の整備も進行した。図5.2は，内閣官房の定員数（左目盛り）と内閣官房副長官補室に置かれている分室数（右目盛り）の推移である。2001年の中央省庁等改革以降，内閣官房の定員は徐々に増員されている。また，定員とは別に併任者数も2001年に500人ほどであったものが2019年には約2000人まで増えており，定員と併任者全体で3倍ほどに増えている（原田 2022）。内閣官房が対応する政策課題が増加しており，それにあわせて柔軟かつ弾力的に運営できる仕組みになっているからである。

　実際，内閣官房が関与する案件も拡大している。政策の企画立案・総合調整

を担う内閣官房副長官補室には事務処理を担当する分室が置かれている。図5.2（右目盛り）をみると，分室の数は省庁再編時（2001年）の7室と比べて2021年には38室になり，案件の増加が表れている。

このように，1990年代に進められた政治・行政改革は，官邸主導をもたらす大きな制度改革であった。政党のあり方は派閥が弱まる一方で，執行部を中心とした集権性を強め，首相の自由度を高めた。また，行政改革によって法制度上も首相の権限が強められ，首相が政策課題を提起し，積極的に推進しやすい体制へと改革されてきている。

世論との緊張関係

首相が強化された権力を存分に活用できるかどうかは，**世論**の支持に大きく左右される。世論は55年体制下に比べて，首相の権力に大きな影響を及ぼすようになった。その背景には選挙制度の変化がある。第4章でも述べたように，小選挙区比例代表並立制のもとでは，党首の人気や内閣支持が有権者の投票行動に影響し，政治家の当落を左右する面が強まった。現在の制度下では党首が選挙の顔として重要な役割を果たす。

議員は首相，党首に対する世論の支持動向に敏感になっており，首相にどの程度従うべきかを判断している。首相の支持率が低下した場合，議員は自らの選挙に悪い影響が及ぶことを懸念し，首相を支持しないだけでなく，首相を退陣に追い込む可能性がある。また，党の方針に反する行動をとったり，最終的には離党したりすることも考えられる。

実際，官邸主導が強まる一方で，制度改革後も短命内閣が発生している。小泉内閣と第2次安倍内閣は5年を超えるものの，第1次安倍内閣から野田内閣までは，ほぼ1年程度にとどまる。日本型分割政府の状態に苦慮した首相辞任もあるが，同時に世論調査に現れた内閣支持率の低下・低迷が辞任圧力になったことも指摘できる。特に，民主党政権では首相の強いリーダーシップを追求したが，支持率の低迷と党内対立が連動し，多くの離党者を生み出すことになった（前田・堤編 2015；濱本 2018）。

　本章では議院内閣制の特徴を踏まえたうえで，戦後日本の首相を軸に議院内閣制の変容をみてきた。権力の融合を特徴とする議院内閣制であるが，日本では，議院内閣制が権力分立制と組み合わされ，また対等な二院制を採用している。組織や権限に目を向けると，自民党内は派閥に分かれて激しく競合し，首相や内閣の権限と補佐体制も弱かった。その結果，首相は国民世論よりも党内世論に配慮し，そのリーダーシップは受動的なものと評価されてきた。

　しかし，このような状況は多数決型民主主義の体制をめざした1990年代の政治・行政改革によって変化した。小選挙区比例代表並立制と政党助成法の導入により，派閥の力は大きく後退した。また，内閣機能強化により，首相が政策決定を推し進める力を強めた。その結果，官邸主導と呼ばれる，首相を中心とした強いリーダーシップが多くの政策領域でみられるようになった。

　ただし，日本の議院内閣制は，参議院の状況によって，日本型分割政府にもなる。その場合，なるべく多くの関係者の合意が求められ，政策決定は進みにくくなる。つまり，日本の議院内閣制は権力の集中と分立の両面を内包しており，両院の選挙結果によってそのどちらの側面を強化するのかは，私たち有権者の選択に委ねられている。

　特に，多数決型民主主義の体制では，選挙が権力統制の機会として重視されている。首相が比較的自由に解散権を行使できるため，与党に有利な状況で衆議院が解散される可能性があり，このことが**選挙による統制**を弱めている。ただし，日本は国政選挙の機会が比較的多く，統制の機会は多いという面もある。選挙では政権の業績や政党の公約を吟味し，権力の集中と分立への影響も考慮しつつ投票することが非常に大事となる。

読書案内 ▮　　　　　　　　　　　　　　　　　Bookguide ●

御厨貴編（2013）『歴代首相物語〔増補新版〕』新書館。
宮城大蔵編（2021）『平成の宰相たち——指導者一六人の肖像』ミネルヴァ書房。
⇒前者では伊藤博文から安倍晋三まで，後者では平成の16人の首相の業

績やパーソナリティが，簡潔にまとめられている。本章とは異なる視点
から政治的リーダーシップを考えられる。

川人貞史（2015）『議院内閣制』東京大学出版会。
⇒比較政治学の理論と実証を踏まえつつ，各国との比較から日本の議院内
閣制を理解できる。

飯尾潤（2007）『日本の統治構造——官僚内閣制から議院内閣制へ』中央公
論新社。
⇒日本の議院内閣制，統治システムの特質を歴史と比較から明らかにする
1冊。

待鳥聡史（2016）『アメリカ大統領制の現在——権限の弱さをどう乗り越え
るか』NHK出版。
⇒アメリカ大統領制への理解を深められる1冊。関心のある読者には同著
者の『首相政治の制度分析』（千倉書房，2012年）にもチャレンジして
もらいたい。

野中尚人・青木遥（2016）『政策会議と討論なき国会——官邸主導体制の成
立と後退する熟議』朝日新聞出版。
⇒官邸主導の重要なツールとなっている政策会議を網羅的に検討した1冊。
諸外国との比較，これまでの日本の政策決定との相違点を示したうえで，
残された課題を指摘している。

高安健将（2018）『議院内閣制——変貌する英国モデル』中央公論新社。
⇒日本で参照されることの非常に多いイギリスの議院内閣制について理解
を深められる1冊。

清水真人（2018）『平成デモクラシー史』筑摩書房。
⇒1990年代以降の統治機構改革の経緯と帰結について理解を深められる
1冊。

引用・参考文献 | **References** ●

※本章の引用・参考文献リストは本書のウェブサポートページをご覧ください。

第 **6** 章

国　会

INTRODUCTION

　国会は，国民によって選出された国会議員によって構成され，内閣を形成し，法案などの議案を審議・議決している。私たちの投票は，国会における与野党の議席を決定し，それによって国会の運営に影響を及ぼすことになる。本章では，他国の議会との相違を踏まえて，日本の国会の役割と特徴をみていこう。私たちは国会や国会議員の役割をどのように評価したらよいのだろうか。重要法案の多くは内閣提出法案である。与党は，内閣が国会に法案を提出する前の事前審査において自身の政策的立場や利益を反映させており，国会では原案どおりの可決をめざす。それに対して，野党は少数派であるため法案を否決することは通常不可能であるが，審議を遅らせて廃案に持ち込んだり，質疑を通じて政府・与党の政権運営や政策の問題点を示したりしようとする。

QUESTIONS

① 国会において法案はどのように審議・議決されているのだろうか。
② 国会の審議や議決は与党が決めているのだろうか。
③ 野党にはどのような役割があるのだろうか。
④ 内閣や官僚は国会にどのように関わるのだろうか。

1 国会の特徴

国会とは何か

ニュースなどで国会審議の様子を見たことがあるだろうか。日本の国会は，内閣によって提出された法案の多くを修正なく可決するなど，「何もしていない」という批判をなされることがあるが，本当だろうか。国会の実態を評価するためには，まず国会の制度的特徴と機能を理解することが必要である。

一般に議会とは，有権者によって選出された議員が，法案，予算などの議案を審議・採決し，また政府の政策や政権運営を議論する場である。議会の機能としては，議案を採決し成立させる「**立法**」，議案を審議しその内容や問題点を明らかにする「**争点明示**」，行政府を監視する「**行政監視**」がある。さらに，議院内閣制のもとでは，議会は内閣総理大臣（首相）を指名し内閣を形成させる「**内閣形成**」の機能も持つ（第5章参照）。

日本の国会の制度的特徴としては，特に議院内閣制，二院制，委員会中心主義が挙げられる。以下で順にみていこう。なお，本章において，「議会」は「立法機関」一般を指し，「国会」は「日本の国会」を指す。

議院内閣制

議院内閣制は，内閣が議会の信任の上に成り立つ制度である。**行政府**の長である大統領と立法府（議会）の議員が別々に有権者から選出される大統領制と対比される。第5章でみてきたように，議院内閣制は，議会での審議過程という観点からは，行政府（内閣）と立法府（議会）が融合し，**内閣・与党が一体的**に政権運営と政策形成にあたるという特徴を持つ。議会は国民から委任された**国政**に関する権限のうち，特に政権運営や政策形成の権限を内閣に委任する一方，内閣は議会に対して責任（accountability）を果たすことが求められる（Strøm 2000）。日本が議院内閣制を採用していることは，日本国憲法が，「国会による内閣総理大臣の指名」（67条1項），「内閣の国会への連帯責任の原則」

（66条3項），「内閣不信任決議権」（69条）などを定めていることからも明らかである（芦部 2015）。

　N・W・ポルスビーは，議会の機能として立法機能と争点明示機能に着目し，各国の議会を**変換型**と**アリーナ型**の二極に分類した（Polsby 1975）。変換型議会とは，社会から出される要望をまとめ，法律に変換する自立的能力を有した議会を指す。一方，アリーナ型議会とは，議会をアリーナ（論戦の場）と捉え，政党や議員が議論を展開し，法案の争点や各政党の立場を明らかにすることが中心となっている議会を指す。ポルスビーは，各国の議会は，両者の間に位置づけられるという類型を提示した。

　日本を含む議院内閣制の国々では，議会の変換能力は低く，議会は争点明示の場（アリーナ）となる傾向にある。大統領制を採用しているアメリカの連邦議会では，公的には大統領に法案の提出権がなく，議員による法案の提出や，議会（特に委員会）での実質的な法案作成・修正が活発に行われている。それに対して，日本では，国会に提出され成立する法案の多くは内閣提出法案であり，その多くは，修正も廃案もなく，原案どおりに成立している（データは図6.2を参照）。国会が法案の内容に与える影響は限定的であり，むしろ，国会は**政府**の政権運営を質し，法案や政策などの問題点を明らかにする場としての役割を担っている。

　それでは，議院内閣制のもとでの政府と与党の関係はどのようになっているのだろうか。また，与党と政府はどう違うのだろうか。同じく議院内閣制を採用しているイギリスでは，多くの与党議員が内閣に入り，内閣の強いリーダシップのもと政権運営や政策形成が行われる。それに対して，自民党の長期政権において確立された日本の議院内閣制の特徴は，**二元的なボトムアップ型・分権型**政策形成システムと捉えられる。

　二元的な政策形成システムとは，政府と与党がそれぞれ政策形成を行っているということを意味する。政府では，各府省庁の官僚が中心となって法案の原案を作成する（第7章参照）。しかし，1955年の結党以来4年間（93～94年，2009～12年）を除いて与党の座を占めてきた自民党政権では，内閣が法案を国会に提出するためには与党の了承が必要であり，官僚は与党の意向を反映して原案作成にあたる。こうした政府に対する党優位の政策形成過程は「党高政

低」と表現されることもある。

　ボトムアップ型・分権型政策形成システムとは，政府内においては各府省庁の係，課，局の順で法案作成が行われ，自民党内でも政務調査会部会，政務調査会審議会，総務会の順で政策審議が行われることを指す。府省庁や部会を単位とし，政策分野ごとに政策が組織の下から上へ上げられる。こうした二元的・ボトムアップ型の政策システムでは，首相の影響力は限定的であった。しかし，2001年から2006年在任の小泉純一郎首相や，2012年から2020年在任の第2次政権の安倍晋三首相は，国政選挙における党の候補者の公認権や国民からの高い支持を背景に，自身が決めた政策を政府内や与党内で実行させるトップダウン型の意思決定を行うこともあり，日本の政策形成過程にも変化がみられる（第5章参照）。

┃二　院　制┃

　日本の国会の第2の制度的特徴は，**二院制**を採用していることである。列国議会同盟のデータベース（Inter-parliamentary Union, Parline database on national parliaments）によると，対象とする190カ国のうち，79カ国が二院制，111カ国が一院制を採用しており，世界的には一院制のほうが多い（データの最終更新2021年12月31日時点）。第二院の位置づけとしては，イギリスやカナダのように非公選の議員からなる貴族院型，アメリカやドイツのような連邦国家における州代表型に対して，日本の参議院は公選の議員からなる第二民選型である。

　日本の憲法は，参議院に対する「**衆議院の優越**」を認めている（第5章参照）。衆議院のみ，内閣に対して不信任・信任の決議を行い，内閣総辞職を迫ることができる（憲法69条）。また，衆議院に予算の先議権がある（60条1項）。さらに，予算の議決（60条2項），条約締結の承認（61条），内閣総理大臣の指名（67条2項）については，衆議院と参議院で異なる議決をしたときや，参議院が一定期間内に議決をしないときは，衆議院の議決を国会の議決とすることが定められている。一方，法律案の議決（59条2項）については，「衆議院で可決し，参議院でこれと異なった議決をした法律案は，衆議院で出席議員の3分の2以上の多数で再び可決したときは，法律となる」とあり，すなわち衆議院が参議院の議決を覆すには3分の2以上の賛成が必要であり，参議院は衆議院

に対して強力な拒否権を有している。また，国会が憲法改正の発議を行うには，衆参両院の総議員の3分の2以上の賛成が必要であり（96条），両院は対等である。国際比較においても，日本では第二院の強い二院制とされる（Lijphart 1999；Vatter 2005）。

┃ 委員会中心主義 ┃

　日本の国会の第3の制度的特徴は，イギリスなどの**本会議中心主義**に対して，アメリカ型の**委員会中心主義**を採用していることである。本会議中心主義の国では，全議員の参加する本会議において法案審議の時間の大部分が費やされ，その帰結も決定される。それに対して，委員会中心主義の国では，法案審議のほとんどの時間は委員会に充てられており，法案の実質的審議は本会議ではなく委員会で行われる（審議過程は次節を参照）。日本の国会では政策分野ごとに委員会が設置され，委員会は各分野の法案審議を担う。衆議院には，17の常任委員会が設置され，内閣の府省と対応した内閣，総務，法務，外務，財務金融，文部科学，厚生労働，農林水産，経済産業，国土交通，環境，安全保障委員会と，国家基本政策，予算，決算行政監視，議院運営，懲罰委員会がある。国家基本政策委員会では党首討論が行われ，予算委員会では予算，重要政策，政府の政権運営などが審議される。参議院にも，衆議院の常任委員会と類似した17の常任委員会が設置され，内閣，総務，法務，外交防衛，財政金融，文教科学，厚生労働，農林水産，経済産業，国土交通，環境と，国家基本政策，予算，決算，行政監視，議院運営，懲罰委員会がある。それぞれの委員会運営は，その委員長と理事によって担われる。国会議員は，議長，副議長，大臣，官房副長官，総理大臣補佐官，副大臣，大臣政務官，大臣補佐官を例外として，少なくとも1つの常任委員会に所属しなくてはいけない。複数の委員会に所属する議員も多く，また一般委員については，会期中に差し替えなど所属委員会の変更が行われている。

　政党（与党）が，法案や予算などの議案を成立させるためには，国会で過半数の議席を確保することが必要となる。2023年現在の衆議院の定数は465議席，参議院の定数は248議席であるので，過半数の議席はそれぞれ233，125議席となる。ただし，過半数の議席を確保すれば，本会議での議案の成立を確

実にできるものの，上述のとおり日本の国会は委員会中心主義を採用しているため，与党は，安定的な国会運営を実現するためには，委員会の審議で主導権を掌握することも必要である。「委員会の議事は，出席委員の過半数でこれを決し，可否同数のときは，委員長の決するところによる」（国会法50条）とある。すべての常任委員会で委員の半数を確保し，かつ委員長を独占するのに必要な議席数を安定多数といい，衆議院で244議席，参議院で133議席となる。さらに，すべての常任委員会で委員の過半数を確保し，かつ委員長を独占するのに必要な議席数を絶対安定多数といい，衆議院で261議席，参議院で142議席となる。

　ただし，先述のように日本の国会は，内閣によって提出された法案の多くを修正なく可決している。つまり，委員会中心主義を採用しているものの，アメリカのように委員会が法案を修正し，その実質的内容に影響を与えるようなことはあまりない。

 # 立 法 過 程

　法案には，**内閣提出法案**（以下**閣法**）と**議員提出法案**が存在する。2001年から2021年までの21年間で，閣法は2074本提出され1810本が成立したのに対し（成立率87.3％），議員提出法案は提出2091本，成立477本であり（成立率22.8％），成立数・率の点からも，閣法のほうが重要度が高い（衆議院のウェブサイトから筆者が集計した）。また，政策的影響が大きく，国会で与野党が対立する重要法案のほとんどは閣法である。すなわち，国会審議の中核を構成するのは閣法である。そこで，以下では閣法の立法過程を説明する。内閣によって原案が作成される閣法は，順に与党による審査，国会での審議・採決という過程をたどる。

与党による審査

　与党による法案の審査は「**与党審査**」（あるいは「**事前審査**」）と称される。与党審査は自民党の場合，政務調査会部会，政務調査会審議会，総務会の順に行

われる。なかでも、法案審査の中心を占め、法案の内容についての具体的な審議を行うのは部会である（岩井 1988）。部会は、内閣の府省や国会の常任委員会と対応するかたちで政策分野ごとに設置され、各部会が管轄分野の法案を審査する。部会で了承された法案は、政務調査会審議会、総務会で審議されるが、通常は詳細な政策的内容には立ち入らない。与党審査は、原則として全会一致である。

　特に部会を中心とした与党審査において、活躍するのが**族議員**である（佐藤・松崎 1986；猪口・岩井 1987）。族議員とは、特定の政策分野において政策的知識と影響力を持ち、与党審査の段階で官僚から説明や根回しを受け、与党幹部からもそうした能力・影響力を認知された議員を指す。また、各分野の利益団体との関係も深く、たとえば、建設・国土交通族議員は建設業界から支援され、業界の利益を政治に反映させようとする傾向にある。各分野での族議員、官僚、利益団体の3者による密接な関係は、「鉄の三角形」と表現される（利益団体の役割については、第3章を参照）。族議員と聞くと、利益誘導や利権などのイメージとともに否定的な評価を持たれることが多い。たしかにそうした側面がある一方で、官僚に対して政治が政策知識や影響力を行使する政治主導の担い手という側面もある。1993年までの中選挙区制時代には、同一選挙区内での自民党候補者間の競合と棲み分け（票割り）、当選に必要な得票率が低いこと（特定の分野からの支持を中心にすることで当選に必要な票数に達しやすい）、また当時の限定的な首相の指導力という環境のもと、族議員の積極的な活動がみられた。しかし、96年に小選挙区比例代表並立制が導入されて以降は、自民党候補者間の競合の解消、当選に必要な得票率の上昇、また行政改革による首相の指導力強化により、族議員の活動は低下の傾向にある（建林 2004；濱本 2007；Fujimura 2015；Catalinac 2016）。

┃ 国会における法案審議 ┃

　国会には、常会、臨時会、特別会の区別がある。日本の国会は、1年に2回程度の会期に分かれ、他国の議会と比べても、会期の日数が短い。たとえば、アメリカの連邦議会は、2年を1会期とする。**常会（通常国会）**は、毎年1月に召集され、延長がなければ6月頃に終了し、延長される場合は近年は年に

よって7月までや9月まで開かれている。次年度の予算審議が常会の重要な議題となる。**臨時会**（**臨時国会**）は，その名に反して常態化しており，ほとんどの年で召集され（近年では2015年のみ召集されなかった），補正予算や，常会で扱われなかった議案の審査を行う。常会の後に短期間召集されることもあるが，実質的な議案審議を行う臨時会は，おおむね9月か10月に召集され，11月か12月頃に終了する。**特別会**（**特別国会**）は，衆議院が解散され総選挙が行われた後に召集される。内閣が総辞職し，両議院において内閣総理大臣の指名が行われる。

　国会が召集されると，まず衆参両院の本会議で国務大臣の演説が行われる。通常国会では，内閣総理大臣による施政方針演説，外務大臣による外交演説，財務大臣による財政演説，経済財政政策担当大臣による経済演説が行われる。特別会と臨時会では，首相による所信表明演説が行われ，他の大臣の演説が行われることもある。これらの演説に対し，各会派を代表する議員による代表質問が行われる。代表質問が終わると，予算委員会が開かれ，予算それ自体だけではなく，政府の政権運営や重要政策が審議される。予算委員会には，首相をはじめとした大臣が出席するため，予算が成立するまでは，事実上その他の法案の審議を行うことができない。

　国会に提出された閣法のほとんどが成立する。これは与党が戦後ほとんどの期間において衆参両院で過半数の議席を維持し，法案を可決できることによる。さらに，国会提出時点で法案の内容は前述した事前審査を通じて与党の政策的立場や利益を反映したものとなっており，与党は国会では原案どおりの可決をめざすからでもある。多くの法案が原案どおりに成立しているという事実から，法案の内容自体に対する国会審議の影響力は限定的であるといえる。むしろ，法案の内容は，前項で説明したように，国会提出前の与党審査で決定されている。

　図6.1に国会審議の流れを示した（立法過程の詳細な解説については，岩井 1988；大山 2003；中島 2020を参照）。前述のように，二院制を採用している日本の国会では，法案は衆参両院で審議・採決される。衆議院先議の予算と異なり，法案は衆参いずれに先に提出することも可能であるが，実際には，ほとんどの法案，特に重要法案は衆議院に先に提出される。1947年から2009年で

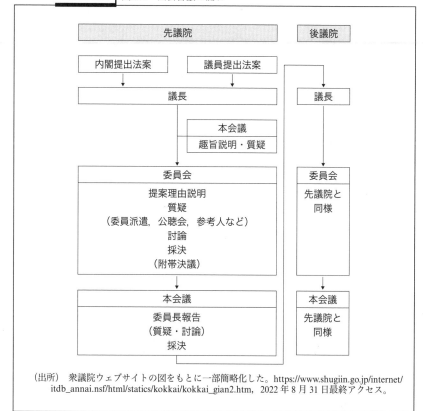

（出所）　衆議院ウェブサイトの図をもとに一部簡略化した。https://www.shugiin.go.jp/internet/
itdb_annai.nsf/html/statics/kokkai/kokkai_gian2.htm，2022 年 8 月 31 日最終アクセス。

は，88％の法案が衆議院先議である（福元 2011：146 頁）。

　国会に提出された法案は，委員会に付託される。どの委員会に付託されるか
は，議院運営委員会が決める。委員会付託前に，本会議で趣旨説明・質疑が行
われることもある。前述のように，国会の審議の中心は委員会であり，政策分
野ごとに設置された委員会が，管轄分野の法案を審議する。委員会審議は，提
案理由説明，質疑，討論，採決の順に行われる。まず，所管大臣が提案理由を
説明し，次に委員が大臣，副大臣，大臣政務官などの政府関係者に対して，**質
疑**を行う。重要法案などの場合，必要に応じて，質疑の後に，委員派遣，公聴
会，参考人質疑を行うことがある。その後，各会派が賛否を表明する討論が行
われ，最後に採決が行われる。

　委員会審議を通過した法案は，本会議に送られる。本会議では，法案を審査

した委員会の委員長から審議や採決について報告された後，採決を行う。重要法案などは，採決の前に質疑や討論が実施されることもあるが，通常は省略される。

先議院での審議・採決が終わると，法案は後議院に送られる。後議院でも，委員会審議・採決と本会議採決が行われ，両院で可決されることで，法案は成立する。

法案審議の特徴

日本の国会の法案審議の特徴は，会派単位の議会運営と審議日程消化をめぐる与野党間対立である。また，議員提出法案の少なさも挙げられる。

まず，会派とは，衆議院，参議院それぞれの院内において組織される議員の団体である。通常，会派は，組織を持ち選挙や意思決定を行う政党と一致するが，政党と無所属議員間，政党間，無所属議員間などで会派が形成されることもある。国会内での質疑時間，委員会の理事・委員は，会派の規模に応じて割り当てられ，国会内の議事運営も会派間の交渉で決められる。

特に委員会の質問時間については，『衆議院先例集』では，各会派の所属議員数の比率に応じて配分され，議院運営委員会で発言時間を申し合わせるとされている。実際には，議院内閣制のもと，政府と与党は一体的に政権運営や政策形成を行う面が多いため，多数派の与党が少数派の野党に質問時間を譲り，野党による政府への争点明示機能の発揮を促してきた。質問時間の与野党の割合は，2009年の民主党への政権交代前は「与党4割，野党6割」，2009年以降は「与党2割，野党8割」であった。しかし，2017年11月の衆院選後，与党側から質問時間の見直しが要求され，2017年11〜12月の特別国会では「与党5対野党9」，2018年の予算委員会では，「与党3割，野党7割」の割合となった。

政府は，法案審議日程などの議事運営に直接介入できない。議事は，国会全体については衆参それぞれに設置されている議院運営委員会が，委員会については各委員会の理事会と理事懇談会が決定するとされているが，実際は，各政党の**国会対策委員会**間で決められている。議事運営は会派間での全会一致によって決定することが慣行となっているが，実際には多数派の与党が決定する

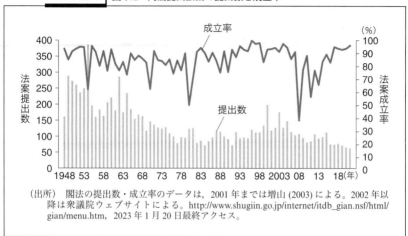

（出所）　閣法の提出数・成立率のデータは，2001年までは増山 (2003) による。2002年以降は衆議院ウェブサイトによる。http://www.shugiin.go.jp/internet/itdb_gian.nsf/html/gian/menu.htm，2023年1月20日最終アクセス。

場合もある。

　国会では，各党が法案への賛否を決める。議員は所属政党から党の賛否態度に沿って，委員会や本会議で賛否の票を投じることが求められ，**党議拘束**といわれる。同一政党の議員の投票態度の一致の程度は政党の一体性 (unity) を指し，それはもともとの議員の政策選好の一致度 (cohesion) と指導部からの拘束の強さ (discipline) によって決まる (Bowler, Farrell, and Katz 1999)。日本の国会での党議拘束の強さは，世界一強いレベルにある（藤村 2010）。2005年の小泉内閣での郵政民営化関連法案や，2012年の野田内閣での社会保障・税一体改革関連法案に対しては，与党議員が造反し，激しい対立となった。しかし，それが大きな対立と捉えられるほど，それ以外の法案では議員は所属政党の方針に沿った議場投票をしている。一方，他国では，所属議員が政党指導部の方針に反した投票をすることは日常的に発生している (Sieberer 2006；Depauw and Martin 2009)。

　次に，日本の国会のもう1つの特徴は，審議日程消化をめぐる与野党間対立である。**図6.2**に，戦後の閣法の提出数と成立率を示した。1947年から2021年の間に，閣法は1万189本提出され，8692本が成立し，成立率は85.3%である。言い換えると，提出された法案の約15%は成立していない。わずかな期間を除き，与党は衆参で過半数の議席を有し，理論上すべての法案を可決できるはずである。しかし，日本の国会は会期が独立した**会期制**を採用しており，

「会期中に議決に至らなかった案件は，後会に継続しない」（国会法68条）という「**会期不継続の原則**」がある。会期中に議決できなかった法案は，次の国会に提出されても，原則として最初から審議をやり直す。したがって，法案を成立させないという点においては，廃案は否決と同じ効果を持つ。すなわち，野党の立場からすれば，与党が過半数の議席を持っているため，法案を否決することはできないものの，採決まで至らせないことで，廃案に追い込もうとする。

　なお，会期中に議決されなかった法案は，その議院の議決により，常任委員会，特別委員会が国会の閉会中も審査することができ（閉会審査），次の会期に審議を継続させられる（継続審議）。たとえば，2021年の常会では，新たに63本の閣法が提出され，そのうち61本が成立し，2本が継続審議となっている。ただし，継続審議とするには国会の過半数の賛成が必要であり，また次の会期で成立させるためには，あらためて両院の議決が必要となる。

　会期制と会期不継続の原則があるために，日本の国会審議は審議日程消化をめぐる与野党間の対立になりがちである。野党は，国会に提出された法案の委員会付託を遅らせる，審議を引き延ばす，本会議や委員会を開催させない，審議を拒否するなどの手段を用いて，法案を採決に持ち込ませないようにする。少数派である野党は，自ら法案を提出しても成立する可能性は低いので，むしろ与党の政権運営や政策の問題点を明らかにすることが主たる活動となる。それに対して，与党はこうした野党の抵抗を排して法案審議を進め，採決に至らせようとする。国会において，与党・野党は，それぞれ自身にとって望ましい政策的帰結を得るために，法案の審議日程の消化を争っているのである。その結果，日本の国会は，法案の提出・修正をすることは少なく，立法機能よりも争点明示機能を果たしているといえる。

　事前審査制度の起源（奥・河野編 2015）や日本の政党の党議拘束の強さの要因については，現在研究が進められている最中であるものの，自民党の事前審査制度と党議拘束の強さは，従来の首相の限定的な指導力と国会の会期制・会期不継続の原則に由来すると考えられる。小泉政権や第2次安倍政権では，首相が人事や政策などの意思決定に指導力を発揮している。しかし，1955年から93年までの中選挙区制度下では，政権運営や人事については派閥が，政策形成には族議員が影響力を及ぼし，首相の指導力は限定的と評価されていた

（第 5 章参照）。また，前述のように，会期内に採決されない法案は廃案となる。さらに，いったん法案が国会に提出されると，法案の審議日程などの議事運営は国会に委ねられ，内閣は逐一介入することはできない。そのため，内閣や首相は，法案の国会提出前の事前審査制度で，部会を中心とした分権的な政策形成過程を採用して与党議員の選好や利益を反映した法案を作成し，自民党の了承を法案の国会提出の要件とすることと引き換えに，提出された法案については自民党議員が賛成することを求めたと解釈できる。

　最後に，議員提出法案についてもふれておこう。国会議員（衆議院では 20 人以上，参議院では 10 人以上の賛成が必要）や国会の委員会は，法律案を発議することができる。近年では，震災の復興，国民の人権，議員の身分に関わるものなどの重要な案件が，議員提出法案によって成立している。しかし，前述のとおり，全体としてみれば内閣提出法案に比べて，議員提出法案の成立数・率は低く，その役割は限定的である。また，法案の成立には，国会で多数派である与党の賛成が必要であり，閣法と同様に与党が主導権を握っている。現状は，提出する議員も当初から成立を期待せずに提出している法案が多い。多くの場合，成立させることよりも法案として国会に提出し，議員の立場を表明することに主眼が置かれている。議員立法の活性化が求められることもあるが，日本は議院内閣制を採用し，国会の信任の上に内閣が政権運営や政策形成を行うため，立法の中心は内閣提出法案となる。先述のとおり，内閣提出法案は，国会提出前に与党によって事前審査され，与党議員の選好が反映されている。したがって，閣法であるから官僚主導，議員提出法案であるから議員主導というわけではなく，与党議員であれば，閣法に自らの政策選好を反映し，主導権を発揮することが可能である。

 3　国会の評価

| **国会は無能なのか** |

　前節までで検討してきたように，与党が法案の内容を決定しているのは，法

案の国会提出前の与党審査であり，国会審議に焦点を当てるだけでは，日本の政策形成はみえにくい。それでは，前節で検討した国会の審議や帰結に影響を及ぼしているのは誰なのだろうか。つまり，国会の審議で主導権を握り，望ましい立法的結果を得ているのは誰なのだろうか。国会の機能・役割をめぐっては，これまで異なる複数の見解が示されてきた。

1970年代までは，**国会無能論**が有力な見解であった（Baerwald 1974）。この見解は，国会に提出される法案の多くは内閣提出法案であり，その法案のほとんどが修正なく成立している点を強調する。この点をもって，国会は政府の政策を追認しているにすぎず，積極的な役割を果たしていないと評価した。

1980年代になると，**粘着性論**が提示された（Mochizuki 1982）。この見解は，国会の審議過程における野党の与党に対する抵抗力に注目する。上述のとおり，戦後のほとんどの期間で与党は衆参で過半数の議席を維持してきた。したがって，本来与党はすべての法案を成立させられるはずであるのに，実際の閣法成立率は85％程度である（図6.2）。粘着性論は，この閣法成立率の「低さ」に野党の影響力を見出す。①議事運営における与野党全会一致ルール，②会期制と会期不継続の原則，③委員会制，④二院制という4つの日本の国会の制度的特徴が，野党が国会審議を引き延ばすことを可能にしているという。つまり，過半数の議席を持たない野党は，法案を否決することはできないものの，審議を引き延ばすことで採決まで持ち込ませずに一定数の法案を廃案にしていると主張する。

2000年代に入って，粘着性論への反論として，**討議アリーナ論**（福元 2000）と**多数主義論**（増山 2003）が提示された。両理論とも，多数派の与党が国会での審議過程と法案の成否を掌握していることを主張する。与党は，粘着性論が注目する立法の時間的制約や野党の抵抗をあらかじめ織り込んで立法を行っているという。粘着性論が重視する廃案についても，廃案となるのは与党にとっては重要ではない法案とされる。ただし，両理論の議会観は異なる。討議アリーナ論は，国会を制度的に保証された与野党対立の舞台として捉え，与野党間の議論を重要視する。国会での議論は，その立法上の影響は限定的であっても，「延長された選挙戦」であり，与野党がいかなる態度を表明するかは，来る選挙へ向けた有権者向けのアピールであるとする。一方，多数主義論は，国

会は，与党多数派が議事運営権を行使して，自身の政策選好が反映された内閣提出法案を効率的に成立させる場である点を強調する。

　さらに，近年，委員会での議員個人の活動に注目する見解が提示されている。前述のように，日本の国会はアメリカ議会型の委員会中心主義を採用し，国会での審議の中心は委員会である。議員は，本会議，委員会ともに最終的な投票態度は党議に従うものの，委員会では一定程度党の方針から離れた発言をしている。議員は，委員会に出席し，発言することで，自身の再選などの目標を実現しているという（松本 2007；松本・松尾 2010）。また，同じく委員会に注目しつつも，委員会の機能は政策分野ごとに異なることを強調する立場もある。政党は，農林水産，経済産業，国土交通などの特殊利益に関わる委員会では，議員の再選のために選挙区の利益を実現できるように一定程度自律的な活動を認めている一方，外務，安全保障などの一般利益に関わる委員会では，党議に沿った審議を実現するために議員の活動を制限している（Fujimura 2012）。

▌野党の役割と影響

　ここまでの議論を再度振り返りつつ，野党の役割と影響について，検討する。枝野幸男立憲民主党代表（当時）が Twitter で言及しているように（2018 年 8 月 17 日），「野党は反対ばかり」という批判が向けられる。しかし，多くの期間において衆参で過半数を持つ与党は，国会運営や法案審議を決定することができ，野党の政策への影響力はあくまで与党が許容する範囲に限定される。そのため，野党が提出した法案が可決される可能性はきわめて低く，野党の役割は提案型よりは，対決型になる。

　そのうえで，国会における野党の役割については，2 つの論点を挙げられる。第 1 に，野党は本当に反対ばかりしているのかという点である。**表 6.1** に，2021 年と 2022 年の常会で成立した閣法に対する各会派の賛成率を示した。議席数の点で野党第一党である立憲民主の閣法賛成率は 2021 年 74.2%，2022 年 85.2%，共産党の賛成率は最も低く，45.3%，52.5%である。このデータは，与野党は国会において激しく対立しているように見えて，それは一部の重要法案をめぐってのことであり，野党は常に政府・与党と対立しているわけではないことを示している。なお，賛成率が高いほど与党寄りの政策的立場といえ，

	第204国会 (2021年)	第208国会 (2022年)
自由民主党	100%	100%
公明党	100%	100%
国民民主党	87.1%	100%
日本維新の会	90.3%	91.8%
有志の会		86.9%
立憲民主党	74.2%	85.2%
れいわ新選組		49.2%
共産党	43.5%	52.5%

（出所）　衆議院ウェブサイトより計算した。https://www.shugiin.
go.jp/internet/itdb_gian.nsf/html/gian/menu.htm，2022年9月6
日最終アクセス。なお，正式な会派名は，自由民主党は第204
国会では自由民主党・無所属の会，国民民主党は第204，第
208国会では国民民主党・無所属クラブ，日本維新の会は第
204国会では日本維新の会・無所属の会，立憲民主党は第204，
第208国会では立憲民主党・無所属である。

順に国民民主党，日本維新の会，有志の会，立憲民主党，れいわ新選組，共産党となる。

　第2に，第2節で述べたように，野党は，「会期不継続の原則」を利用し，法案を採決まで至らせないことで，廃案に追い込もうとする。議事運営を決める議会運営委員会をはじめとする各委員会の理事会は原則全会一致であることも，野党が立法へ影響を及ぼす機会を与えている。国会運営や法案審議で与野党が対立した場合，野党は全会一致原則を盾に，与党に対して審議拒否などの手段を用いて，抵抗や交渉を図る。与党は，多数決を用いて法案の採決を強行することは可能であるが，国民や野党からの反発を招く。一方，野党は審議拒否などで審議を引き延ばすことは可能であるが，与党に強行採決をされると政策に意向を反映させることができない。与野党ともに，そうした得失を考慮しながら，国会運営や法案審議への態度を決定する。野党による抵抗と与野党間の妥協の具体例としては，2017年の特別国会において，与党は法案の審議を野党に認めさせる代わりに，野党がいわゆる「森友学園・加計学園問題」などを追及するために，会期を1カ月間延長した。また，2018年の通常国会において，野党は「働き方改革法案」をめぐって審議を拒否したため，与党が法案

の修正と提出時期の延期を確約した。これ以上審議を拒否すると与党が強行採決をする懸念もあり，野党は審議の再開と採決に応じた（辻元 2020）。

課題と展望

　最後に，日本の国会の抱える課題と今後の展望について，概観しておきたい。近年の日本政治が抱える問題の1つが，第二院である**参議院の位置づけ**である。1990年代以降，与党が参議院で過半数を割る状況がしばしば生じ（いわゆる「ねじれ国会」），参議院の存在が政府の政権運営や政策的帰結に重要な影響を与えることとなった（Thies and Yanai 2013, 2014）。まず政権運営については，参議院で過半数の議席を欠いた福田康夫，麻生太郎，菅直人，野田佳彦の各政権は，いずれも党内外からの倒閣運動にさらされ，厳しい政権運営を余儀なくされた。特に，参院選が首相の辞任の契機となったケースがある。橋本龍太郎首相は1998年参院選での敗北により辞任し，福田康夫首相は参議院で過半数を欠いた国会運営の困難を理由の1つとして辞任した。また，参院選に際して不人気な首相は与党候補者の選挙結果に悪影響を与えるという党内からの反発が起こり，森喜朗首相と鳩山由紀夫首相の辞任理由の1つとなった。

　1999年に自民党と公明党が連立政権を形成した理由は，参議院での過半数の議席を確保するためであった。また，第5章でも述べたように2007年6月から2013年6月にかけて，5人の首相と6人の国務大臣に対して提出された参議院の問責決議案のすべてが可決された。参議院の問責決議に法的拘束力はないものの，6人の大臣は後の内閣改造で交代させられている。これは参議院が事実上退任に追い込んでいるということであり，政策的帰結においても参議院が影響を及ぼしているといえる。2008年には与党による日本銀行総裁案に衆議院は同意したものの野党の反対により参議院では不同意となり（副総裁についても2度参議院で不同意），総裁が20日間空席となった。

　二院制の長所は，2つの議院で審議をすることで，議事の慎重をきすこと，選出基盤の異なる二院を設けて国民の多様な意思を反映すること，第二院が第一院の行きすぎを抑えることの3点であるとされる。しかし，それぞれに対して順に，限られた時間の中で両院で議論するより一院でじっくり審議したほうがよい，両院が公選の場合，それぞれの独自性を見出すのは難しい，より民意

を代表している第一院の決定を第二院が否定・制限することは正当化できるのかという反論が成り立つ（大山 2003）。

　日本の参議院をめぐっては，「強すぎる参議院論」と「カーボンコピー論」という相反する見解がある。「強すぎる参議院論」は，参議院の公的な権限に注目する。第 2 節で述べたように，憲法は，法律案の議決について，参議院が衆議院と異なる議決をした場合，衆議院は参議院の議決を覆すには 3 分の 2 の賛成が必要であるとしている。2005 年まで与党が衆議院で 3 分の 2 の議席を確保することはなく，参議院は衆議院に対して強い拒否権を有していた。一方，「カーボンコピー論」は，実際の政治過程に注目する。法案の多くは衆議院先議であり，参議院は衆議院とほぼ同一の議決をしていることから，衆議院の決定を追認しているにすぎないという。この 2 つの見解は，必ずしも対立するわけではない。公的な制度の点で，参議院は衆議院と同等に近い権力を持つ。そのため，自民党は，参議院の意思が衆議院の意思と一致するように努めた。まず，参議院を政党化し，過半数の議席を確保することで衆議院と同一の議決ができるようにした。また，党内においては，派閥や有力者を通じて統制したり，再選や昇進の誘因を与えたりして参議院議員が衆議院議員に対して独自の行動をとりにくくした（竹中 2010）。

　戦後の日本政治は，参議院を「多数派への防波堤」として位置づけるのか，あるいは参議院も衆議院と異なったかたちで「民意を反映」しているとみるのか，参議院の位置づけを不明確にしたまま，与党が両院の過半数を掌握することで，参議院の独自性や意義を問うことを避けてきた。参議院の趣旨を明確化することが，二院制に向き合ううえで必要である（待鳥 2008）。

　また，国会の行政監視も課題である。行政監視のために，衆議院には決算行政監視委員会，参議院には行政監視委員会が置かれている。しかし，こうした委員会を活用するためには，専門スタッフや調査能力の整備などが課題となる。

　最後に，関連して国会審議をめぐる官僚の負担について指摘しておきたい（以下の記述は『毎日新聞』2021 年 2 月 17 日夕刊 1，7 面を参考にしている）。委員会で議員が政府に行う質問に対する答弁を行うのは大臣などであるが，答弁の準備は官僚が行う。答弁の準備は，議員が質問内容を事前に省庁に伝える「質問通告」から始まる。通告が行われると，対象の省庁の官僚数十人が議員会館に

出向き，質問予定の議員から「質問取り」を行う。質問取りが終わるまでは，省庁内の担当部局が決まらないため，担当する可能性のある多くの官僚が待機させられる。答弁の準備は，資料用意，文案作成，上司や他省庁との決裁が必要であり，長時間を要する。そのため，1999 年の各党の申し合わせにより，質問通告は，質問が行われる日の「前々日正午まで」とのルールがある。しかし，2020 年 10，11 月の内閣人事局による調査によると，質問取りが前日午後 8 時以降となったケースが全体の 36％にのぼる。その結果，多くの官僚が長時間労働，残業を強いられ，それが近年の官僚志望者の低下の一因であるとの指摘もある。質問通告の前々日正午までのルールが守られない理由には，事前に質問内容を明らかにせず国会において厳しく政府を追及したい一部の野党議員の意図がある一方で，そもそも与野党間の国会審議日程の駆け引きにより委員会の開催日程が「前々日正午まで」に決まらないこともあり，与野党の責任でもある。

　なお国会での法案審議については，衆議院と参議院から充実した資料とデータが提供され，オンラインでアクセスすることができる。国会の活動全般については，「衆議院の動き」（https://www.shugiin.go.jp/internet/itdb_annai.nsf/html/statics/ugoki/ugoki.htm）と参議院の「ライブラリー」（https://www.sangiin.go.jp/japanese/kaiki/index.html），法案の本文と審議経過については，衆議院の「議案情報」（https://www.shugiin.go.jp/internet/itdb_gian.nsf/html/gian/menu.htm），国会の会議録については「国会会議録検索システム」（https://kokkai.ndl.go.jp/#/）などが参考になる。

読書案内 ▍　　　　　　　　　　　　　　　　　　　Bookguide ●

岩井奉信（1988）『立法過程』東京大学出版会。
⇒国会での法案審議の実態とその分析視角がわかりやすく解説されている。

辻元清美（2020）『国対委員長』集英社。
⇒ 2018 年から 2020 年まで立憲民主党国会対策委員長を務めた辻元氏による回想録。辻元氏からの立場ではあるものの，国会において与野党間や

野党間でどのような対立，交渉，妥協があるのかについて具体例を知ることができる。

中島誠（2020）『立法学——序論・立法過程論〔第4版〕』法律文化社。
⇒府省庁内，政党内，国会内での立法過程が丁寧に紹介されており，法案の作成・成立過程を知ることができる。

清水真人（2015）『消費税——政と官との「十年戦争」』新潮社。
⇒2012年の消費税率引き上げをテーマとしており，政党リーダーの戦略と民主党内，自民党内，民主党・自民党間の駆け引きを知ることができる。

引用・参考文献　　　　　　　　　　　　　　　　　　　　**References** ●

※本章の引用・参考文献リストは本書のウェブサポートページをご覧ください。

第 **7** 章

官僚・政官関係

INTRODUCTION

　官僚は一般市民とは縁遠い世界にいるように思われる。だが，私たちの生活に関わるあらゆる政策の決定に，官僚制は関わっている。マスメディアでは，政治家ではなく官僚が政策を決めており，政治を支配しているのは官僚だという主張がよくなされる。しかし一方で，族議員が強い力を持っているとか，首相が主導して政策を決めているといった報道がなされることもある。はたして官僚は，どのような力を持っているのだろうか。この章では，まず日本の官僚制がどのような特徴を持つのか，その制度や組織，社会との関係についてみていく。次に，政治家と官僚とでは，どちらが強い影響力を持っているのかを検討する。そのうえで，有権者が官僚制を民主的に統制するにはどうすればよいのか，その方法について考えていく。

1. 日本の官僚制は，どのような特徴を持つのだろうか。
2. 政治家と官僚は，どちらが強い影響力を持つのだろうか。
3. 日本の官僚制は，民主的に統制されているといえるのだろうか。
4. 有権者が官僚制を統制するには，どうすればよいのだろうか。

1 官僚制とは何か

官僚とはどのような人たちなのか

官僚（本章では，政務三役，大使・公使，裁判官・裁判所職員，国会職員，自衛官を含む防衛省職員といった「特別職」を除く，「一般職」の国家公務員のうち，検察官，特定行政法人職員を除く，「給与法適用職員」を指す）とは，どのような人たちなのだろうか。日本の官僚制には，どのような特徴があるのだろうか。本節では，公務員制度，行政組織，官僚制と社会の関係について説明する。

国会中継をみていると，野党議員に難しい質問をされて大臣が答弁に窮しているときに，後ろから紙を差し出し，どのように答弁すべきかを助言している人が映ることがある。これが官僚である。国会では野党の質疑に対して，首相や大臣が答弁書を読み上げていることが多い。その答弁書を書いているのが官僚である。国会で審議される内閣提出法案を書いているのも官僚である。官僚は，政治家たちの黒子として働いているようにもみえるし，陰から首相や大臣を操っているようにもみえる。

ここではまず，官僚の仕事についてみていこう。官僚の仕事は，政策をつくり，それを実施することである。政策には法律の裏づけが必要で，法律は国会で可決されなければ成立しない。そこで官僚は，内閣提出法案を書き，それが国会に提出された後も，法案が可決されるように，首相や大臣の答弁を手助けする。時には政府参考人として，官僚自ら国会の委員会で答弁を行うこともある。

法案が成立すると，それを実施しなければならない。ただし法律には，それほど細かいことは書き込まれていない。そこで行政が，法律には書かれていない細部の事項などについて決める。これを**行政立法**と呼び，国民の権利義務に関わる「法規命令」と，行政組織の内部関係に関する「行政規則」（行政命令）とに分けられる。前者には，内閣が制定する政令や，省庁が制定する省令などが，後者には，通達や訓令，公共施設の利用規則，補助金の交付要綱などがあ

る。

　とりわけ後者の行政規則については，法律との関係があいまいなものも多く，なかには文書化されずに関係者に口頭で伝えられるだけのものもあり，官僚の裁量が働きやすい。行政機関が行政上の目的を実現するために，法令による強制ではなく，指導，勧告，助言，要望などを通じて，相手方の同意もしくは自発的な協力を求めることを**行政指導**と呼ぶ（村上・佐藤編 2016）。

　次に，公務員制度についてみておこう。国家公務員の給与法適用職員のうち，国家公務員総合職（2011 年度までは I 種）試験（政策の企画及び立案又は調査及び研究に関する事務をその職務とする係員の採用試験）の「政治・国際」「法律」「経済」区分（院卒者試験では，まとめて「行政」区分と称される）で合格し，府省庁に採用された幹部候補の国家公務員を**キャリア官僚**と呼ぶ。工学系や農学系の試験区分合格者は**技官**と呼ばれる。それに対し，国家公務員一般職（2011 年度までは II 種，III 種）試験（定型的な事務をその職務とする係員の採用試験）などで採用された国家公務員は，ノンキャリア（ノンキャリ）と称される。

　総合職試験の合格者を大学別でみると，東京大学出身者が最多である。だが，2010 年度には合格者の 32.5％が東大出身者であったところ，2022 年度には 11.6％にまで下がっており，東大生の「官僚離れ」と出身大学の多様化が進んでいる。面接を経てキャリア官僚として採用されるのは毎年約 300 人程度で，法学部，次いで経済学部出身者が多い。採用に際しては，試験の成績順位が重要だといわれていたのだが，近年は面接も重視されるようになっている。

　東大生だけではなく，国家公務員の受験者数自体，近年，急激に減少している。また内閣人事局の調査によると，2019 年度に自己都合で退職した 20 代官僚は 87 人で，6 年間で 4 倍以上に急増しており，20 代の官僚の 14.4％が「数年以内に辞めたい」と回答している。その一因として，官僚は業務多忙で長時間勤務を強いられており，ワーク・ライフ・バランスを保つのが難しいことが挙げられる（NHK 取材班 2021）。

　このような勤務条件であることも影響して，中央省庁は女性の少ない職場である。しかし，近年，男女共同参画基本計画で数値目標が掲げられるようになったこともあり，2005 年には国家公務員採用者のうち女性は 25.5％（総合職は 20.4％）であったところ，2022 年には 37.2％（同 34.5％）に増えている。ただ，

管理職への登用は依然として少ない。本省課室長相当職に占める女性の割合は，2005 年には 1.6％であったところ，2021 年は 6.4％と微増している。とはいえ，常用労働者 100 人以上を雇用する民間企業での課長相当職の女性割合 12.4％の半分程度である（内閣府男女共同参画局調べ）。

　キャリア官僚は幹部候補のジェネラリストとして養成される。さまざまな部署で経験を積ませるため，2，3 年ごとに転任しながら昇進していく。同期入省者は横並びで出世していき，かつては全員が 26 歳くらいで係長，32 歳くらいで課長補佐，40 歳くらいで課長になっていた（稲継 1996）。課長は重要な役職である。たとえば経済産業省の製造産業局には自動車産業を対象とする自動車課という課があり，課長のカウンターパートは自動車会社の社長である。キャリア官僚は 40 歳くらいで 1 つの産業を管轄し，大企業の社長と対等の立場で議論できるような地位に就けるのである。

　課長より上のポストからは競争が始まり，上位のポストほど数が少なくなるため，全員が横並びで出世することはできない。もっとも課長になるまでに，すでに上司による能力評価は行われている。出世できなかった者は後進にポストを譲るため，早期退職を余儀なくされる。最高ポストである事務次官には同期で 1 人だけが昇任し，それと同時に同期入省者は全員退職するのが通常であった（稲継 1996）。早期退職したキャリア官僚には，各省庁が高待遇の再就職先を用意する。これを**天下り**という。

　天下りは，受け入れ企業や業界団体との癒着を生むとして，強く批判されてきた。だが各省庁は，優秀な人材を確保するためにも，また所属省庁に対する官僚の忠誠心を培うためにも，天下りは必要だと考えてきた。若年層の官僚の昇進を早めることで，官僚組織の活性化を図ることができるし，高額の報酬が得られる天下り先を保証しないと，優秀な学生が，民間大手企業よりも給与の低い官庁に就職してくれなくなるというのである。しかし 2007 年の国家公務員法改正で，省庁による天下りの斡旋が禁止された。さらに近年では天下り先も減っており，キャリア官僚の昇進年齢は遅くなっている。このため人事評価で評価の高い者とそうでない者とでは，課長の就任時期に数年の差が出るなど，同期横並びの昇進も崩れている（嶋田 2022）。特に民間企業への天下りは大きく減少しており，天下り先の中心は，特殊法人，認可法人，独立行政法人など

の非営利法人である（中野 2009）。そこで天下り規制の抜け道として，50歳代の官僚が省庁に籍を残したまま政府系法人に出向する「現役出向」が増えている。

　一方，ノンキャリアは，同じ部署で勤務を続け，全員が32歳くらいで係長に昇進する。その後は出世する者と出世しない者に分かれ，最も出世した場合には課長に昇進する。ノンキャリアの場合，出世できなくても定年まで勤務することができる（稲継 1996）。

　2000年に官民人事交流法が施行されて以降，官民間の人事交流も盛んになっている（NHK取材班 2021）。2021年10月時点で，民間企業や弁護士，公認会計士，大学教授など，民間出身者は7279人，うち期限付きが4451人に上る（内閣人事局調べ）。特に変化の激しい分野を管轄する省庁の場合，ジェネラリストのキャリア官僚だけでは対応できず，高度な専門知識や豊富な経験を有する民間出身者を必要としている。金融庁は職員の4分の1が民間出身者である。

▎官僚制と社会

　それでは次に，官僚制と社会との関係についてみておこう。日本の官僚は，1990年代以降，業界との癒着による不祥事や政策の失敗を理由に批判されることが多くなった。近年では公務員の人員や給与の削減を掲げる政党が，改革派として人気を集めることもある。しかしかつては，日本が戦後の焼け野原から復興し経済大国になったのは，優秀な官僚によるところが大きいといわれていた。通商産業省（現在の経済産業省）が，戦略的に重要な産業に対して財政・税制・金融上の優遇措置や技術支援などさまざまな援助を行い，その代わりに行政指導によって企業の活動を誘導することで，その産業を育成した。この**産業政策**により重化学工業化が急速に進み，日本の経済成長が実現されたというのである（ジョンソン 2018）。

　この議論に対しては，日本の経済発展をもたらしたのは産業政策ではなく活発な企業間競争であり，産業政策に効果はなかったとする反論や，民間企業は通産省の言いなりになってきたわけではなかったとする反論が提示された。民間企業は自らが望む内容の行政指導は受け入れるものの，自らが反対する内容

の行政指導は受け入れなかったというのである。また行政指導の内容は，企業や業界の代表者との非公式な情報交換を通じて決められることが多かったともいう。通産省と産業界の関係は，一方が強く一方が弱いという関係ではなく，産業の発展という共通利益によって結ばれた協力関係であったというのである（沖本 1991；サミュエルス 1999）。

　たしかに 1950 年代には，国内でドルが不足していたため，外貨割当権を握る通産省が民間企業に対して強い影響力を持ち，発展志向型の産業政策を推し進めた。だが，外貨不足が解消された 60 年代以降，通産省の影響力は失われていったのである。

　その一方で金融業界では，官の民に対する強力な規制に基づく，官民間の緊密な協調関係が長期にわたり継続した。金融行政の企画・立案や金融機関の検査・監督を担当していた大蔵省（現在の財務省）は，金利規制や業態規制，参入規制，店舗規制など競争制限的な規制を実施することで，金融機関の間で競争が起こらないようにし，経営基盤が弱い金融機関であっても経営破綻に追い込まれることがないようにしてきた。これは**護送船団方式**と呼ばれる。だが 1970 年代以降，国債の大量発行により金利の自由化が少しずつ進み，さらに 90 年代に入ると，金融機関の競争が激しくなる一方，バブル崩壊により不良債権問題が深刻化し，金融破綻が相次ぐようになった。くわえて，金融機関の大蔵省担当者（MOF 担と呼ばれる）が大蔵官僚に対して料亭などで飲食の接待を行い，その見返りに検査日程などの情報を不正に得ていたという汚職事件が発覚した。このため，これまでの金融行政のあり方が批判を浴び，金融監督当局と金融機関との癒着を断ち切ることを目的として，大蔵省から金融部門を分離して金融庁が設置されるとともに，金融のさらなる自由化が進められた（上川 2011）。

行政組織と行政改革

　続いて，行政の肥大化やセクショナリズムといった，行政組織の問題をみていこう。行政の肥大化について，政治学者の C・N・パーキンソンは，役人の数は仕事の量とは無関係に増え続けると説いている（パーキンソン 1996）。とはいえ 20 世紀に入ると，行政の仕事は飛躍的に増える。

19世紀までは政府の役割は，国防や治安など公共財の提供に限られていた（**夜警国家**）。だが19世紀後半以降，選挙権の拡大により労働者階級が政治に参画し，福祉政策への要求を強めたため，20世紀には福祉政策も政府の役割に付け加えられた（**福祉国家**）。さらに1929年に世界大恐慌が起こると，経済学者のJ・M・ケインズは自由放任政策を批判し，不況時には政府が財政支出を増やして有効需要を創出し，経済を安定化させるべきだと論じた（ケインズ 1995）。この考えが受け入れられて，第二次世界大戦後にはマクロ経済管理も政府の役割と考えられるようになり，先進国は**ケインズ主義的福祉国家**となった（福祉国家については第11章を参照）。

　市場の失敗を解決するために政府の役割が拡大し，行政が多様で複雑な業務を行うようになると，政治家は，その内容を十分に理解できなくなり，個別政策の専門家である官僚に委任せざるを得なくなる。このように行政府が政策立案機能も担い，立法府に優越するようになった国家を**行政国家**と呼ぶ。

　ところが1970年代に入ると，不況により失業が増えるとともに物価も上昇するスタグフレーションが発生し，財政赤字も悪化して，ケインズ政策では対応できなくなる。また，政府事業の非効率性も問題視されるようになる。こうした**政府の失敗**に直面して**新自由主義**が唱えられるようになり，80年代以降，先進国では，政府支出の削減や減税，行政改革，**規制緩和**や**民営化**が進められるようになる。**大きな政府**から**小さな政府**への転換である。

　一方，行政の役割が増え，専門化・細分化が進むことで，縦割り行政の弊害である**セクショナリズム**が目立つようになってきた。セクショナリズムとは，権限や管轄をめぐって省庁間で対立・競争が起こり，相互の調整が行われない状態を指す。日本でセクショナリズムが強い原因としては，官僚が省庁別に採用され，その後の人事も，天下りも含めて省庁別に行われるため，所属省庁への帰属意識が強くなることが挙げられる。また内閣法3条では，各省の行政事務については主任の大臣が分担して管理する**分担管理の原則**が定められており，首相には閣議を通さずに各省庁を直接に指揮監督する権限はないとされるなど，トップのリーダーシップが弱かったことも挙げられる（このことを改善するため，1999年に国家行政組織法が改正された。第5章参照）。

　次に，日本の行政改革についてみていこう。行政組織のあり方に対しては常

表7.1 2001年の中央省庁の再編

再編前	再編後	再編前	再編後
内閣官房	内閣官房	大蔵省	財務省
総理府 金融再生委員会 経済企画庁 沖縄開発庁	内閣府	科学技術庁 文部省	文部科学省
		厚生省 労働省	厚生労働省
国家公安委員会	国家公安委員会	農林水産省	農林水産省
防衛庁	防衛庁（防衛省）	通商産業省	経済産業省
総務庁 郵政省 自治省	総務省	北海道開発庁 国土庁 建設省 運輸省	国土交通省
法務省	法務省		
外務省	外務省	環境庁	環境省

（出所）　真渕（2020）。

に批判がなされ，行政改革を求める声がやむことはない。もっとも日本の中央省庁組織は，1960年に自治庁が自治省に昇格して以降，2000年まで府・省のレベルでは変更はなかった。しかし，外局レベルでは変更がなされている。総理府に大臣庁を設置することで，それぞれの時代の問題に対応してきたのである（たとえば，1971年設置の環境庁）。

だが，1990年代前半に大蔵省の金融行政での失敗や不祥事が続き，大蔵省改革が政治的課題となると，中央省庁も再編すべきだという声が高まる。96年10月の衆院選で各政党は，中央省庁の数を半減させるという公約を掲げた。選挙後，橋本龍太郎首相は行政改革会議を設置し，1年間の議論の後，中央省庁再編，内閣機能の強化，独立行政法人の導入などを決めた（**橋本行革**）。こうした改革を行う理由としては，肥大化・硬直化した行政システムを簡素化・効率化することと，縦割り行政の弊害を排除すること，首相官邸によるトップダウンの政策決定を可能にすることが挙げられた（第5章参照）。

2001年1月に中央省庁は，1府22省庁（1府12省8庁2委員会）から1府12省庁（10省1庁1委員会。2007年に防衛庁が防衛省に昇格したため，現在は11省1委員会）へと再編された。ここで挙げられる庁と委員会は，大臣を長とするものである（**表7.1**）。

国	年度	一般政府支出	社会支出	税収
日本	2005	35.01	17.10	25.83
	2019	38.90	22.54	31.41
アメリカ	2005	36.95	15.49	26.10
	2019	38.45	18.71	24.97
イギリス	2005	41.13	19.28	32.63
	2019	40.65	20.62	32.72
ドイツ	2005	46.82	26.38	34.42
	2019	44.99	25.88	38.62
フランス	2005	53.29	28.83	42.90
	2019	55.35	30.99	44.89
スウェーデン	2005	52.29	27.13	47.31
	2019	49.12	25.45	42.83
イタリア	2005	47.24	24.11	39.05
	2019	48.48	28.20	42.42

(注) 1 一般政府支出，社会支出，税収の値はすべて対国内総生産比（％）。
2 税収は，社会保険料収入を含む。
(出所) OECD ウェブサイト。2019 年の日本の社会支出は社会保障費統計より。

　橋本行革では「官から民へ」「国から地方へ」といったスローガンが掲げられたように，規制緩和や**地方分権**（第 10 章参照）を進めて中央政府の民間・地方自治体への介入を減らすこと，さらに，予算や公務員の人数を削減して「小さな政府」を実現することが目的とされていた。しかし，「政府の大きさ」を財政規模と公務員数でみると，アメリカを除く他の先進国に比べて，日本は「小さな政府」であることがわかる（**表7.2，7.3**；公務員数については，前田 2014）。

　日本の行政の肥大化が抑制されてきた理由としては，第 1 に，1969 年に国家公務員の定員の最高限度を定めた総定員法が制定されたこと，第 2 に，各省庁が局・部・課などの内部部局の新設を要求する場合には，それと同格の組織を同じ数だけ統廃合するスクラップ・アンド・ビルドの原則がとられたことが挙げられる（真渕 2020）。

国	年度	中央政府職員	政府企業職員	地方政府職員	軍人·国防職員	合計
フランス	2016	24.6	19.2	41.6	4.1	89.5
イギリス	2016	5.1	36.1	24.8	3.2	69.2
アメリカ	2013	4.4	2.0	51.0	6.7	64.1
ドイツ	2016	2.8	7.5	46.5	2.9	59.7
日本	2016	2.7	5.3	26.6	2.1	36.7

(注) 1 値は人口1000人当たりの人数。
2 合計は，四捨五入の関係で一致しない場合がある。
3 日本の「政府企業職員」には，独立行政法人（特定および非特定），国立大学法人，大学共同利用機関法人，特殊法人の職員を計上。
4 日本の数値において，国立大学法人，大学共同利用機関法人，特殊法人および軍人·国防職員以外は，非常勤職員を含む。
(出所) 人事院ウェブサイト。

　行政国家化が進行し，仕事が増えるにもかかわらず，人は増やせない。そこで公的サービスの多くは，特殊法人，特殊会社，認可法人や，業界団体，民間企業，NPOなど，行政機関の業務を代行・補助する「グレーゾーン」組織によって担われてきた。

 戦後日本政治における政官関係

日本政治における官僚制の役割

　戦後日本政治における官僚制と政党・政治家の関係をどのように理解すればよいのだろうか。本節では，日本政治における官僚制の役割をみたうえで，主要な学説を紹介する。また政官関係は，近年どのように変化しているのだろうか。その変化についてもふれておこう。

　先に官僚の仕事として，政策をつくることと実施することを挙げた。だが，法律をつくるのは国会議員の仕事ではないのか。なぜ官僚が，首相や大臣の答弁書を書くのだろうか。それは，日本が議院内閣制の国だからである。議院内閣制の国では，立法府の多数派が首相を選出するため，立法府の多数派（与党）と行政府は融合し，権力分立はあいまいなものとなる。与党は自ら法案を

書かなくとも，自らの政策方針に沿った法案を官僚に書かせればよいのであり，内閣が立法を主導することになる（第5，6章参照）。

とはいえ官僚は，自分の好き勝手に法案を作成できるわけではない。法案の作成にあたっては，**審議会**などの諮問機関の場で，政策の影響を受ける業界団体などの関係者や専門家の意見を聞き，合意を取り付ける必要がある。法案を作成したら省内で了解をとり，その法案と関係がありそうな他の省庁の了解もとる。予算が必要な政策については，財務省の了解もとる必要がある。それからさらに**内閣法制局**の審査を受ける。内閣法制局は，法案の必要性から，憲法や現行法制との整合性，条文の構成や表現上の問題に至るまで審査を行う。

こうして法案ができるのだが，長期にわたり政権の座を占めてきた自民党は，内閣が法案を国会に提出する前に**与党審査（事前審査）**を行ってきた（第6章参照）。ここで法案の国会提出が了承されれば，自民党の議員には，その法案に賛成票を投じるよう党議拘束がかかる。与党審査を通った法案は閣議決定され，国会に提出される。官僚たちは，この与党審査の前に，当該政策に影響力を持つ与党の**族議員**たちに対して，法案の内容を説明し，賛成してくれるよう根回しを行う。官僚が事前に根回しに来ることが，当該政策に影響力を持つ有力議員であることを示す指標となるため，官僚が事前の説明に来ない場合や，ライバル議員に先に説明を行ったと知った場合，部会で反対に回り，法案を潰してしまう政治家もいる。このため，事前の根回しは周到に行わなければならない。

国会で多数を占める与党が法案に賛成しているからといって，安心はできない。野党が法案に関して厳しい質問をしてきたときに，首相や大臣が適切に答えられないと，法案に対する野党や世論の疑念は強まり，法案の成立が危ぶまれるようになる。そこで官僚は，野党やマスメディアに対しても法案の説明を行ったり，首相や大臣の答弁書を作成したり，法案が会期内に成立するよう国会の日程調整に関わったりもする。野党の質問は事前に通告されることになっているものの，質疑の前日の夜にならないと提出されないこともあり，また答弁書の内容についても，省内や関係する他省庁との調整が必要であるため，徹夜で答弁書の作成に追われることも多い。このため国会会期中には，深夜残業が常態化する。さらに翌朝には，大臣に想定問答のレクチャーを行わなければならない。

先に官僚の長時間勤務について言及した。その最大の理由は国会対応である。国会議員が質問通告を早めればよいのだが、与野党間の日程交渉で、委員会の開催が直前にならないと決まらないことも多いため、なかなか改善されない。また国会議員からの質問主意書も、近年、件数が増加している。質問主意書が提出されると7日以内に文書で回答しないといけないため、国会会期中は全省庁が提出に備えて待機しており、答弁書の作成を担当することになった官僚は、他の業務を後回しにして対応しないといけない。質問主意書は、国会の国政調査権に関わる仕組みであり、政府の国会答弁が不十分であるがゆえに行われることもあるため、その提出を制限することは難しい（千正 2020；NHK 取材班 2021；嶋田 2022）。このように日本のキャリア官僚は、政策の企画立案よりも、業界団体や他省庁、与野党の政治家との調整に多くの時間とエネルギーを費やしているのが実情である。

これに対し、同じ議院内閣制をとるイギリスでは、事情は大きく異なる。公務員の政治的中立性は厳格に守られており、官僚が大臣以外の政治家と接触することは原則として禁止されている（総選挙前のマニフェスト作成の際には、野党議員と官僚との接触が例外的に認められる）。議員との調整は、内閣の役職である与党院内幹事（Whip）の役割とされている（中島 2014）。主要な政策については、大臣の主導により決定されることが多い。大臣が政策の方向性を大まかに示すと、官僚は、それを精査して必要事項を大臣に指摘したり質問したりする。大臣はそれに応答する。こうした対話を繰り返し、最終的には官僚が複数の選択肢を提示し、そのうちどれを選択するのかを大臣が決断するというのである（藤田 2015）。

官僚優位論と政党優位論

政策形成において、政治家と官僚のどちらが主導権を握っているのか。戦後の政治学では、官僚が主導的な役割を担っていると説く「**官僚優位論**」が通説であった。その代表的な論者として、行政学者の辻清明が挙げられる。

天皇を主権者とする明治憲法体制下では、官僚は「天皇の官吏」として統治機構の中枢を占め、国民を超越的に支配し、政党に対しても「超然」と行動した。この特権的な官僚機構は、占領期に温存・強化され、戦後も官僚支配が継

続されたというのである。

　なぜ戦後も官僚機構が温存・強化されたのか。辻によると，第1に，占領期には軍部や財閥が解体され，有力な政党政治家の多くが公職から追放される一方で，連合国最高司令官総司令部（GHQ）は間接統治の方式をとったため，官僚機構は占領政策の代行機関として温存されたからである。第2に，西欧に比べて近代化が遅れた日本では，行政が「上からの近代化」を推進した。このため，部分利益の代表にすぎない政党に対し，「公」を代表する官僚制は中立的であるという「幻想」が国民意識のうちに根強く残り，「官尊民卑」の思想が社会全体に浸透しているからである。第3に，行政国家化が進行するなかで，政党の専門知識や政策立案能力が不足しているからである。辻はその証拠として，提出数・成立数ともに，議員提出法案に比べて内閣提出法案が圧倒的に多いこと，官僚出身の議員が多いことを挙げている（辻 1969）。

　このような辻の議論を「官僚優位論」「戦前戦後連続論」と名づけ，それに対し「**政党優位論**」「戦前戦後断絶論」を主張したのが，行政学者の村松岐夫である。村松は，戦後改革により政治的正統性は転換され，戦前とは異なる政治体制が定着したと論じる。日本国憲法では国民主権が規定され，国会は国権の最高機関であると明記された。さまざまな機関が割拠的に統治を行っていた戦前とは異なり，法案の最終決定はすべて国会でなされるため，国会における主要勢力の意思が政策に反映されるようになったのである。

　こうした変化に官僚も適応した。村松は，官僚に対するアンケート調査を行い，官僚の役割認識が「古典的官僚（**国士型官僚**）」から「政治的官僚（**調整型官僚**）」に変化したことを示す。くわえて村松は，官僚が内閣提出法案を作成するとしても，官僚は議会の「予測される反応」を考慮するのであり，政治的意思が明確に形成される限り，政治の意思は貫徹されると論じる。国会の多数派が反対する内容の法案が，国会で可決されることはないからである。

　また村松は，行政国家化の進展により，官僚の活動量が大きくなるとしても，新たな政策を実施するには政治の支持が必要であるから，官僚機構の自律性は低下せざるを得ないと説く。さらに，単独講和・日米同盟・軽武装路線・日ソ国交回復・日米安保改定・高度経済成長路線・公害対策・日中国交回復といった戦後の重要な政治決定は，すべて政治リーダーによってなされたのであり，

官僚が政治家に転身するのは，政治家のほうが官僚より力を持っているからだとも主張する（村松 1981, 1994）。

このほか，長期政権を確立した自民党が与党審査制（事前審査制）をとるようになったことや，政務調査会の部会・調査会に所属して特定の政策領域を専門分野とする族議員が，官僚と同等の専門知識を持つようになったことも，政党優位の論拠として指摘されるようになる。

┃ 「官邸主導」と政官関係 ┃

政党優位論は政治学者の間で通説的な見解となり，マスメディアでも 1980年代には「党高政低」という言葉が盛んに用いられるようになる。だが 90 年代になると，首相のリーダーシップを強化する必要が説かれるようになる。これは，91 年に起こった湾岸戦争を契機に自衛隊の海外派遣を中心とした「国際貢献」を求める声が高まったり，朝鮮半島核危機や台湾海峡危機が発生したりするなど，冷戦終結により安全保障環境が変化したことや，バブル崩壊により経済が長期にわたり低迷したこと，さらに 95 年に起こった阪神・淡路大震災や地下鉄サリン事件で危機管理体制の不備が問題視されるようになったことなどによる。また住専処理や薬害エイズ問題など，官僚による政策の失敗や不祥事が相次ぎ，官僚バッシングが強まるなか，「政治主導」が主張されるようになる。

この時期の「政治主導」の議論としては，政党優位論の主張を認めつつも，従来の「政党優位」とは，族議員を中心とした「政治家主導」「与党主導」であったとみなし，それに代わる「政治主導」として，首相のリーダーシップの強化による「**官邸主導**」や，内閣に政策決定を一元化させる「内閣主導」を求める主張が登場する（西尾 2001）。こうした議論が，橋本行革での内閣機能の強化につながる（第 5 章参照）。一方で，日本の議院内閣制を，縦割り行政のもとで官僚が大臣をコントロールする「官僚内閣制」と捉え，国会が行政を監督する「国会内閣制」に転換すべきという主張が，民主党の菅直人らを中心に唱えられた（菅 1998）。

他方，官僚の役割認識にも変化が生じたという見方もある。行政学者の真渕勝は，この時期，政治や社会の圧力から官僚の自律性を守るために，利害調整

は政治家に任せ，政治が決定した政策を執行することに主要な役割を見出す**「吏員型官僚」**が増加したと論じ，これを官僚バッシングに対する自己防衛的な変化だと解釈している（真渕 2006）。

官邸主導の政策決定は，小泉純一郎内閣で実現される。小泉首相は，橋本行革で設置された経済財政諮問会議を活用して，郵政民営化など自民党内で反対の強かった政策を官邸主導で決定した。また，これまで財務省が主導してきた予算編成についても，その基本方針は経済財政諮問会議で決められるようになり，族議員や事業官庁の抵抗を抑えて公共事業費の大幅削減や社会保障費の抑制が実現された。

それでは官僚の影響力が低下したのかといえば，そうともいえない。首相やそのブレーンが政策の大まかな方針を決めるとしても，関係者との調整や政策の細部の設計，政策実施にあたっては，官僚の執務知識に依存する部分が残るからである。たとえば予算編成では，諮問会議の役割は予算の基本方針を決めるにとどまり，概算要求基準の策定や個別の支出項目の査定は，これまでどおり主計局が行った。こうした作業は，省庁や与党との調整が必要で，とりわけ予算査定は膨大な仕事量となるため，財務官僚のノウハウに頼らざるを得ず，その部分では財務官僚の影響力は残るのである（上川 2010）。

このように政治家は，個別の政策形成や関係者間の調整では官僚の執務知識に依存せざるを得ないため，両者の協力が必要となる。このことを十分に理解せずに 2009 年に政権に就いたのが民主党である。民主党は「脱官僚」政治を掲げ，各省庁の**政務三役**（大臣・副大臣・政務官）が政策の立案・調整・決定を行うとした。また省庁間の調整も，閣僚間で行うことにした。

民主党の一部の大臣は，官僚を政策決定から排除したため，大臣と官僚との間で軋轢が絶えなかった。ある大臣は，官僚から政策の説明を受ける際に時間をかけて質問を繰り返し，決済の資料も 1 つ 1 つ時間をかけて検討した。すべて官僚への不信感によるものだが，このため事務処理が滞り，官僚の間では仕事が進まないという不満が渦巻いた。別の政務三役は，補正予算の編成にあたって自ら電卓をたたく姿が報道され，官僚がやるべき細かな仕事を政治家が行うのが政治主導ではないと批判された。さらに 2010 年度予算の編成では，閣僚間で調整がつけられず，最後は小沢一郎幹事長が，予算編成のノウハウを

握る財務省と連携して最終案をまとめた。

　経験不足ゆえに政権をうまく運営できなかった民主党は，徐々に官僚排除の方針を改め，政権運営に長けた財務省への依存を強めていく。この結果，政権末期には，消費税増税などで官僚の言いなりになっていると批判されるまでになってしまったのである（上川 2013；清水 2015）。

　しかしながら民主党政権が，官僚を政策決定から排除しようとしたことには，やむを得ない面もあった。自民党の長期政権が続いた結果，自民党と官僚が非常に密接な関係を築いていたからである。官僚の中立性が疑われる事例としては，政権交代前の 2009 年 6 月に農林水産省事務次官が，民主党の農業政策を現実的でないと批判したことが挙げられる。また政権交代後も，外務省や防衛省の官僚がアメリカ政府に対して，民主党政権に妥協しないよう進言していたことが，機密文書の公開を目論む「ウィキリークス」というウェブサイトにより明らかにされている。イギリスのように政権交代が根づくには，野党の努力だけではなく，官僚の中立性を担保する仕組みも必要だと思われる。

　これに対し政権再交代後の安倍晋三内閣では，首相官邸が官僚機構に対して人事面で影響力を強めることで，政権の意向に沿った政策を推進させようとした。従来，各省庁の人事は各省庁内で決められており，人事権者である大臣の関与は少なかった。局長級以上の人事については，内閣の承認が必要とされていたものの，各省庁の人事案が覆されるケースはほとんどなかった。ところが，2014 年には内閣官房に**内閣人事局**が創設され，各省庁の幹部職員である指定職（部長・審議官級以上の幹部職員および閣僚推薦者）について，一元的な人事管理が行われるようになった。そして実際に安倍首相や菅義偉官房長官が，各省庁の人事に介入した（清水 2015；牧原 2016）。このため，森友学園への国有地払い下げ問題や加計学園の獣医学部新設認可問題では，真偽は明らかではないものの，人事権を握った首相官邸に対し，官僚の過剰な忖度があったのではないか，さらには首相官邸から関係省庁に対し，不当な働きかけがあったのではないかといった疑いを招いている。

3 官僚制と私たち

官僚制の民主的な統制

　日本の官僚制は，民主的に統制されているといえるのだろうか。私たちが官僚の政策形成に影響を与えるには，どうすればよいのだろうか。官僚制の統制については，法令などに根拠がある場合を**制度的統制**，法令などに根拠がない場合を**非制度的統制**と分類し，行政の外部からの統制を**外在的統制**，内部からの統制を**内在的統制**と分類することができる（西尾 2001；真渕 2020）。ここでは**表7.4**にまとめた統制について，一般市民の関与に留意しながら検討する。

制度的・内在的統制

　まず，制度的・内在的統制からみていこう。第1に，諮問機関である。行政機関では政策形成にあたり，**審議会**などの諮問機関で関係者や専門家の意見を聞くことになっている。国の審議会に委員として入るのは，業界団体の代表や有識者などだが，小さなNPOの代表でも呼ばれることがある（第3章参照）。関係者間での合意を形成することにくわえ，専門的もしくは現場の知識・情報を収集すること，さらには多様な人々の意見を聞くことが必要とされているからである。

　とはいえ審議会については，「官僚の隠れ蓑」と批判されることが多い。委員を選ぶのは事務局を構成する官僚であるため，委員には省庁と考えが近い人が多数選ばれ（中立性を装うため，省庁の考えに反対する人も少数選ばれる），会長には省庁と関係の深い有識者や財界人などが就く。会長は，事務局と相談しながら議事を進行し，審議会の報告書や答申案は事務局が作成する。官僚は「ご説明」と称して，事務局案に賛成するよう委員たちを説得して回る。反対意見が出ても，少数意見として捨て置かれることが多い。

　だが，審議会の議事録や配布資料はインターネットで公開されるようになっている。また一委員であっても，省庁と真っ向から対立するような意見でなけ

	制度的統制	非制度的統制
外在的統制	裁判所による統制（市民による行政訴訟） 議会による統制（市民による国会への請 　願・陳情） 会計検査院による統制 情報公開制度	与党による統制（与党審査など） 利益団体・NPO・NGOによる圧力活動 地方自治体による統制 マスメディアの報道 市民運動・住民運動による圧力活動
内在的統制	執政機関（内閣，首相，大臣）による統制 諮問機関による統制 行政機関への請願 パブリックコメント 行政不服審査 総務省による行政評価・監視 財務省による監査	職員組合の要望・期待・批判 上司・同僚職員の評価・批判

（出所）　西尾（2001），真渕（2020）を参照し，筆者が作成。

れば，努力次第で答申案に自らの考えを書き込ませることができる。そうすれば，それを政策に反映させる道も開けるのである（駒崎・秋山 2016）。

　第2に，行政機関への**請願**である。請願は，国や地方公共団体の機関に対して一般市民の意見や要望を直接伝えるための制度で，憲法16条で認められた権利である。ただし，請願の採択や事後処理については各機関の判断に任されており，実際の運用において誠実に処理されているのかどうかは明らかでない（田中 2006）。

　第3に，**パブリックコメント**である。パブリックコメント（意見公募手続）制度とは，行政機関が政令や省令などを決めようとする際に，その案を公表して広く国民から意見を募り，その意見を考慮して政令などを決定するための手続きである（https://public-comment.e-gov.go.jp/servlet/Public）。1999年に閣議決定によって導入され，2005年に行政手続法の改正により法制化された。一般市民は，この制度を通じて，政策についての考えを行政に伝えることができる。だが，意見や情報がほとんど集まらないケースも多く，一方で，何らかの思惑を持った「組織票」が動員されるケースもある。パブリックコメントが政策の内容に必ずしも影響を与えるというわけではない。

　第4に，**行政不服審査**である。行政の決定や処分に対しては，作為・不作為にかかわらず，救済を求めて不服申し立てを行える。不服のある処分から3カ

月以内に審査請求を行うと，処分を行った省庁（地方の場合は地方自治体）の主張を，その処分に関与しなかった，同じ省庁の職員が審理し，その審理を踏まえて大臣（地方の場合は地方自治体の長）が採決する。採決の妥当性については，有識者からなる第三者機関がチェックを行う。また不服申し立てには至らない，行政相談などの苦情処理もある。総務省は，国と地方の行政活動全般に関わる苦情や相談を受け付けており，その窓口として行政相談委員が置かれている（村上・佐藤編 2016）。行政不服審査法に基づく不服申し立て件数は，2019年度には国に対しては6万8519件，地方自治体に対しては2万7998件に上っている（ともに新規の申し立てと前年度からの繰り越し件数の合計。総務省行政管理局調べ）。具体例としては，保育園に子どもを入所させられなかった保護者が申し立てるケースなどがある。

第5に，**行政評価・監視**がある。各省庁は所管する政策について，必要性，効率性，有効性などの観点から評価を行っている。この**政策評価制度**を所管する総務省行政評価局は，政策評価の枠組み作りや，各省庁の評価のやり方と，その内容の点検を行う。また行政評価局は，年度ごとに調査テーマを設定し，関係する行政機関の業務現場での実施状況について実地に調査する。その結果に基づき，行政評価局は各省庁に対して改善方策などを勧告し，その後の改善措置状況についても確認を行っている。もっとも勧告には法的拘束力はないため，勧告の具体的な改善措置を実施するかどうかは各省庁の判断に委ねられている（真渕 2020）。

制度的・外在的統制

次に，制度的・外在的統制をみていこう。第1に，**行政訴訟**である。行政不服審査は，行政救済を行政に求めるもので，不服を申し立てられた行政自らが採決を行うことから，客観性や公平性，中立性の面で疑問がある。これに対し，行政から独立した裁判所を通じて行政救済を求めるのが行政訴訟である（村上・佐藤編 2016）。だが行政訴訟でも，行政に不利な判決が出ることはきわめて少ない。これには，行政に対する司法の消極主義によるとの説明や，裁判官と検察官の人事交流（判検交流）により，裁判官が法務省の訟務検事となって国の代理人を務めた後に，再び裁判官として行政訴訟を担当することに原因が

あるとの指摘がなされている。

第2に，国会への**請願・陳情**である（第2章参照）。国会に請願する場合，請願者は国会議員の紹介により衆議院もしくは参議院に請願書を提出する。議院に請願が受理されると，議長は請願文書表を作成し，各議員に配付するとともに，その内容に関わる委員会に付託する。委員会では議院の会議に付することを要するものと要しないものとを区別し，会議に付することを要する請願については，その採択・不採択を審査する。採択された請願は国会で処理されるか，必要な場合には内閣総理大臣に送付される。これに対し議員の紹介がない請願は，陳情として扱われ，議長が必要と判断した場合，委員会に参考として送付される（田中 2006）。

第3に，情報公開制度である。「情報なくして参加なし」といわれるように，国民が政治に参加し，行政活動を統制するには，情報公開が不可欠である。だが一般に官僚は，情報を隠す傾向にある。また第三者の目の届かないところでは，政治家や業界団体との癒着や腐敗が生じやすい。そこで 2001 年 4 月から**情報公開法**が施行された。これは，政府が保有する情報について，請求権者から開示を求める請求を受けたときには，政府は，それを開示する義務を負うという制度である。

情報公開制度は，国よりも先に地方自治体で導入されており，特に 1990 年代後半に各地の市民オンブズマンが，情報公開制度を利用して官官接待批判のキャンペーンを行ったことが，その普及に寄与した。市民オンブズマンは，国や地方自治体の不正・不当な行為を監視し，これを是正することを目的とする市民団体である。情報開示請求や行政訴訟を通じて，主として地方自治体でのカラ出張や官官接待，官製談合，地方議員の政務調査費・政務活動費の不正支出などの調査・追及を行っている。

国の情報公開制度では，開示請求の対象は国の行政機関が保有する情報に限られ，国会と裁判所の保有情報は対象外である。また，外交，防衛，捜査などに関する情報については，関係省庁の判断で非開示にできる。文書が開示されたとしても，重要な部分が黒塗りされていたり，ときには全部が黒塗りされた「のり弁」のような文書が示されたりすることもある。非開示決定に不服の場合には，総務省の情報公開・個人情報保護審査会による審査を求めることがで

き，さらに，この審査結果にも不服の場合には，全国の高等裁判所の所在地の地方裁判所に提訴することができる。これに対して官僚が，情報の開示を求められることを嫌って，はじめから文書をつくらなかったり，文書を作成しても短期間のうちに廃棄してしまったりすることもある（西尾 2001；杉本 2016）。

そこで2011年4月から施行された**公文書管理法**では，行政機関での意思決定の過程を検証できるよう，省内の会議や省庁間での申し合わせなどについて，文書を作成し保存することを義務づけた。公文書の保存期間については，「行政文書の管理に関するガイドライン」に基づいて各省庁が作成した文書管理規則により，文書の重要性や性質に応じて1年から最長30年まで保存期間が設定される。さらに，保存期間が満了したもののうち歴史資料として重要なものはすべて国立公文書館に移管し，そうでないものは首相の事前同意を得たうえで廃棄することとされている。ただし，文書管理規則で定めた類型に当たらない文書だと判断された場合，保存期間は1年未満とされ，内閣府の審査なしに廃棄されてしまっている。

一方で情報公開の是非の判断が難しいのが，外交や安全保障に関わる情報である。2013年に成立した**特定秘密保護法**については，外交や安全保障に関する機密情報の保全策は必要という見方と，国民の知る権利や取材・報道の自由を侵害することや，行政機関が国民に知られたくない情報を特定秘密に指定してしまうことを懸念する見方とが対立し，議論を呼んだ。沖縄返還や核持ち込みに関する日米間の密約が長期にわたり隠蔽され，関連文書が秘密裏に廃棄されていたことを踏まえれば，特定秘密や外交記録については，全面的かつ速やかな情報開示は無理にしても，将来において情報開示に支障がなくなった時点で公開し，その検証を可能とする努力が必要ではないだろうか。

非制度的・外在的統制

最後に，非制度的・外在的統制をみていこう。官僚制に影響力を持つ団体・組織としては，第1に，**利益団体**が挙げられる（第3章参照）。利益団体の中には，族議員や行政機関と密接な関係を持ち，政策決定に影響力を行使できるものもある。具体的には，経済団体が法人税減税を求めたり，農業団体が農作物の輸入自由化に反対したり，医師会が診療報酬の引き上げを求めたりすること

　第2次以降の安倍内閣では，公文書管理をめぐる問題が頻発した。加計学園の獣医学部新設認可問題では，文部科学省のパソコンの共有ファイルに入っていた「総理のご意向」と書かれた文書について，政府は当初は存在を否定し，追加調査でみつかった後も，「個人的な資料」として公文書とは認めなかった。「桜を見る会」問題では，公文書管理法に定められた手続きに反して出席者名簿が廃棄されるなどしていた。森友学園への国有地払い下げ問題では，財務省が関連文書について保存期間を1年未満と判断して廃棄していたうえに，国有地売却に関する決裁文書が，国会提出に際して大幅に改ざんされていたことが発覚した。「健全な民主主義の根幹を支える国民共有の知的資源として，主権者である国民が主体的に利用し得るもの」（公文書管理法1条）である公文書の改ざんは，国民の知る権利を侵害し，民主主義の根幹を揺るがすもので，決して許されることではない。

　こうした首相官邸への忖度が疑われる事例の他にも，防衛省が自衛隊南スーダンPKO部隊の日報について情報開示請求をされた際に，すでに廃棄して不存在と回答したものの，後の調査で発見されたため，組織的隠蔽を疑われたケースがある。後にイラク派遣部隊についても，不存在とされていた日報が発見さ

が挙げられる。

　第2に，業界や団体などの個別利益を実現しようとする利益団体とは異なり，公益を実現しようとする団体として，**民間非営利組織（NPO）・非政府組織（NGO）** が挙げられる。1998年に特定非営利活動促進法（NPO法）が制定されて以降，NPOは急速に増えている。行政と協働するNPOは，行政のパートナーとして扱われるようになっており，政策実施のみならず，政策形成に影響を及ぼすものもある。NGOの中には，国際的な政策決定に大きな役割を果たすものもある。こうした団体に加わることで，市民が政策決定に関わることが可能になる（第3章参照）。

　第3に，**地方自治体**が挙げられる（第10章参照）。地方自治体は，中央政府に先んじて新しい政策を導入し，その政策の採用を中央政府に迫ることがある。また，中央政府が決定した政策の実施主体となる場合，その実施に抵抗することで，その政策への異議を申し立てることもある。1990年代以降，地方分権が進んだこともあり，地方自治体の首長の国政への影響力は強くなっている。

れており，公文書管理と情報公開の重要性に対する官僚の意識の低さが問題視されている。

　統計不正も深刻な問題である。労働時間や賃金，雇用変動に関する統計調査である厚生労働省の「毎月勤労統計調査」では，2004年以降，全数調査をしなければならない調査対象を抽出調査で済ませて，さらに補正作業を正しく行っていなかった。このため賃金が低めに推計され，雇用保険や労災保険の給付額が本来よりも低くなってしまっていた。2018年になって厚生労働省が，ひそかにデータ補正を行い，調査対象も見直した結果，賃金の増減率が大きく上振れした。後に，このことが発覚すると，賃金が上がらないことを批判されていた首相に対する忖度かと疑われた。その後も，建設業者が受注した工事実績を集計する国土交通省の「建設工事受注動態統計調査」では，無断でデータを書き換えたうえに二重計上することで過大な推計が行われていたことが明らかになっている。

　こうした杜撰な統計調査の背景には，行政改革で統計部門の人員が大幅に削減されている影響があるとみられている。政府は近年，証拠に基づく政策立案（evidence-based policy making：EBPM）を推進しているものの，統計データが間違っていれば，正しい政策は実行されようがない。

　中央政府よりも地方自治体のほうが，市民の政治参加は進んでいる。このため有権者は，中央政府の政策に直接影響を及ぼせなくとも，地方自治体の政策形成に関与することで，間接的に中央政府の政策に影響を及ぼせる可能性がある。政策決定は，住民にできるだけ近い自治体（市区町村）で行い，それが困難な場合にのみ，より大きな単位の政府（都道府県，さらには国）が補完するという**補完性の原則**に基づき，地方自治体で多くの政策が決められるようになれば，それだけ有権者の政策への影響力は増すだろう。

　第4に，新聞社やテレビ局，週刊誌などの**マスメディア**が挙げられる（第8章参照）。マスメディアが世論に与える影響は大きい。そこで市民は，メディアに情報を提供するなどの働きかけを行い，自らの考えや行動を報道してもらうことで，世論に影響を与えることができる。世論の反響が大きければ，政治家も関心を持つようになり，行政も対応せざるを得なくなる。

　ここまでは官僚制に影響力を持つ団体・組織を通じて官僚制を統制する方法をみてきた。それに対し，一般市民が集まって政策の変更を求める手段として，

市民運動・住民運動が挙げられる（第2，3章参照）。市民団体や住民組織を結成し，請願・陳情や，政治家・官庁へのロビイングのほか，デモ，集会，署名運動などにより，国や地方自治体，企業などに働きかけを行う。デモや集会の参加者が多数に上ると，マスメディアで民意の表れと報道され，世論や政治家に影響を与えることもある。

　民意を重視する立場からすれば，政治家のみならず一般市民も積極的に官僚を統制することが望ましい。しかし一方で，専門性の高い政策領域では，政策のプロである官僚の裁量に委ねるほうが，結果的に市民にとって望ましい政策が実現されるという見方もある。その兼ね合いをどうとるべきかは難しい。

読 書 案 内 ┃　　　　　　　　　　　　　　　　　　　　Bookguide ●

真渕勝（2020）『行政学〔新版〕』有斐閣。

村上弘・佐藤満編（2016）『よくわかる行政学〔第2版〕』ミネルヴァ書房。

伊藤正次・出雲明子・手塚洋輔（2022）『はじめての行政学〔新版〕』有斐閣。

曽我謙悟（2022）『行政学〔新版〕』有斐閣。

⇒官僚制や政官関係については，政治学の中でも行政学で扱われることが多い。代表的な行政学の教科書として，上記の4冊を挙げておく。

牧原出（2018）『崩れる政治を立て直す──21世紀の日本行政改革論』講談社。

⇒改革により新しい制度を導入しても，当初の意図どおりに作動するとは限らない。この観点から，1990年代の政治改革・行政改革により政官関係がどのように変化したのかを分析した本。

村松岐夫（2010）『政官スクラム型リーダーシップの崩壊』東洋経済新報社。

⇒行政学の第一人者による専門書。戦後日本の政官関係について深く学びたい人には必読の文献である。

引用・参考文献 ┃　　　　　　　　　　　　　　　　　　　　References ●

※本章の引用・参考文献リストは本書のウェブサポートページをご覧ください。

第**8**章

メディア

INTRODUCTION

　私たちが政治について考え，行動するためには，その判断材料となる情報が必要である。そのために必要となるのがメディア，とりわけマスメディアである。私たちの社会や政治についての知識は，そのほとんどをマスメディアの報道に依存している。その意味において，マスメディアは現代の民主主義社会の基盤となる存在である。しかし，その「基盤」は必ずしも磐石なものではない。政治権力から自由であるべきテレビや新聞は，政治家や政党からの圧力や介入に常にさらされている。また，インターネットの普及によって，マスメディアは政治に関わる情報の流通を独占できなくなっている。このような状況の中で，マスメディアはどのような役割を果たしうるのだろうか。また，インターネットはそれに取って代わりうるものだろうか。これらの問いを考えていこう。

QUESTIONS

1. 民主主義社会において，メディアはどのような役割を果たしているのか。
2. 私たちは，マスメディアの報道によってどのような影響を受けているのか。
3. 政治家や官僚は，マスメディアをどのようにコントロールしようとしているのか。
4. インターネットは，政治のあり方にどのような影響を与えるのか。

1 政治的なコミュニケーションにおけるメディア

┃ 民主主義社会におけるメディアの役割 ┃

「メディア」と聞いたとき，みなさんはどのようなものを思い浮かべるだろうか。メディアとは「中間・なかだち」という意味を持つ medium の複数形であり，情報の送り手と受け手の間をなかだちして情報を伝えるもの，という意味である。その意味では手紙や電話もメディアに含まれる。とはいえ，ふだん「メディア」といったときに多くの人が念頭に置いているのは新聞やテレビであろう。手紙や電話が特定の個人を情報の受け手としているのに対し，新聞やテレビは大勢の人々（マス＝大衆）を情報の受け手としている。それゆえ，「マスメディア」もしくは「マスコミ」（マスコミュニケーション）と呼ばれることも多い。

マスメディアの中で特に大きなものは**新聞**，**テレビ**，**雑誌**（と，本書では取り上げないがラジオ）である。新聞は，購読者数は減少傾向にあるが，政治報道の分野ではいまだ中心的な役割を果たしており，多くの記者を政治家や政党，官公庁などの取材に充てている。全国紙5紙（読売・朝日・毎日・日本経済〔日経〕・産経）が関東と関西の大都市圏を中心に読まれており，それ以外の地域では各県の地方紙の購読率が高い。近年では，全国紙を中心にデジタル版を充実させ，紙面掲載前の記事を自社サイトやポータルサイト（Yahoo! ニュースなど）で配信するなど，速報性も高めている。テレビはニュース番組で政治ニュースを取り上げているほか，ワイドショーと呼ばれる芸能ニュースや事件報道を中心とした番組でも政治（家）や行政の話題が取り上げられることが多い。また，雑誌，とりわけ週刊誌や月刊の総合雑誌は政治家のスキャンダルを暴くことを得意としており，しばしば政治の動向にも影響を及ぼしてきた。

さて，メディアとは情報の送り手と受け手の間を媒介するものであると先に説明した。しかし，これだけでは日本のような民主主義社会においてメディアが担っている役割を説明するには十分でない。民主政治のプロセスにおけるメ

ディアの役割はより多面的である。

　この多面的なメディアの役割を理解するうえで有効なのが，内山融による「**ミラー**」「**アリーナ**」「**アクター**」の3類型である（内山 1999）。「ミラー」とは読者／視聴者に対して，日々生起する出来事や政治的現実を鏡のように映し出す機能，すなわち，社会において現在起こっている出来事や問題を受け手である市民に伝える機能である。テレビのニュース番組や新聞の記事の多くはミラーとしての役割を果たしている（ミラーとしての役割の1つである世論調査については，column ❹も参照）。「アリーナ」とは政治家や市民に自らの意見を表明する機会を提供する役割である。テレビの討論番組や新聞の投書欄が典型だが，インターネットの掲示板やSNSも「アリーナ」としての役割を果たしている。「アクター」はメディア企業が自らの主張や利益の実現のために政治過程に働きかける役割を指す。新聞社が**紙面**で自社の主張を読者に訴えかける社説（後述）はその典型である。

　「ミラー」の役割は，「アクター」の能動的な役割に比べると，やや受動的にみえる。しかし，「ミラー」としてのメディアは，実際の鏡のようにただ目の前の現実を反映しているだけではない。多様な事象，多面的な現実の中から，社会の中で共有されるべき（と各メディアが考える）情報を能動的に選び出し，受け手に伝えている。このようなメディアの役割を「ゲートキーパー」（門番）と呼ぶ。言い換えれば，メディアは社会において共有される情報をコントロールすることができる。この大きな権力のゆえに，メディアはしばしば立法・司法・行政の三権に並ぶ「**第4の権力**」と呼ばれる。

マスメディアの立場の違い

　私たちは，同じニュースについて，複数の新聞やニュース番組の報道内容を比較することは少ない。同じ事件を扱っているのだから，ニュースの内容も似たり寄ったりと考える人も多いであろう。しかし，実際には，報道で取り上げられる内容も，取り上げられ方も，新聞やテレビ局によって多種多様である。

　報道機関の立場の違いが最も鮮明に現れるのが新聞の**社説**である。社説とはさまざまな社会問題に対する新聞社としての意見（社論）を表明する論説で，全国紙やブロック紙では通常900字程度の文章が毎日2本掲載される。取り上

げられるテーマは多様であるが，重大な事件や政府の決定などがあった後には関連する社説が掲載されることが多く，新聞社の立場の違いが鮮明になる。たとえば，安全保障の問題に関しては，朝日新聞や毎日新聞は憲法9条の改正や自衛隊の役割の拡大に反対であるのに対し，読売新聞や産経新聞は憲法改正や自衛隊の役割の拡大に積極的である。エネルギー政策では，朝日や毎日が脱原発を訴えるのに対し，読売や産経は原発維持の立場をとる。日経新聞は両者の中間的な立場をとることが多いが，経済問題に対しては独自の立場をとることが少なくない。一般的に，全国紙5紙の基本的立場は朝日，毎日，日経，読売，産経の順に並ぶことが多い（芹川・佐々木 2017）。

　また，社説以外の紙面にも新聞社の立場の違いは現れている。図8.1は安全保障関連法案が成立した2015年9月19日の朝日新聞・毎日新聞・日経新聞，読売新聞の朝刊1面の紙面である。いずれも大見出しは「安保法（案）成立へ」で共通しているが，その他の見出しや写真の選び方には違いがみられる。朝日新聞には「自公，違憲批判押し切る」と，政府与党に対し否定的な表現がみられるほか，「国会前 やまぬ「反対」」と，国会前の反対デモを取り上げ，デモの写真も大きく掲載している。紙面左上のコラムでも「民意軽視の政治 問い続ける」と法案に反対する立場を明確にしている。毎日新聞も「安倍政権 強行重ね」と否定的な表現を用い，コラムでも「国家の過ちに謙虚であれ」と反対の立場を明確にしている。他方，読売新聞は「民主 演説2時間 議事妨げ」と野党の行動を批判的に取り上げるほか，コラムでは「戦禍を防ぐ新法制」と法案成立の意義を強調している。日経新聞の紙面からは同紙の立場は読み取りにくいが，安保法案の取り上げ方が他紙と比べて小さいのが特徴である。

　このように，同じ事象を扱ったニュースでも，取り上げ方は新聞社によって大きく異なる。朝日新聞の読者と読売新聞の読者では，法案成立に対する印象も異なったものになる可能性がある。なお，テレビのニュースも番組によって内容には違いがみられるが，新聞の「社説」に相当するものは存在しない。それは，テレビ（やラジオ）には，後述するように，番組内容の政治的公平性の確保が求められているためである。新聞や雑誌にはそのような制約は課せられていない。

（出所）『朝日新聞』2015年9月19日付，『日本経済新聞』2015年9月19日付，『毎日新聞』2015年9月19日付，『読売新聞』2015年9月19日付。

メディアの影響力

　上でみたように，報道機関の立場は多様であり，報道の仕方も大きく異なっている。このことを取り上げて，「○○新聞は偏っている」「世論を誘導している」といった批判も多い。こうした批判は，読者が新聞によって意見を左右されることを前提にしている。しかし，メディアの報道の仕方が「偏っている」としても，読者や視聴者（以下，「受け手」と呼ぶ）がそれによって意見を左右されるとは限らない。そこで，メディアの報道が受け手にどの程度の影響を与

Column ❹ 世論調査

　マスメディアの「ミラー」としての機能の1つが世論調査である。世論調査の目的は重要な争点に関する国民の意見の分布を明らかにすることであるが、選挙の前には選挙結果の予想を目的とした「情勢調査」が行われる。

　マスメディアの世論調査の多くは RDD（Random Digit Dialing）と呼ばれる電話調査方式で行われる。RDD はコンピュータでランダムに発生させた番号に電話を掛け、つながった世帯の中でさらにランダムに対象者を選ぶ方式である。従来は固定電話のみを対象としていたが、固定電話を持たない世帯が増加したため、2016年頃から各社で携帯電話を対象とした RDD が導入されている。回答率や回答者数は会社によって異なるが、回収率50％程度で1000人程度の回答者を集めるのが一般的である。

　世論調査の結果はしばしば政治の動向を左右する。内閣支持率が30％を下回ると「危険水域」とされ、選挙への影響を懸念する党内の国会議員からも退陣を求める声が上がり始める。第1次安倍政権から野田政権まで、およそ1年おきに首相が交代したが、第1次安倍政権を例外として、いずれも辞任直前には支持率が30％を下回っていた。1年あまりで退陣した菅義偉政権も、辞任表明直前には支持率が30％を下回った。（いずれも NHK 世論調査による）。

えているかが問題となる。この点について、多くのメディア研究者は、メディアは受け手の意見や行動を直接左右するほどの強い影響力は持っていないが、受け手の認知（ものの見方、捉え方）や判断基準には影響を及ぼすことがあり、結果として意見や行動を左右することもありうる、と考えている。

　まず、ある問題をメディアが集中的に報道するとき、受け手はその問題を、他の問題と比べてより重要な問題と考えるようになることがわかっている。すなわち、メディアは、「いま重要な問題は何か」という受け手の認知に影響を及ぼすことができる。これをメディアの**議題設定効果**と呼ぶ。これによると、消費税率の引き上げや原子力発電の是非といった争点に対する私たちの意見を変えたり、次の選挙での投票先を変えたりすることはできないが、いま重要な争点は外交政策なのか、経済政策なのか、エネルギー政策なのか、あるいは大臣のスキャンダルなのか、といった認識に対しては、メディアは影響を及ぼすことができる。

議題設定効果は受け手の認知に対する影響であるが，認知に影響を与えた結果として，重要だと認識された争点が，その後の判断（投票先の決定など）における判断基準となることがある。これをメディアの**プライミング効果**（誘発効果）と呼ぶ。先ほどの例に従えば，ある新聞が近隣諸国による軍事的脅威を集中的に取り上げることで，受け手は安全保障政策を重要な政治的争点と認知し（議題設定効果），その結果として，安全保障政策を判断基準として与野党の政策を判断したり，選挙で1票を投じる先を決めたりするようになる（プライミング効果）。すなわち，マスメディアはある問題を集中的に報道することで，それを受け手の政治的判断の基準とさせることができる。

　さて，議題設定とプライミングはマスメディアが「どの」争点を報道するかに注目した理論であるが，ある問題を「どのように」報道するかに注目した理論が**フレーミング**である。フレーミングとは，複雑で多面的な現実に対して一定の枠組み（フレーム）を与えることであり，この枠組みの仕方によって受け手の認知の仕方は違ったものになることがわかっている。たとえば，政治や選挙に関する報道には，政策論争の実質的な内容に関するものと，政治家の人間関係や支持団体の意図に注目したものがある。アメリカのコミュニケーション研究者のJ・N・カペラとK・H・ジェイミソンは，前者を「争点型フレーム」，後者を「戦略型フレーム」と名づけ，「戦略型フレーム」の報道に触れた受け手は政治にシニカル（冷笑的）な態度をとるようになると指摘している（Cappella and Jamieson 1997=2005）。

　フレーミングの効果は政治に対する冷笑的な態度を形成することに限らない。アメリカの政治学者S・アイエンガーは，貧困問題に関するテレビニュースのフレームを，問題の背景の解説や分析を中心とした「テーマ型フレーム」と，当事者の生活実態に焦点を当てた「エピソード型フレーム」とに分類した。そのうえで，「テーマ型フレーム」のニュースに触れた人は貧困や犯罪の原因を社会全体に求め，「エピソード型フレーム」のニュースに触れた人は当事者個人に責任を求める傾向が強くなることを示した（Iyenger 1991）。受け手はそうした理解に基づいて犯罪や社会問題に対する意見を形成することになる。

　このように，メディアの報道は私たちのものの見方や捉え方に一定の影響を及ぼすことがあり，結果として意見や行動が左右されることもある。マスメ

ディアがこのような効果を意図して放送内容を決めているかどうかはともかく，マスメディアに何らかの影響を受けることは避けられないということは認識しておく必要がある。

現代日本政治とマスメディア

メディアの報道体制

前節でみたように，現代社会におけるマスメディアの存在は大きく，「第4の権力」と呼ばれるゆえんである。この「権力」の基盤となっているのが「**報道の自由**」である。「報道の自由」は憲法上明文で規定された権利ではないが，国民には表現の自由の前提として「知る権利」があり，報道機関にはこれに奉仕するために「報道の自由」が認められるとされている（1969年「博多駅テレビフィルム提出命令事件」最高裁決定）。しかし，この「権力」は本当に政治権力から独立しているのだろうか。ここでは，報道体制，経営体制，政治権力との関係の3つの観点から，報道の自由と権力からの自立性を制約する要因についてみてみたい。

日本の政治報道は新聞社やテレビ局の政治部に所属する記者を中心に行われている。政治部の記者たちの多くは官公庁や政党などの「**記者クラブ**」と呼ばれる組織に所属し，そこを中心に日々の取材活動を行っている。

記者クラブとは官公庁，政党，業界団体など取材対象ごとに設置された大手報道機関の互助組織である。国会の衆議院記者クラブ・参議院記者クラブ，首相官邸の官邸記者クラブ（正式名称は内閣記者会），自民党の平河クラブ，財務省の財政研究会などが有名である。こうした記者クラブは，本来は情報公開に消極的な取材対象に対して結束して情報公開を要求するために設立されたものであるが，記者クラブに加盟しない報道機関を記者会見から排除するなど，次第に閉鎖的・排他的な性格を強めていった。

一方，取材対象である組織にとっては，記者クラブは広報の窓口となる。それゆえ，記者たちは記者クラブに所属していれば取材対象から継続的に資料や

情報の提供を受けることができる。このことは情報公開を促進するという利点はあるが，他方で，取材対象の提供する情報（自らに不利な情報は出さない）に依存させ，報道内容の画一化を招くという問題もある。国際NPO「国境なき記者団」が毎年発表する「報道の自由度ランキング」においても，記者クラブがジャーナリストによる自己検閲を引き起こすとともに，フリージャーナリストや外国メディアの取材を妨げていることが指摘されている（Reporters without Borders 2022）。

　政党の記者クラブに所属する政治記者は，特定の政治家や派閥を「番記者」として担当することが多い。彼らは「夜討ち・朝駆け」と呼ばれる深夜・早朝の自宅への訪問，「ぶら下がり」と呼ばれる取材相手を取り囲んでの記者会見，オフレコ（非公表を前提とした取材）の記者懇談会などを通じて取材対象と密接な関係を築いていく（蒲島・竹下・芹川 2010；鮫島 2022）。こうした密接な取材には取材対象から重要な情報を得られるというメリットがあるが，しばしば取材対象との癒着の温床となる。かつて自民党の派閥抗争が活発な時代には，番記者が担当派閥の代弁者となることさえあった（蒲島・竹下・芹川 2010）。また，政治記者を足がかりに政治家や秘書官になった例も少なくない（芹川・佐々木 2017）。

▌メディアの経営体制▐

　日本の報道機関では，報道の自由の確保のため，編集（報道）と経営が分離されており，経営者は報道内容に介入しないのが原則である（**編集と経営の分離**）。とはいえ，営利企業である以上，報道の内容に経営側の事情が関わってくることは避けられない。

　日本のマスメディア産業の特徴は，多くのテレビ局が新聞社と系列関係にあることである。たとえば，読売新聞社は日本テレビ（とその系列局，以下同様），朝日新聞社はテレビ朝日，毎日新聞社はTBS，産経新聞社はフジテレビ，日本経済新聞社はテレビ東京と資本関係もしくは人的交流（もしくはその両方）がある。こうした関係は経営レベルだけでなく，報道にも一部反映されている。たとえば，テレビ朝日の「報道ステーション」には朝日新聞の記者（元記者を含む）がコメンテーターとしてしばしば出演する。本来，テレビ局と新聞社は

独立した報道機関であり，多様な観点からの報道が期待されているが，必ずしもそうした状態にはなっていない。

　新聞やテレビの報道内容に影響する可能性のあるもう1つの経営的要因は読者数や視聴者数の減少である。スマートフォンやSNSの普及によって人々の時間の使い方が変化した結果，新聞の読者数やテレビの視聴時間が大きく減少し，メディア企業の経営にも影響を及ぼしている。新聞社はデジタル版による収益強化に努めているが，購読者数の減少を補うには至っていない。日本では今のところ報道への影響は限定的だが，海外では報道部門の一部をリストラする動きもみられる。

┃政治権力とメディア┃

　民主国家における政治家の存在基盤は有権者の支持である。それゆえ，政治家はあらゆる回路を通じて市民にアプローチしようと試みる。メディアを通じて自らの評価を高めることも，その1つである。それゆえ，政治家たちはメディアに対して「**アメ**」と「**ムチ**」を使い分けることで，自らに不利な報道を抑え，有利な報道を流通させようと苦心してきた。

　政治家がメディアに対する「アメ」として用いてきたのが情報提供やメディアへの登場である。情報提供者である政治家は，自らに有利な報道をする報道機関に優先的に出演したり，記者に情報を提供したりすることができる。また，政治家はメディア企業に対して経済的な便益を提供することもある。2015年12月に政府・与党が消費税の軽減税率導入を決定した際，食料品とあわせて新聞購読料金にも軽減税率の適用が認められた。軽減税率の適用は新聞業界の長年の要望であった。

　「ムチ」として機能するのはメディアへの抗議や情報提供の拒絶である。テレビと政府与党との緊張関係が1つのピークを迎えたのは佐藤栄作政権（1964〜72年）の時期である（逢坂 2014）。佐藤の首相秘書官を務めた楠田實によると，佐藤はテレビ局の社長を幾度となく呼びつけ，放送内容に対して抗議をしたという。また，佐藤の不満は新聞にも向けられた。それを象徴するのが首相退任時の記者会見である。記者会見の場で佐藤は「テレビカメラはどこかね，テレビカメラ」「僕は国民に直接話したい。新聞になると，文字になると，違うか

ら」「偏向的な新聞は大嫌いなんだ」と新聞報道への不満を公然にした。これに抗議した記者が（テレビ局の記者も含め）全員退出したことで，佐藤は無人の会見場で退任演説を行うことになった。

近年の例では，小泉純一郎政権（2001～06年）のメディア戦略が特徴的である。もともと党内の権力基盤が弱く，世論の支持に基盤を求めていた小泉は，巧みなメディア対策を行った。それが最も発揮されたのは2005年の「郵政選挙」である。小泉は，郵政事業の民営化に反対して離党した候補者の選挙区に知名度の高い候補者を「刺客」として送り込むことで，選挙をワイドショーの格好の素材とした。また，ふだんは政治ニュースを報じないスポーツ新聞にインタビューの場を提供することで，小泉に好意的な記事を書かせようとした。一方で，批判的なコメンテーターに対して個別に説明の機会を設けるなど，メディアを牽制することも忘れなかった。

こうした政治家のメディア・コントロールは，新聞よりもテレビに対してより顕著である。前述のように，放送メディアは「公安及び善良な風俗を害しないこと」「政治的に公平であること」「報道は事実をまげないですること」「意見が対立している問題については，できるだけ多くの角度から論点を明らかにすること」が法律（放送法4条）によって求められているほか，政府による放送免許の許認可の対象となっているためである。

テレビ局の拡大期において放送局の許認可権を権力資源としたのは田中角栄である。田中は地方での放送局開設をめぐる利害対立の調整に積極的に乗り出すことで，テレビ局や系列の新聞社に対する影響力を強めた（逢坂 2014）。放送局の新規開設が一段落すると，政治家は政治的公平性の確保を理由に放送内容に介入するようになった。佐藤政権期に対立が頂点を迎えたのは先述のとおりである。その後，1993年の椿事件（同年の衆院選の後，テレビ朝日の椿貞良・報道局長が「反自民の連立政権を成立させる手助けになるような報道」を行ったと証言した事件）の際には放送免許取消処分も議論された。

また，近年の第2次安倍政権（2012～20年）においても，NHK人事への介入や番組内容に関する要請，（放送事業を所管する）総務大臣による放送免許停止への言及など，テレビ局への揺さぶりが続いている（砂川 2016）。先述の「報道の自由度ランキング」においても，「2012年以降，右派の国家主義者の

影響力の増大により，多くのジャーナリストが自分達への不審や敵意を感じている」と指摘されている（Reporters without Borders 2022）。

　以上みたように，記者クラブや番記者を通じた取材先との依存関係や新聞社とテレビ局の系列化は，報道の独立性や多様性を妨げる要因となっている。また，放送法の定める公平性原則は，テレビ局に対する政治家の介入の口実となり，「報道の自由」を脅かしている。「第4の権力」と呼ばれるマスメディアであるが，必ずしも国家権力からの独立を確保できていないのが現状である。

メディア環境の変化と政治への影響

　ここまでの記述は新聞やテレビといったマスメディアを主に念頭に置いてきた。しかし，スマートフォンを肌身離さず持ち歩き，ソーシャルメディアで情報の収集や発信を行っている若い世代にとっては，むしろ，**インターネット**のほうがどこにでもある，日常的なメディアであろう。

　インターネットの特徴の1つは情報発信が容易なことである。一般の市民であっても，ブログやTwitter（ツイッター）などで気軽に意見を表明することができるし，有名人や政治家に直接意見を送ることもできる。直接の読者やフォロワーは少なくても，投稿内容が共感を得て拡散されれば，多くの人に意見を届けることもできる（アリーナとしてのメディア）。

　ここでは，こうしたメディアの変化が，既存のマスメディア，政治家と有権者の関係，有権者の政治との関わり方にどのような影響を与えているのかみてみたい。

批判されるマスメディア

　従来，政治情報の流通はマスメディアがほぼ独占していた。マスメディアは多様な情報の中から社会で共有されるべきと考える情報を取捨選択し，読者や視聴者に伝えた。政治家や政党はマスメディアを通じて都合の悪い情報が流されることにしばしば苦慮した。しかし，マスメディアはもはやそのようなゲートキーパーとしての機能を果たせなくなっている。政治家や政党はTwitterや

ブログを経由して独自に情報を発信している。記者会見や国会の議論もネット上の動画でみることができる。政治情報を扱うニュースサイトも，マスメディアが運営するものも含め，数多く存在する。ニュースを知るための手段としてインターネットを重視する人の割合は増加傾向にあり，最近の調査では新聞を重視する人よりも多い（橋本ほか 2021；公益財団法人新聞通信調査会 2021）。

ネットの普及によりマスメディアはゲートキーパーとしての独占的な地位を失っただけでなく，激しい批判にさらされるようになった。1つは**政治家からの批判**である。政治家はブログやTwitterでマスメディアを批判することで，有権者に直接情報を伝えると同時に，マスメディアの報道そのものにも影響を与えることができる。典型的な例は橋下徹のTwitterである。橋下は2011年の大阪市長選挙に先だってTwitterを開始し，自らに批判的なニュース番組やニュースキャスターを名指しで批判し，マスメディアを牽制した（逢坂 2014）。

もう1つの批判は**読者や視聴者による批判**である。ここでは，報道が一面的で都合のよい部分だけを切り取って報道していること（逆にいえば，批判者が重要だと考えるニュースが報道されないこと），やらせや捏造の存在，記者クラブの閉鎖性などが批判の対象となる。インターネット上でのマスメディアに対する批判は激しく，「反日」「マスゴミ」といった過激な言葉も飛びかう。批判の主体は「ネット右翼」（ネトウヨ）と呼ばれる右派の市民が中心であったが，近年は原子力発電に反対する市民や自民党政権に批判的な市民によるマスメディア批判も増加している。

ネットでつながる政治家と有権者

「国民に直接話したい」と願う政治家にとっては，マスメディアによるフィルターのかかっていないインターネットは魅力的なツールである。とはいえ，インターネットを通じて国民に直接訴えかけたい政治家にとって，公職選挙法による制限が長らく壁となってきた。日本で政党や政治家のホームページが開設され始めたのは1995年前後であるが，選挙期間中のインターネット利用（いわゆる「**ネット選挙**」）が認められるようになったのはようやく2013年になってのことである（ネット選挙については第2章を参照）。

とはいえ，「ネット選挙」が解禁される以前から，インターネットをうまく

活用した政治家は存在した。鳩山由紀夫は首相在職中の 2010 年 1 月に Twitter を開始し，60 万人超のフォロワーを集めた。前述の橋下徹も Twitter をうまく活用した例である。最近の例では，衆議院議員の河野太郎の Twitter アカウントがフォロワーの投稿に積極的に反応したり，海外の要人とのツーショット写真を投稿したりするなどして有権者の人気を集めている。

2013 年に始まった「ネット選挙」では，政策論争や候補者と有権者の双方向のコミュニケーションが活性化することが期待されたが，必ずしも期待されたようにはなっていない。初の「ネット選挙」となった 2013 年の参院選では，投稿内容は選挙運動の告知や報告が中心であり，政策アピールや有権者との情報交換（リプライやコメント付きリツイート）を行った候補者は一部にとどまった（上ノ原 2014）。

ただし，最近では，有権者が SNS を通じて政治家・政党への働きかけを行ったり，政党が SNS での拡散を意識して情報発信を行ったりする例もみられる。2017 年衆院選では，民進党の分裂後に，Twitter を通じて「＃枝野（幸男・立憲民主党代表）立て」のメッセージが Twitter を通じて広がり，結党したばかりの立憲民主党の Twitter アカウントのフォロワー数が，短期間で既存政党のものを上回った。

また，2019 年の参議院選挙においては，政党要件を満たさないためにマスメディアでの報道量が少なかったれいわ新選組が，代表の山本太郎の街頭演説の動画を中継するなど，積極的な情報発信を行い，比例代表で 2 議席を獲得した。2022 年の参議院選挙においても，同じく政党要件を満たさない参政党が同様の戦術で 1 議席を獲得した。支持者も，こうした投稿をリツイートしたり，「切り抜き動画」とよばれる短い動画を編集して動画投稿サイトに投稿したりするなど，選挙運動に参加している。

こうした動きの一方で，Twitter などの SNS の投稿を集積したデータ（ビッグデータ）から有権者の声や反応をリアルタイムで把握する取り組みも行われてきた。自民党は 2013 年の参院選に際し，党本部に専任チーム「T2」（Truth Team）および「コミュニケーション戦略チーム」を立ち上げ，誹謗中傷の書き込みに対処するとともに，全候補者に配付したタブレット端末を通じて分析結果を配信し，ネットへの投稿や街頭演説の内容に反映させるよう指示した（西

田 2015）。「ネット選挙」は，候補者と有権者の間のコミュニケーションを活性化させ，政策論争を活発にする，という当初期待された経路とは別の経路でも有権者の声を吸い上げている。

分断化する社会

インターネットのもう1つの特徴は，受け手が能動的に情報を取捨選択できることである。テレビや新聞をプッシュ型のメディアとすれば，インターネットはプル型のメディアである。このようなメディアが従来型のメディアに取って代わることによって，私たちを取り巻く社会にはどのような影響があるだろうか。

まず，インターネットは人々の政治知識の格差を拡大させる可能性がある。政治への関心が高い人々は，複数のデジタル版の新聞記事を読み比べたり，ブログやニュースサイトを巡回して記事を読んだり，ソーシャルメディアで情報収集したりして，新聞やテレビから得られる以上の情報をネットから得ることができる。他方，インターネットをもっぱらコミュニケーションや娯楽目的で使っている人にとっては，政治情報に触れる機会は従来のメディア環境と比べて少ない。それゆえ，インターネットが既存メディアに置き換わることで，人々の間の政治知識，ひいては政治的有効性感覚や政治参加の格差が拡大する可能性がある。他方，日本では圧倒的な利用率を持つポータルサイトである Yahoo! Japan がトップページに硬軟織り交ぜたニュースの見出しを掲載することで，政治に関心がない人にも政治情報に偶発的に接触する機会を提供しており，結果として政治知識の底上げをもたらしているという指摘もある（Kobayashi and Inamasu 2015）。

もう1つの起こりうる帰結は，意見の向きによって社会が分断することであり，「**集団分極化**」と呼ばれる現象である。人は，自らと異なる意見に触れることによる不協和を避けるため，自分の関心や意見（先有傾向）に近い情報を選り好んで接触（選択的接触）しようとする傾向がある。その結果，同じような意見だけが共鳴し合う「**エコー・チェンバー**」（反響室）に自らを置くことになり，異なる意見に対する寛容性を失い，次第に極端な意見を持つようになる（Sunstein 2001, 2017）。この現象は従来のメディア環境においても起こりうるが，

インターネットは選択的接触が容易なメディアであるがゆえに，集団分極化を促進させる可能性がある。

　また，ネット上で対立意見に触れることで党派的な対立感情が強化され，感情的に分断される可能性もある。この場合，対立する意見に触れることは，寛容性を育むどころか，かえって分極化を促進することになる（Bail et al. 2018）。

　「集団分極化」をめぐる研究は米国の事例に関するものが中心であるが，日本においても「分断」の存在は指摘されている。これについては，「分断」は進んでいるもののネット利用に起因するものではないという分析結果（田中・浜 2019）や，政策争点ベースの分極化（意見の隔たりが拡大すること）よりも，むしろ感情ベースの分極化（政党や政治家，もしくはその支持者に対する好悪が明確に分かれること）が進んでいるという分析結果もある（辻 2021）。

　社会に関する一定の情報を共有することは，民主社会において対話を成立させるための前提である。従来はマスメディアがその役割を果たしてきたが，もはやマスメディアが政治情報を独占している時代ではない。誤情報・偽情報が意図的に流されることもあるなど，ファクトチェックを備えた信頼できるメディアを育てることが民主主義には欠かせない。今後，安定した社会を成立させるための情報基盤をどう確保するかは，私たちにとっての課題である。

読書案内┃   Bookguide ●

逢坂巌（2014）『日本政治とメディア——テレビの登場からネット時代まで』中央公論新社。
⇒戦後の日本政治史を「メディア」を軸に描き出す。政治家や政党が国民とのコミュニケーションを構築するためにメディアとどのように関わってきたか，政治的事件と関連づけて論じる。

谷口将紀（2015）『政治とマスメディア』東京大学出版会。
⇒政治とメディアに関する内外の実証研究を整理，紹介する。「メディアと政治」分野における研究の到達点を示す。

芹川洋一・佐々木毅（2017）『政治を動かすメディア』東京大学出版会。
⇒現代政治におけるメディアの役割をさまざまな視点から論じる。著者の1人（芹川）が新聞記者であるため，政治報道の現状についての記述も厚い。

林香里（2017）『メディア不信——何が問われているのか』岩波書店。

⇒マスメディアに対する不信の増大とその帰結について，ドイツ，アメリカ，イギリス，日本の現状を紹介する。

稲増一憲（2022）『マスメディアとは何か——「影響力」の正体』中央公論新社。

⇒本章第1節で説明したメディアの影響力について，過去の研究や著者自身の研究を紹介しながら説明する。

引用・参考文献 | References ●

※本章の引用・参考文献リストは本書のウェブサポートページをご覧ください。

政策過程の全体像

INTRODUCTION

　政策とは，どのようにつくられるのであろうか。取り組むべき問題を決めること自体が政治の営みであり，多くの関係者が押し合いへし合いしながら，自らの主張を政策に反映させようとするイメージを思い浮かべるとよい。日本の政治においても例外ではなく，政党政治のあり方など，権力の所在が変化することによって，政策過程は異なるものとなる。本章では，政策過程を概観し，先行する各章の内容を踏まえながら，日本政治における政策過程の特徴を説明する。そのうえで，選挙と選挙の間につくられる政策に対して，有権者が主体的に関わるにはどのようにすればよいのかを考察する。

QUESTIONS

1　日本の政策過程には，どのような特徴があるのだろうか。
2　政策過程とは，問題解決のための合理的なプロセスなのだろうか。
3　選挙と選挙の間の政策過程に対して，有権者はどのように自らの意思を反映させることができるのだろうか。

1 現代日本の政策過程

政策過程の概観

　誰がどのように政策をつくっているのだろうか。私たちは往々にして，政府を擬人化して，その政府が何らかの目的に従って政策を決めている，というふうに考えてはいないだろうか。実際，「政府はかくかくしかじかと決定し……」というニュースを見聞きしたことがある人も多いだろう。私たちには複雑なものごとを単純化して考えるクセがあるから，選挙で選ばれた政府が決めている，という以上に深く考えないことがある。具体的なイメージを持ってもらうために，これまでの各章で個別に扱われてきた，現代日本における政策過程をまとめてみよう。

　まず，日本では**内閣提出法案**（閣法）が法案の大半を占める。その原案は官僚によって作成されるが，内閣が法案を国会に提出する前に，与党の了承を得ておく必要がある（第6，7章参照）。与党の意向を法案に反映させ，その支持を確保しておかないと，国会の審議を通過することはできないからである。与党の了承を得るプロセスを，**与党審査**（あるいは事前審査）というが，法案の綿密な審査が国会審議の前に行われることに特徴がある。

　それでは，どのように与党審査は行われるのだろうか。自民党の場合，政務調査会の各部会から政務調査会審議会，総務会と，次第に上位の決定機関に舞台を移して審査されることになる（ボトムアップという）。法案の内容について踏み込んだ審査を行うのは，政務調査会の部会である。部会はおおむね省庁に対応するように構成されており，各部会は政策分野別に法案を審議する。自民党は社会のさまざまな利益を受け止める包括政党であり，複雑な利害関係を整理する党内のメカニズムが必要なのである（第4章参照）。こうした仕組みの中心が部会であり，特定の政策に関する専門知識と人脈を駆使する族議員が調整役となってきた。個々の政策ごとに利害関係のある政治家，官僚，利益集団が結託し，政策過程を独占する構造を「**鉄の三角形**」という。政策過程における

利益集団の役割については，第3章も参照されたい。

　部会の審議が終わると，政務調査会審議会で政調会全体としての決定が行われ，最終的には総務会で満場一致にて了承される必要がある。このような過程を経て，政府（官僚）が検討している政策に対して党内で反対があれば，部会において異論が出され，族議員や政務調査会会長が妥結を図る。総務会で了承されれば，自民党として法案を了承したことになり，内閣が国会に法案を提出する際の自民党との調整は完了したといえる。国会では，議員は党の方針に従って議決する（党議拘束という）。

　日本の国会は**二院制**であり，提出された法案は衆議院ないし参議院に提出されることになる（第6章参照）。法案が成立するには，それぞれの院で審議・議決を経なければならない。衆参いずれかの院に提出された法案は，その内容に応じて，委員会に付託される。国会審議の中心は委員会での質疑にあり，委員会は政策分野別に設置されている（**委員会制**）。委員会と本会議でそれぞれ審議・議決された後，もう一方の院で同じ手順を踏む必要がある。

┃誰が決めているのか┃

　以上，自民党を中心に政策過程を簡潔に振り返ってみた。では議院内閣制における閣法の重要性や官僚・政治家の役割をどのように理解すべきか。その際に論点の1つとなるのは，政官関係である。戦後の政治学における通説は，官僚が主導権を握っているという「**官僚優位論**」であった（第7章参照）。戦前からの連続を強調する見方である。その根拠は，天皇主権の明治憲法体制において，「天皇の官吏」として特権的な地位にあった官僚制が戦後も温存されたことなどにある。官僚が原案を作成する閣法の割合や成立率が高いことも，この説を裏づけると主張された。しかし，戦後においては日本国憲法が国民主権を規定し，国会は国権の最高機関とされた。こうした戦前との断絶を強調するのが「**政党優位論**」である。自民党長期政権において定着した与党審査や族議員による関与は，その証拠として理解される。国会の議決が必要なので，官僚は与党の意向を法案作成に反映させなければならないのである。

　近年では，政党優位論のより精緻な理解が試みられている。つまり，従来の政党優位とは，族議員現象のような「政治家主導」「与党主導」であり，必ず

しも「政治主導」とはいえないというのである（飯尾 2007）。族議員のように個別の法案の細部にまで精通し，関与することではなく，さまざまな政策の大方針を示すことが政治の役割となる。また，経済の低成長，高齢化による社会保障費の増大，財政の逼迫といった状況を背景として，「抵抗勢力」の反対を押し切り，政治主導を実現する主体として，**首相のリーダーシップ**を求める主張が登場した。橋本行革では内閣機能が強化され，小泉政権では経済財政諮問会議が活用されるなど，政策過程にも大きな変化があった。民主党政権期の政治主導は空回りの感があったが，安倍政権に至るまで，かつての分権的なボトムアップとは異なる，集権的なトップダウンの政策決定が志向されるようになったのである（第5, 7章参照）。

予算のつくられ方

政策過程には**ボトムアップ**と**トップダウン**という，相反する方向から力が働いて，決定が行われる。個別の決定が政策全体と大きく矛盾しないように，「下」からの積み上げだけではなく，「上」からのとりまとめが必要となる。近年では，特に上からの「政治主導」が目立つようである。このような個別と全体の整合性を確保する作業を観察したいならば，毎年の「予算過程」をみればよい。そこで，「予算のつくられ方」を具体的にみていこう。個別の政策過程の事例については，章末の読書案内を参照してもらいたい。

予算とは「国のお金の使い道」（財務省ホームページ）のことである。歳出（支出）と歳入（収入）の2つの側面からなる。事前に4月1日からその翌年の3月31日までの支出計画を決めておく（単年度主義）。政策を実施するにはお金がかかるので，予算がないと政府は仕事ができない。また，「国のお金」の原資は私たちの税金と借金（国債）である。「代表なくして課税なし」といわれるように，私たち有権者は予算のつくられ方を知っておく必要があるだろう。

予算編成には，マクロとミクロのレベルがある（西尾 2001）。まず，歳出と歳入（税収・国債）が金額的に釣り合うように，予算の総額を決めなければならない。これが**マクロの過程**である。予算のとりまとめを担当する財務省や来年度の経済や税収の見通しをつける内閣府の助けを借りて，政府首脳がトップダウンで決める。たとえば，予算の総額を示す「**概算要求基準**」（○○年度予算

の概算要求に当たっての基本的な方針）は，内閣が決定する。一方で，個別の政策に必要な経費を積算して，予算をボトムアップでまとめ上げていく作業も必要である。これが**ミクロの過程**であり，各課から各局へと積み上げて，省庁単位の予算を作成し，各省庁の予算をまとめて国の予算とする。

　時間の流れに沿ってミクロ過程をみると，年度が切り替わる4月には，早々に各省庁各課内で来年度の予算要求の原案作成が開始される。各局の総務課は各課から寄せられた要求をとりまとめ，局としての予算にまとめる。各局の予算要求は各省庁の官房会計課（ないし予算担当課）に送られ，査定を受ける。局レベルと省レベルの2段階の取捨選択を経て，各省庁の予算要求が策定される。こうした省庁内部の動きと並行して，与党議員の関心が高い案件については，自民党の政務調査会部会などで事前の説明が行われる。おおよそ8月には，ここまで完了していなければならない。

　その後，各省庁の予算要求（概算要求書）は財務省主計局に提出され，主計官による査定を受ける。査定が終わると，主計局は局議を経て，原案を作成する。これが財務省の省議を経て，財務省原案となる。この時点でもう12月になっている。年が明けて1月の通常国会では予算の審議が行われるから，それまでに最終的な調整を済ませておかなくてはならない。主計局の査定では認められなかったが，各省庁が重要と考える予算については，財務省との再交渉が行われる（大臣折衝）。大臣折衝が終わると，財務省原案は閣議決定を経て，政府案として国会に提出され，審議されることになる。

　一方のマクロ過程であるが，夏頃に「概算要求基準」が明らかにされる。ただし，それに先だって，内閣府に設置された経済財政諮問会議から財政運営の基本方針（経済財政運営と改革の基本方針，通称「骨太の方針」）が示される。特に小泉政権期においては，経済財政諮問会議の影響力が大きく，従来の総額による管理（概算要求基準）に加えて，政策の優先順位という大枠が予算編成にはめられるようになった（第7章参照）。

　以上の歳出面での予算編成に合わせて，歳入面では，税制改正関連法案の準備も年末には完了している必要がある。ここでも，トップダウンとボトムアップ，政治家と官僚の協業によって政策が決定されていくのである。なお，予算は国会で承認されたら新年度から執行され，その翌年度には再び国会で決算報

	1955	1965	1975	1985	1995	2005	2010	2015	2020
国債費	4.4	0.6	4.9	19.5	18.6	22.4	22.4	24.3	22.7
地方交付税等	13.9	19.6	20.7	18.5	18.6	19.6	18.9	16.1	15.4
社会保障関係費	10.2	14.1	18.4	18.2	19.6	24.8	29.5	32.7	34.9
文教及び科学振興費	11.8	13.0	12.4	9.2	8.6	7.0	6.1	5.6	5.4
防衛関係費	13.4	8.2	6.2	6.0	6.7	5.9	5.2	5.2	5.2
公共事業関係費	14.8	18.8	13.7	12.1	13.0	9.2	6.3	6.2	6.7
その他	31.5	25.6	23.7	16.5	14.9	11.1	11.7	9.9	9.7
一般会計歳出総額（兆円）	0.99	3.66	21.3	52.5	71.0	82.2	92.2	96.3	103

（出所）財務省。

告と会計検査報告が承認される必要がある。この一連のサイクルをもって，予算過程は終了する。

　ここまで，予算を事例として取り上げながら，現代日本の政策過程をみてきた。本節の小括として，歳出予算（政府のお金の使い方）から戦後の政策の変化を概観してみよう。本当に，政策過程は政策を変えることに結びついているのだろうか。

　表9.1をみてもらいたい。歳出予算の総額は1955年と比較して2020年では約100倍に膨張しているが，物価の上昇を考慮していないので，単純にその分だけ政府の規模が拡大したとはいえない。ここで注目すべきは，むしろ予算の中身である。最も大きく割合が伸びたのは「社会保障関係費」（24.7ポイント増），次いで「国債費」（18.3ポイント増）である。反対に，「防衛関係費」（8.2ポイント減），「公共事業関係費」（8.1ポイント減），「文教及び科学振興費」（6.4ポイント減）の割合の減少が目立つ（「その他」は「その他の事項経費」「食料安定供給関係費」などを合算したものである）。人口の高齢化や経済成長の鈍化を反映した予算編成の結果とはいえ，教育費の割合を減らされ，国債という将来の借金返済を背負わされる若年層には気の毒な話ではある。若年層が政治に参加する重要性について，あらためて自覚を促したい（第2章参照）。

2 政策過程とは何か

多面的な顔を持つ政策過程

　あらためて，政策過程とは何であろうか。具体的な事例から少し離れて考えてみよう。取り組むべき問題を決めることから政治が始まり，多くの関係者が押し合いへし合いしながら，自らの主張を政策に反映させようとするイメージを思い浮かべてもらいたい。少し抽象的に説明すると，政策過程とは，「社会のさまざまな問題の中で，ある問題が政治の場で取り上げられ，解決されるまでの人々の相互作用」といえる。いったい，どのような意味なのだろうか。

　この説明には，世の中の「すべての問題」が政治の場で解決されるわけではなく，誰か強い権限を持った人が合理的に問題を「解決する」というより，大勢の人々が関与して「解決される」，というニュアンスが込められている。まずは，解決されるべき問題とは何かを決める段階で，社会における合意があるとは限らない。むしろ，人々は政府が取り上げるべき問題をめぐって争っている，というのが実態である。私たちの注目を集めるために，あえて派手なパフォーマンスに訴えることもあるだろう（図 9.1）。この段階におけるメディアの役割は，とても大きい（第 8 章参照）。

　また，公共の場で扱われる問題が決まったとしても，どのように解決するのか，数学の問題を解くように答えが 1 つとは限らない。なぜなら，良し悪しのものさしは，人によって異なるからである。たとえば，原子力エネルギーの利用には，「放射性物質による環境汚染」と「二酸化炭素の放出抑制」という，環境に対する影響ひとつをとっても，相対立する評価の基準が存在する。結局，何が問題か，どの解決策が望ましいか，政治に決定を委ねざるを得ないのである。

　さらにいえば，問題解決のプロセスが，いわゆる「PDCA サイクル」のように整然とした段階的なものになるとは限らない。PDCA サイクルとは，Plan（計画），Do（実施），Check（点検），Act（改善）の順番で繰り返すことに

（出所）　時事通信フォト。

よって問題を解決していくという考え方である。しかし，これから説明するように，問題と解決策は別々に存在し，決定の機会を待っているかもしれない。ある問題に直面して困っている人々と，その問題を研究している専門家，問題と解決策を結びつけて，公共政策を決定する権力のある政治家，それぞれがお互いを知らずにいるということは，大いにありえそうなことである。これらが結びつくかどうかは偶然に左右されるし，そのプロセスは政策によって異なる多様なものかもしれない。

　つまり，政策過程とは，問題解決のための合理的なプロセスというだけではなく，**政治性，偶然性，多様性**によっても特徴づけられるものなのである。

政策過程の政治性と偶然性

　1962 年，（現在は消滅した）ソ連がアメリカを狙う核ミサイルの基地をキューバにつくろうとしたことがあった。アメリカはキューバの海上を封鎖して対抗し，世界の緊張が一挙に高まった（キューバ危機）。G・アリソンは，米ソ両国の政策決定をどのように説明するか，3 つの考え方（モデルという）を示した（Allison 1969）。1 つ目は，政府は一枚岩であり，合理的に行動するという，**合理的行為者モデル**である。2 つ目は，政府はさまざまな組織から構成されてお

り，それらの組織はあらかじめ決めてある標準的な作業手順に従って政策を決めるという，**組織過程モデル**である。3つ目は，政府の高官たちの駆け引きによって政策が決まるという，**官僚政治モデル**である。

アリソンの研究は，安全保障政策に関するものである。一般的には，外交や安全保障の政策よりも，私たちの日常生活に関係する政策のほうが，政策づくりに関心を持つ人々（利害関係者という）が多い。アリソンの官僚政治モデル以上に，多くの政治家や官僚，利益集団を中心とする駆け引き，つまり政治によって，政策が決められることになる。ただし，まったくの無秩序の中で政策がつくられるというわけではなく，整理して考えることができる。大まかにいうと，政策過程は，**議題設定**，**政策形成**，**政策決定**，**執行**，**評価**の5つに分けられる。

議題設定：当然のことながら，政策過程において，私たちは問題を解決しなければならない。対象となる問題を決めることを議題設定という。意外に思われるかもしれないが，私たちの社会が解決しなければならない問題とは何か，あらかじめ決まっているわけではない。誰の目にも明らかな問題として映るものもあるだろう。しかし，このような問題は数多く存在するのが普通である。デモンストレーションによって，世の中の注意を喚起することもある（**図9.1**）。どの問題を優先するのか，私たちは決めなければならない。

議題設定においては，誰かがある問題を議題にしたりしなかったりするとき，権力が行使されているとみなすことができる。注意が必要な点は「議題にしない」権力がありうることである。P・バクラックとM・バラッツは，これを**「非決定の権力」**と呼んだ（Bachrach and Baratz 1962）。たとえば，経済発展に伴う公害とその規制問題を考えてみよう。仮に人々が健康被害を認識していても，経済成長を担う企業の権力が強く，公害問題を議題とさせない場合，その企業は非決定の権力を行使しているといえる（Crenson 1971）。また，大嶽秀夫は1960年代に「欠陥」のある自動車を生産した日本の自動車メーカーがいかに自らに不都合な争点の発生を抑圧しようとしたかを分析し，大企業による非決定の権力行使を明らかにした（大嶽 1979）。つまり，多くの人々が認める問題であるのに，力の強い少数者が議題として取り上げるのを妨げているのである。

さらにいえば，そもそも問題を問題として認識させないような力が働いてい

るのかもしれないのである。もう一歩，踏み込んで考えてみよう。私たちの認識そのものが権力の行使によって左右されているとしたら，どうであろうか。たとえば，工場の煙突からモクモクと吐き出される黒い煙が「力強い経済成長のあかし」として，むしろ賞賛の対象とされる状況を思い描いてみよう。この場合，煤煙の排出は解決すべき問題とはならない。黒い煙が好ましいものか，好ましくないものか，それは人々の価値観による。こうした社会に内在する「かたより」によって，私たちのものの見方は規定されており，これも権力の作用といえる。（議題設定以後の）解決策の決定をめぐって行使される権力を1次元的権力とするならば，議題自体の設定をめぐって行使される権力を2次元的権力，（議題設定以前の）問題認識を左右する権力を3次元的権力として，それぞれ区別する考え方もある（Lukes 2005）。

　世の中には，国会で議論されるような「みえる」問題にまでならない，実に多くの問題があり，それらは「みえにくい」ので，注意が必要なのである。このように考えてみれば，議題設定が政治そのものである理由をよく理解できるのではないだろうか。

　政策形成：がっかりしてしまう読者もいるかもしれないが，ある問題に対して，最善の解決策を選び出すことができる，という考え方は必ずしも現実的ではない。なぜなら，先ほど述べたように，好ましさをめぐる評価の基準，価値観は人それぞれであるからである。

　さらに，私たちみなが同意できる評価基準が定まったとしても，最もよい政策が選ばれるとは限らない。なぜだろうか。H・サイモンによると，人間の知識や予測能力には限界があるので，最適の解決策にたどり着くことは難しいという（Simon 1947）。もう，これで十分だと思う**満足化基準**に見合う解決策にめぐりあうと，そこで探索をやめてしまうのである。つまり，人間の合理性には限界がある（**限定合理性**）。たとえば，原発をめぐる政策を決める際には，環境への影響，経済への影響，安全保障上の要請，予算や技術の制約など，さまざまな要因を考慮に入れなければならないが，何を重視するかは合意できたとしよう。しかし，すべての情報を収集してあらゆる選択肢を作成し，その結果も予想したうえで最適な政策を決めることが理想ではあるが，現実には難しい。政策づくりに携わる関係者が「これで十分」と思うところで探索は打ち切られ

ることになる。このようにしてつくられたかもしれない安全基準が，いつ起こるかわからない地震や津波による災害に対して無力であったりするのは，理由がないことではない。

　合理的な決定には限界がある以上，それに基づいて一気に問題を解決しようとしても合意が得られにくく，現状をわずかに改善する漸進主義的な決定（**インクリメンタリズム**）となりがちである（Lindblom 1959）。たとえば，日本の予算配分も 5 年ごと，10 年ごとの変化は小さい（**表 9.1**；漸進主義的な日本の予算編成については，Campbell 1977）。

　政策決定：政策決定とは，読んで字のごとく，政策が決定される段階を指す。ただし，政策過程は，議題設定，政策形成，政策決定の順番に整然と進んでいくとは限らない。まずは，組織における意思決定を説明した M・コーエンらの研究を参照してみよう（Cohen, March, and Olsen 1972）。彼らの**ゴミ缶モデル**によると，別々に存在している問題，解決策，参加者が，あたかもゴミ缶に投げ込まれるかのように，選択機会の場で出揃うことで，決定が行われる。

　J・W・キングダンの**政策の窓モデル**は，コーエンらの考え方を政策過程に応用したものである（Kingdon 1995）。このモデルでは，政策過程が「問題の流れ」「政策の流れ」「政治の流れ」から構成されると考える。政策過程の参加者は，これらの流れに各自の問題認識，政策アイディア，政治的な動きを投げ込んでいくイメージである。「政策の窓」が開くと，これらの流れが合流し，優先順位の高い議題として設定され，決定に至る。たとえば，民主党への政権交代により，「高校授業料の無償化」のような新たな政策が提起されたり（政治から政策の窓が開く），福島第一原子力発電所の事故のような大惨事が起きて，国のエネルギー政策が見直されるきっかけとなったりする場合が考えられる（問題から政策の窓が開く）。その際，問題意識と政策アイディアを結びつけて，政治に対して働きかける**政策起業家**の役割が重要である。なお，政策過程におけるアイディアの役割については，**Column ❺**や内山（1998）を参照されたい。

　政策が新たにつくられるまでには，多くの苦労と不確実性を伴う。他方で，既存の制度や政策は人々の共通了解となっているがゆえに，多少の不都合があっても変更されにくい（**経路依存性**）。政策を変えることが難しいわけである。

　執行：さて，政策が決められれば，それで終わりではない。次に，政策は執

行される必要がある。法律はいろいろな場面を想定して作られているから，一般的，抽象的に書かれている。それを個別，具体の状況に当てはめていく必要がある。その際に，現場の行政職員が裁量を振るう余地が生まれる（第一線の行政職員論）。たとえば，交番勤務の警察官は警察官職務執行法などに則り，治安維持に努めるが，パトロールをいつ，どれだけの時間，どのような手段で行うか（パトカー，自転車，徒歩など），法律に書き込まれているわけではない。現場の警察官の裁量に任せざるを得ないのである。

評価：最後に，政策は所定の目的を達したか，評価される。日本においては，2001年に政策評価制度が導入され，各府省が実施する政策は自ら評価するか，複数府省にまたがる政策は総務省が評価することになった（第7章）。所定の目的を達成していないと評価された政策は，再び新たな議題設定や政策形成に帰結する。こうした一連のサイクルとして，政策過程を捉えることもできる。

政策過程の多様性

このように，政策過程とは，全知全能の独裁者が合理的に問題を解決するプロセスではなく，多くの関係者の政治的な駆け引きによってかたちづくられていくものである。したがって，そのプロセスは多様である。第1節では，ボトムアップとトップダウンという違いに焦点を当てて，日本の予算編成を事例に説明した。ここでは，政策過程の違いをもたらす要因を整理して考えてみよう。

T・ロウィによると，「**政策が政治を決める**」という（Lowi 1972）。すなわち，政策のタイプが政策過程のあり方に影響を及ぼす。ロウィと同様に，J・Q・ウィルソンも政策のタイプが政治のあり方を決めると考えた（Wilson 1973）。

ウィルソンはロウィの議論を修正し，政策にかかるコストと得られる利益が集中しているか，分散しているかに応じて，政治のあり方を再分類した（**表9.2**）。両者が特定の人々に集中する政策では利益集団間の争いになり（タイプI），コストと利益が広く社会に行き渡る政策では多数派形成をめぐる政治になるという（タイプIV）。一方，タイプIIの政策では，コストが特定の人々に集中するが，利益は薄く広く社会に及ぶ。たとえば，特定の産業に大気汚染の防止を求める政策などがこれに該当すると考えられる。この場合，産業側の強い抵抗を乗り越えるために，人々の注意を喚起して政策を実現する政策起業家が

		政策の便益	
		集中	拡散
政策のコスト	集中	I 利益集団政治	II 起業家政治
	拡散	III 顧客政治	IV 多数派形成政治

(出所) Wilson (1973).

必要となる。逆に，タイプIIIの政策では，利益を享受する特定の顧客が社会全体にコストを押し付ける政治になるという。たとえば，税金を原資として特定の産業に補助金を支給するような政策である。タイプIとIIIはトップダウンというより，分権的な政策過程になるだろう。

政策過程の多様性をもたらすのは政策のタイプだけではない。E・インマーガットによると，制度には**拒否点**がある（Immergut 1990）。拒否点とは，制度が特定のアクターに「現状の変更を拒否する力」（拒否権）を与えている決定段階のことである。拒否点の数が多いと，政策の変更は難しい。G・ツェベリスによると，拒否権を持つアクター（**拒否権プレイヤー**）の数と政策的な距離も政策変更の可能性を左右するという（Tsebelis 2002）。拒否権プレイヤーの数が多く，政策に対する好みが異なると，妥協を図ることが困難となり，政策を変えることができない。一般的には，立法権と行政権が厳格に分立する大統領制のほうが拒否点は多く，両者が内閣において融合する議院内閣制は集権的な仕組みといえる（第5章参照）。しかし，内閣を支える与党の内部に目を転ずると，自民党の事前審査制は拒否点の1つであり，政務調査会の各部会（の議員）を拒否権プレイヤーと考えることができる。1990年代以降の政治改革において，日本は多数決型民主主義（ウェストミンスター・モデル）をモデルとした。さまざまな「改革」を進めるために拒否点を減らす方向に進んできたといえるだろう（第4，5章を参照）。

本節をまとめると，政策過程は必ずしも合理的ではないばかりか，偶然性にも左右される，政治的な交渉の場といえる。また，政策のタイプや制度的な配置に応じて，参加する主体や交渉のスタイルは異なる。結局のところ，段階を踏んで整然と進んでいく問題解決のプロセスというイメージどおりとは限らない。しかしだからといって，失望することもない。仮に専門家が合理的に問題

Column ❺ 「利益の政治」と「アイディアの政治」

　本章第3節では政策過程における利益集団の役割について述べているが，これまでの政治学理論（特にアメリカ政治学の理論）では，アクターの持つ「利益」を中心として政治を理解する傾向が強かった。第3章でもふれられている多元主義モデルは，利益集団の活動を中心に置いて政治を捉えており，利益集団が各々の自己利益を追求する結果，社会において均衡を生み出すと考えていた。また，近年隆盛している合理的選択理論では，アクターは自己の利益の極大化をめざして行動すると想定されている。たとえば，政治家は再選や昇進（大臣ポストへの就任など）をめざし，官僚は予算・組織の拡大や昇進をめざすとされる。このように，アクターの富や権力などといった自己利益が政治を理解する際に重要な要因であるとされてきた。

　しかし，利益の要因だけでは政治を理解するのに十分ではない。政治的アクターは，物質的な自己利益に必ずしも結びつかない理念の実現をもめざして行動する。たとえば，中東での紛争など，宗教的な信念が政治を動かしている例は枚挙にいとまがない。多くの政治家や官僚も，自分の再選や昇進に関心があ

を解決できるとしても，それが有権者の意思に沿う保証はどこにもないからである（専門性と民主主義の緊張関係については，内山・伊藤・岡山編 2012）。政策過程は合理性だけで割り切れるものではない。だからこそ，私たち有権者は積極的に関わることによって，政策づくりがおかしな方向に漂流していかないように，指針を示し続ける必要があるといえる。

 ## 政策過程と有権者

┃ 投票から政策過程へ ┃

　前節では，政策過程とは政治そのものであるがゆえに，有権者の関わりが求められると述べた。しかし，私たちが1票を投じることができる選挙とは異なり，選挙と選挙のはざまにある政策過程に対して，有権者はどのように自らの意思を反映させることができるのだろうか。「鉄の三角形」のように閉鎖的な

るのは確かだが，それらに加えて，社会で発生する諸問題を解決して「公共の利益」を実現することが自らの責務であると認識している。利益とともに理念（英語で言えば「アイディア」）も政治において重要な役割を果たすのである。

　アイディアの役割に着目する政治学者の代表的存在であるJ・ゴールドスタインとR・O・コヘインによれば，アイディアは次の3つに分類できる（Goldstein and Keohane 1993）。第1に，最も包括的なレベルのものとして世界観がある。宗教的信念はこれに含まれるといえよう。第2は原理的信念である。何が正しく何が不正かを示すアイディアのことである。「人権は尊重されるべきだ」といった規範がこれに該当する。第3に因果的信念，すなわち原因と結果の関係についてのアイディアがある。典型例は，自然科学や社会科学の知識（たとえば，大気中の二酸化炭素が増えると地球が温暖化するという見解）である。

　実際の政治では，「利益の政治」と「アイディアの政治」が入り交じっている。政治現象を理解・分析するうえではこの両者がどのように交錯しているかを注意深く観察することが重要ではないだろうか。

政策過程を開放するすべはあるのだろうか。

　第2章では，有権者が政党や候補者の政策を重視して投票する「**争点投票**」という考え方を紹介した。たとえば，2000年代以降，政党は「政権を獲得したら，かくかくしかじかの政策を実施します」という**政権公約**（**マニフェスト**）を掲げることが当たり前になった（第4章参照）。私たち有権者が争点投票を行い，政党が政策を実現しようとする限り，選挙における1票が選挙後の政策過程にも影響を及ぼすといえる。ただし，有権者にとって争点投票のハードルは高い。あなたにとって大事な問題とは何だろうか。あなたはどのような意見を持っているだろうか。政党がどのような立場であるか知っているだろうか。もちろん，政党の約束が実現可能であることも大事な前提である。これらの条件をすべてクリアする必要があるので，争点投票が難しいことはすでに説明したとおりである（第2章参照）。また，飯尾潤によると，政党が選挙で掲げるさまざまな約束には価値観や判断基準に裏づけられた整合性がなければならない。つまり，選挙で問われるべきは政策体系（政策のパッケージ）なのである（飯尾 2013）。政党が個別政策のみに言及するようでは，その他の政策については

白紙委任が求められることになり，民主的な統制はおぼつかない。また，政党がさまざまなバラバラの政策を掲げていても，政策同士が相互に矛盾していると，実現可能性には疑問符が付くかもしれない。

このように，争点投票には厳しいハードルがあるが，それには大きな力が秘められている。議院内閣制においては，議会の多数派が官僚制をコントロールする内閣を形成する（第5章参照）。政党が選挙で多数の議席を獲得するだけでなく，有権者から公約に対する支持を得たとみなすことができれば，官僚制に対して，強力な指導力を発揮する根拠となるであろう（第7章参照）。

他方，政府による権力の行使には，**説明責任（アカウンタビリティ）** が伴わなければならない。選挙を通じて有権者から託された権力であるから，政権担当者は有権者に対して政府の行動を説明する責任がある。有権者が政府の説明に納得できなければ，政権担当者は次の選挙で交代させられてしまうので，政府が有権者の意向に沿った政治決定をすることが担保される。そうでなければ，権力の民主的統制は絵に描いた餅になってしまう。

私たち有権者が選挙を通じて議会政治に関わることは，政策過程を開かれたものにするためにも意義がある。ロウィは，個々の利益集団が自らの既得権を守るために，政策過程を囲い込み，分断している現状（**利益集団自由主義**）を鋭く批判した（Lowi 1979）。議会という開かれた場における議論を重視し，誰にでも適用される「法の支配」の回復を主張したのである。

団体や運動への参加から政策過程へ

私たち有権者は選挙で1票を投じるだけではなく，団体や結社，運動のメンバーとしても，政策づくりや説明責任の究明に関わることができる（第3章参照）。既存の利益集団に対抗する集団に加入すれば，政策過程に異なる意見を伝えられるかもしれない。利益団体は行政や政党・政治家双方のルートを用いて影響力を行使するが，1団体が突出するというよりも利益団体の間の競争があるという意味で多元的であり，そこでは調整役として官僚や与党議員も大きな役割を果たす。

自民党長期政権のもとでは政策過程が制度化されたため，野党に近い価値志向団体の影響力は限定的であった。もし政権交代が常態化すると，利益団体が

特定政党への依存を減らす結果，自民党への支援も減る可能性がある（反対に政権交代の可能性が低いと，利益団体と政権党の関係は強くなると考えられる）。近年では官邸主導の政策過程が出現し，官邸に近い団体や有識者が政策会議に参加して，影響力を行使する機会が増えている（野中・青木 2016）。一方，市民団体の働きかけで議員連盟が結成され，それを軸に政策過程に当事者が参入するというボトムアップのプロセスも存在する（日本におけるクオータ〔性別割当〕制〔第4章の **Column ❷**参照〕の導入をめぐる動きなど）。

　すでにみたように，こうした投票以外のルートで政治に参加する人々の割合は少なくなく（第2章表2.2参照），このルートも政策過程に影響を及ぼす有力な手段である。私たちは選挙と選挙の間にも主権者であり続けるのであるから，選挙をきっかけとする，いわば間接的な政策過程との関わりだけではなく，団体や結社，運動による直接的な関わりも大事である。

　再びA・トクヴィルを引用するまでもなく，人々はこれらの組織のメンバーとなることにより，公（おおやけ）のことがらを担う，主権者としての自覚と素養が磨かれる。また，A・F・ベントレーによると，人々がさまざまな団体に重複して加入していることが，社会における利害対立の深刻化を防いでいるという（Bentley 1908）。こうした利益集団を中心とする多元主義的な民主主義論がいささか楽観的にすぎることが，たとえば，ロウィによる批判を招くことになった。しかし，選挙一辺倒ではないあり方として，団体や運動への参加が私たち有権者と政策過程を結ぶルートとなることに疑いの余地はないであろう。

　本章では，政策過程から，私たちの民主主義のあり方について考えてきた。政策過程とは政治的な営みであり，多様なものであること，私たち有権者は選挙だけではなく，団体などを通じても政策づくりに関わることができること，国民主権を実体のあるものにするためには，さまざまなルートを通じて政策に関わっていくことが重要であることを述べてきた。

　大事なのはできあがった政策なのだから，それがどのようにつくられてもよいではないか，という意見もあるかもしれない。しかし同じ政策でも，どのような柱軸でそり决まったのかを知っておく必要がある理由をわかってもらえただろうか。政策のつくられ方には，その国の民主主義のあり方が現れるのである。もちろん，国民主権の観点からすると，有権者の意思が政策づくりに反映

されているべきであるし，そうであるためには，有権者が制度を使いこなしていることが望ましい。

　本章の内容は，これまでの章を政策過程の観点からまとめたものであるので，復習の意味で，各章を読み直してもらうと，より理解が深まるだろう。

読書案内 | Bookguide ●

城山英明・鈴木寛・細野助博編（1999）『中央省庁の政策形成過程——日本官僚制の解剖』中央大学出版部。

真渕勝・北山俊哉編（2008）『政界再編時の政策過程』慈学社出版。

五百旗頭真監修・御厨貴編（2016）『大震災復興過程の政策比較分析——関東，阪神・淡路，東日本三大震災の検証』ミネルヴァ書房。

上川龍之進（2018）『電力と政治——日本の原子力政策全史』（上・下）勁草書房。

⇒現代日本の政策過程の具体的なイメージをつかみたいなら，豊富な事例が掲載されているこれらの書物を参照されたい。

飯尾潤（2013）『現代日本の政策体系——政策の模倣から創造へ』筑摩書房。

⇒現代日本の抱える政策課題について，政策体系の違いを基礎とする競争的な政党政治の構想を示すことにより，解決の道筋を探る1冊。

森脇俊雅（2010）『政策過程』ミネルヴァ書房。

岩崎正洋編（2012）『政策過程の理論分析』三和書籍。

秋吉貴雄（2017）『入門 公共政策学——社会問題を解決する「新しい知」』中央公論新社。

佐藤満編（2018）『政策過程論——政策科学総論入門』慈学社出版。

秋吉貴雄・伊藤修一郎・北山俊哉（2020）『公共政策学の基礎〔第3版〕』有斐閣。

⇒政策過程の概観を学びたい読者には，上記を入門書として勧めたい。

引用・参考文献 | References ●

※本章の引用・参考文献リストは本書のウェブサポートページをご覧ください。

第 **10** 章

地方自治

INTRODUCTION

　みなさんは，自治体によって行政サービスが違うことを知っているだろうか。高校生の医療費は大人と同じ3割負担の自治体が多いなか，無料化を実施している自治体がある。夏には公営プールで泳いだ経験がある人もいるだろう。支払う金額はもちろん自治体によって違う。こうした違いはなぜ起こりうるのだろうか。また，自治体で行われている行政サービスのすべてが自治体の収入でまかなわれているわけではない。国は自治体の行政サービス実施にどう関わっているのだろうか。私たちの意思はどのように反映され，実行されているのだろうか。私たちは自治体の政策に関わることができるのだろうか。本章ではこれらの問いについて考える。

QUESTIONS

[1] 自治体によって行政サービスが異なるのはなぜだろうか。
[2] 国と地方自治体の役割分担は，どのようになっているのだろうか。
[3] 地方自治の枠組みの中で，誰がどのように政策決定をしているのだろうか。
[4] 住民は，自治体の政策にどのように関わることができるのだろうか。

1 なぜ地方自治が必要なのか

▌地方自治の意義と現実 ▐

　地方自治体は，それぞれが独立して政策決定を行っている。ふだん何気なく受けている数々の行政サービスは，自治体を単位として決められたものである。

　実際にサービスを比較してみよう。たとえば，子どもの医療費に関して，国は生まれてから就学前までの子どもの医療費負担は2割，小学生以上は3割負担の制度を実施しており，どの自治体に住んでいても同じサービスとなる。これに加えて都道府県ならびに市区町村では，国の基準以上の上乗せサービスを行っている。たとえば，北海道では通院に関して「就学前までの医療費無料化」を「所得制限あり」で実施しているが，道内35市のうち赤平市，歌志内市，北斗市では「18歳までの医療費無料化」を「所得制限なし」で実施している（2021年4月1日現在，厚生労働省『令和3年度「乳幼児等に係る医療費の援助についての調査」結果』参照）。また，政令指定都市20市を比較しても医療費助成の違いが見て取れる（表10.1）。財政の豊かさが同程度であっても助成の対象年齢も違えば，所得制限の有無も異なる。子どもの医療費が住む場所によって異なることには批判もあるが，この差は自治体に自治が認められていることで生まれたものである。この事例にとどまらず，2020年に始まった新型コロナ感染症への対応も自治体間で異なっていることは，みなさんが肌で感じてきたところだろう。

　それでは自治体にはどの程度の自治が認められており，国との関係や，都道府県と市区町村との役割分担はどうなっているだろうか。自治体がサービスを行っていくうえで，制約条件として何があるだろうか。

　地方自治を考えるうえで重要な概念として「**団体自治**」と「**住民自治**」がある。「団体自治」とは，地方自治体が国から一定の権限を与えられて独立して地域行政を担うことであり，「住民自治」とは，団体の運営が地域住民の意思に基づき行われることを指す。住民自治のためには団体自治が保障されていな

CHART 表 10.1　通院に関する子ども医療費助成サービスの比較（政令指定都市 20 市）

政令指定都市	助成対象年齢	所得制限	財政力指数
札幌市	12 歳年度末	あり	0.74
仙台市	15 歳年度末	あり	0.91
さいたま市	15 歳年度末	なし	0.98
千葉市	15 歳年度末	なし	0.93
横浜市	15 歳年度末	あり	0.97
川崎市	12 歳年度末	あり	1.03
相模原市	15 歳年度末	あり	0.88
新潟市	18 歳年度末	なし	0.69
静岡市	18 歳年度末	なし	0.89
浜松市	18 歳年度末	なし	0.87
名古屋市	15 歳年度末	なし	0.99
京都市	15 歳年度末	なし	0.81
大阪市	18 歳年度末	あり	0.94
堺市	18 歳年度末	なし	0.81
神戸市	15 歳年度末	なし	0.79
岡山市	12 歳年度末	なし	0.79
広島市	9 歳年度末	あり	0.83
北九州市	15 歳年度末	なし	0.71
福岡市	12 歳年度末	なし	0.89
熊本市	15 歳年度末	なし	0.71

（注）　財政力指数：自治体の財政の豊かさを示す指標。値が高いほど財源に余裕がある。基準財政収入額を基準財政需要額で除して得た数値の過去 3 年間の平均値。基本的なサービス実施にかかるお金に対して、どの程度自治体に財源があるかを示している。
（出所）　サービスは、2021 年 4 月 1 日現在、厚生労働省『令和 3 年度「乳幼児等に係る医療費の援助についての調査」結果』参照。財政力指数は、総務省「令和 2 年度地方公共団体の主要財政指標一覧」参照。

ければならず，これらは自治体が自治を行っていくうえで両輪となる。

　戦前の憲法（大日本帝国憲法）では地方自治は規定されていなかった。法律によって地方自治のあり方が左右されており，団体自治も住民自治もかなり制約のあるものだった。たとえば，自治体は国の政策の遂行機関として存在し，首長（自治体の長）は住民の直接選挙で選ばれていなかった。これは明治政府が近代国家の形成において中央集権国家の確立を目的として郡県や市町村の規定をつくったことによる。

　戦後，GHQ（連合国最高司令官総司令部）により日本の民主化が進められ，日本国憲法では第 8 章に地方自治の規定が設けられた。憲法 94 条では「地方公

共団体は，その財産を管理し，事務を処理し，及び行政を執行する権能を有し，法律の範囲内で**条例**を制定することができる」と規定され，団体自治が保障された。条例とは自治体内で効力の発生する法規定である。また住民自治として憲法93条では，自治体に議会を設置し，自治体の長や議会の議員を住民が直接選挙し，住民の意思に基づく自治が行われることが規定された。こうした権限を持つ自治体は，2022年12月現在で47都道府県1741市区町村ある（792市，743町，183村，23区）。ちなみに，政令指定都市内の区は各市の中の行政区であって，議会や首長を有する地方自治体ではない。

　それでは自治体に自治を認める意義は何だろうか。

　1つには，地域の課題について自治体が自ら判断することで，物事を地域の実情に即して処理することができ，効率的で能率的な行政運営ができることが挙げられる。たとえば，近所に住む人を知らないような都市部と近所付き合いが密な地方では，地域づくりのあり方も異なるだろう。

　2つ目には，住民のニーズを捉えた先進的・試行的な政策展開ができることが挙げられる。たとえば，情報公開制度は山形県の金山町が国に先駆けて1982年に制定したものだ。最近の例でも，同性カップルを証明する条例は渋谷区の取り組みが初めてである。公害対策などの環境政策では，国の法律以上に厳しい条件で条例を制定する「**上乗せ条例**」や，国の規制対象以外の項目を追加する「**横出し条例**」が制定されているほか，福祉政策，地域づくりなどさまざまな分野において，先進的な政策展開がなされている。ただし，同じ社会経済環境に置かれた自治体がすべてこのように対応できるとは限らない。それには政治環境（首長率いる執行部や議会，住民など）の働きも必要となってくる。

　3つ目に，自治体における選挙や選挙以外の住民参加を通じて，市民が民主主義のあり方を学ぶことができること，すなわち自治体に自治があることが「民主主義の学校」として機能し，市民が教育され，公の事柄に対する市民としての自覚や公共の精神が涵養されるといった意義も指摘しうる。しかし実際には，地方選挙の投票率は国政選挙に比べて低く，選挙以外の政治参加も活発に行われているとはいえない。自治体がこうした意義を踏まえて運営されているかどうかは，個々の検証が必要である。

団体自治——中央と地方，自治体間の関係

　それでは国と自治体との関係はどうなっているだろうか。団体自治は理念どおりに行われてきたのだろうか。結論を先に述べると，2000年に地方分権一括法が施行されるまでは，戦前と同じように中央集権的な関係が続けられてきた。それを支えてきた制度の1つが**機関委任事務**制度である。この制度では，自治体の長が国の機関として仕事を行うため，その仕事には国の包括的な指揮監督権が及ぶ。戦前は市町村レベルで用いられ，戦後は都道府県知事が公選となるなかで，都道府県にも用いられるようになった。このような事務が都道府県で約7割から8割，市町村で4割程度を占めたといわれる（曽我 2022）。これらの事務に対して当然自治体の条例制定権は及ばず，議会の議決権限もない。このほか義務づけや枠づけと呼ばれる国の規制や，後に述べる補助金制度によって，自治体は地域の実情に即した事務を行えない状況となっていた。また国レベルでも55年体制下で形成された政官財の癒着構造，利益誘導型の政治を変えるために，地方分権の必要性が唱えられるようになっていった。こうして地方分権への機運が高まるなかで，2000年に**地方分権一括法**が施行された。475本の法改正を行ったこの改革は，国と自治体の関係を「上下・主従」から「対等・協力」の関係に変えることを目的としたものである。

　地方分権一括法では，国と自治体の役割分担が明確化された。具体的には，国の役割として，国際社会における国家としての存立に関わる事務（外交，防衛，通貨，司法など），全国的に統一して定めることが望ましい事務（公正取引，生活保護基準，労働基準など），全国的な視点に立って行わなければならない施策・事業（公的年金，宇宙開発など）を国が重点的に担い，住民に身近な行政はできる限り自治体に委ねることとされた。

　また，戦前から長らく続いてきた機関委任事務制度は廃止され，自治体が担う事務はすべて**法定受託事務**と**自治事務**に区分された。法定受託事務は，国が本来果たすべき役割に関するもの（国政選挙，旅券の交付，国の指定統計，生活保護等）で自治体が処理するものが該当する。自治事務は，自治体が処理する事務から法定受託事務を除いたものである。法定受託事務が機関委任事務と何が違うのか，疑問に思う人もいるかもしれないが，大きな違いは，法定受託事務

に議会の権限，条例制定権が及ぶようになったことである。また，国が自治体に関与する方法についても，法令主義や透明性などの原則とともに具体的な形式が定められた。このように国と自治体の役割が整理されたわけであるが，実際には，移転財源である補助金を通じて国が関わりを持ち，自治体と国とが融合的に政策を実施することも多い。また，国と自治体の方針が異なることから，両者が対立する案件もよくみられる。たとえば，自治事務に関しては，沖縄県竹富町教育委員会が，中学校公民で使用する教科書選定に関して，所属する採択地区のものとは異なる教科書を採択したことから，文部科学大臣がこれを違法として「是正の要求」を行った事例がある（宇賀 2021）。

　一方，自治体の中でも都道府県と市区町村の役割は，どのように違うのだろうか。両者の関係は，地方分権一括法によって，国との関係同様に，指導する側・される側といった上下の関係から対等・協力の関係となった。都道府県は**広域自治体**，市区町村は**基礎自治体**といわれる。都道府県は市区町村を包括していることからわかるように，「広域的な事務」「市区町村間の連絡調整事務」「補完事務」（市区町村が単独で担うことが困難である事務）を担う。ただし市区町村といっても人口約 2800 人の北海道歌志内市もあれば，377 万人の横浜市までさまざまである。特に人口や産業・経済活動が集中する大都市については行政を効率的に運営することが必要である。そこで，都道府県から事務の移譲を受け処理することができる制度が設けられている。政令によって指定される中核市（人口 20 万以上，特例市廃止までは 30 万以上），指定都市（人口 50 万以上，ただし実質的な人口要件としては 70 万以上）制度がそれである（人口 20 万以上が要件だった特例市は 2015 年 4 月に廃止。現在は施行時特例市として存在）。都道府県から移譲される権限の度合いは，指定都市（都道府県事務の約 8 割）のほうが中核市（指定都市事務の約 7 割）よりも大きい。また政令指定都市にならなくとも，都道府県の条例により市区町村がその事務の一部を担うことができるようにもなった（条例による事務処理の特例制度）。国から都道府県へ，都道府県から市区町村への分権である。

　指定都市については都道府県事務の移譲を多く受けているが，財源の不足や県との二重行政も指摘されてきた。これらを解消すべく，都道府県から独立した存在となる特別自治市構想を掲げる自治体があるほか，大阪市では市を廃止

して4つの特別区に再編する「大阪都構想」の是非を問う住民投票が2020年に実施された。しかしながら、2015年に実施された住民投票と同様に、僅差で否決されている。大都市がどのような枠組みであるべきか、模索が続けられている（北村 2013）。

┃自治体の財政・市町村合併・人口減少┃

国と自治体との関係は、権限だけではなく財源でもつながっている。財源での関係はどうなっているだろうか。国民から徴収する租税の内訳として、国税は61%、地方税は39%で、これを歳出でみると、国の歳出が44%、自治体の歳出が56%となる（令和2年度決算）。歳入・歳出割合が逆転するのは、国から自治体へ地方交付税や国庫支出金（後述）などの財政移転があるためである。

自治体の歳入区分には、自治体が独自に歳入することができる**自主財源**と国の決定に左右される**依存財源**がある。前者は地方税、後者は国から地方に配分される**地方交付税**、**国庫支出金**などである。

自治体ごとに産業構造や地理的特性は異なり、自主財源は偏在している。そこで自主財源の均衡を図り、自治体において一定の行政サービスの提供を可能とするために地方交付税が交付されている。これは自治体が自由に使途を決めることができる**一般財源**となる。多くの自治体が交付を受けており、不交付団体は令和4年度で73団体のみ（東京都、72市町村）である。

国庫支出金は使途が特定のものに限定される**特定財源**である。自治体と共同で行う事務に対し、国が一定の負担区分に応じて義務的に経費を負担する国庫負担金（義務教育職員の給与、生活保護費など）、自治体事業を奨励支援するために支出する国庫補助金、自治体に事務を委託する際の経費として国が支出する国庫委託金（国会議員の選挙経費、国の統計など）に分かれる。これらを総称して補助金と呼ぶこともある。自治体を統制する手段としてこの補助金の存在が指摘されてきた。交付手続きの煩雑さに加え、交付を通じた各省庁からの自治体への関与が大きくなること、とりわけ国庫補助金については自治体の特徴ある施策立案を妨げるといった問題である。

こうした問題を含め、地方分権一括法施行後も課題となっていた地方への税源移譲に対して、2004年から2006年にかけて地方税財源の**三位一体の改革**

（税源移譲，補助金の整理・縮減，地方交付税の見直しを同時に実施）が行われた。補助金については，地方6団体（全国知事会，全国都道府県議会議長会，全国市長会，全国市議会議長会，全国町村会，全国町村議会議長会）より整理・削減リストが提示されたが，全体として要望額よりも少ない約4兆7000億円の減少となり，3兆円が税源移譲され，地方交付税が5兆1000億円削減されることとなった。

　三位一体の改革は，地方分権とともに国の財政再建も目的に含められており，一般財源である地方交付税が削減されることとなったため，財政運営に不安を抱いた小規模の町村を中心に合併も進んだ（**平成の大合併**）。国が分権のための受け皿論を盾に強力に合併を進めようとし，市に移行するための要件緩和策や財政的な優遇策（合併特例債）を期限付きで提示したことも，町村が合併に進む要因となったといわれる。事実，3200程度あった市町村は，合併特例債の期限である2005年3月で2500程度に，また2006年3月には1800程度にまで減少した。

　自治体の数が減少しただけでなく，現在では多くの自治体が人口減少に直面している。2014年に民間有識者による「日本創生会議」が，全国の市区町村のうちの約半数（896自治体）において，消滅可能性都市（人口移動が収束しない前提で，人口の再生産を担うとされる若年女性〔20〜39歳〕の将来推計人口が2010年から2040年の間に50％以上減少する市区町村）に該当することを発表して，多くの自治体で衝撃が走った（増田 2014）。人口減少が進む中で，国から都道府県，都道府県から市区町村へ，権限をどこまで移譲すべきか，自治体ごとの財政力の格差をどこまで許容し，どの程度財源を移譲すべきか，住民サービスのあり方としてどのような枠組みが適切であるのか，権限，財源，枠組みをセットで考えていかなくてはならないだろう。

 ## 自治体の政策は誰がどのように決定しているか

住民自治——自治体の政策決定と執行

　現在，地方自治体は長期的な課題として，人口減少や少子高齢化に直面する

とともに，短期的には，それぞれの自治体が直面する課題（たとえば，待機児童，子どもの貧困，介護サービスの充実など）とも向き合わなくてはならない。しかも経済の低成長時代で財政に十分な余裕がないなかで，いかに住民のニーズに応えていくか頭をひねらなければならない。こうした課題に対応していく主体として，住民代表としての首長と議会，そして住民自身の存在がある。自治体の政治の仕組みは，国（議院内閣制）とは異なり，首長と議会議員がそれぞれ住民の選挙で選ばれる**二元代表制**である。まずは自治体での政策決定がどのように行われているか確認しよう。

　自治体の政策決定は，その内容が議会の議決対象か否かによって決定機関が異なる。議会の議決対象であれば議会が決定機関となり，議会の議決対象ではないもの，たとえば自治体の規則などは首長率いる行政組織やその他の執行機関で決定される。議会の議決対象としては，必ず議決しなければならない 15 項目が地方自治法 96 条 1 項に規定されている。主たるものに予算の決定，条例の制定・改廃がある。このほか議会は議決対象に新たな項目を追加することができる（地方自治法 96 条 2 項）。これにより自治体の将来的な計画である「基本構想」や「基本計画」を議会の議決対象とする自治体が多い。議会は自治体において重要な予算や条例を決定していく機関であり，**議決機関**と呼ばれる。

　それでは，予算や条例の制定・改廃を提案するのは誰だろうか。予算は次年度の政策を具体化するものであり，その提案は首長の専権事項とされている。議会は予算案を増減とも修正可能だが，首長の発案権の侵害となるような大幅な修正は不可（地方自治法 97 条 2 項）であり，全体として首長案の修正はほとんどない。条例の制定・改廃については，首長，議会ともに提案可能である。首長提案が 9 割以上であるが，近年は議会からの政策条例の提案も出てきている。首長だけでなく，議会も住民代表として多様化する住民ニーズを吸い上げ，政策条例を提案していくことが求められている。

　自治体の予算や条例が議会で決定された後，実際にそれを執行するのは，首長率いる行政組織である。そのため，首長は**執行機関**と呼ばれる。

　自治体では，首長と議会は相互に牽制し合い，よりよい自治をめざして行動することが求められる。選挙では，首長は小選挙区，議員は大選挙区といった異なる選挙制度によって選出されるため，代表する意思が異なり，首長と議会

の意思が対立することもありうる。両者が対立する際の解決手段として用意されている制度には，次の3つがある。(1)**再議**：首長の意思と異なる議決が議会で行われた場合，首長が拒否し，再度議会の審議を求めることができる。ただし，条例の制定・改廃や予算に関する議決について，出席議員の3分の2以上（条例や予算以外は過半数）の再議決で議決は確定する，(2)**不信任議決と解散**：議会は首長の不信任議決を行うことができるが（議員数の3分の2以上の出席，4分の3以上の同意），首長はこれに対し，議会の解散権が認められている（不信任議決の通知を受けてから10日以内に解散か，失職），(3)**専決処分**：議会が議決すべき事項について議決しない場合，首長が議会に代わり権限を行使する。次の議会に専決処分の報告を行い，議会の承認を得る必要がある。

首長は予算の提案権を持つほか，再議権や専決処分を持つため，議会に対して優位な立場にあるとみられる。しかし，条例や予算を決定するのは議会であり，首長が行いたい政策であっても議会の決定がなければ実行できない。自治体の政策に関しては，首長とともに議会も影響を及ぼしていることが確認されている（砂原 2011；曽我・待鳥 2007 など）。議会で首長を支持する会派が少ない場合，議会の構成を変えるために地域政党を立ち上げて議会選挙に臨む首長もいる（橋下徹元大阪市長の大阪維新の会や小池百合子東京都知事の都民ファーストの会，河村たかし名古屋市長の減税日本など）。

二元代表制の機能の問題として「**与野党意識**」の存在がある。自治体の政治の仕組みは議院内閣制ではないため，本来与党や野党といったものは存在しない。しかし，現実には議員たちは首長選の際に支持した候補が首長になると自らを「与党」と考え，首長側もそれらのグループを与党とみなし，支持しなかった議員たちを「野党」とみなす「与野党意識」が，首長と議員双方に形成されやすいといわれている（大森 2009）。与党が過半数を占めていれば議会審議は形骸化する。特に相乗り首長（次項で説明）は議会の総与党化をもたらしやすく，議会のチェック機能を低下させる恐れがある。実際，与党会派率が高い都道府県ほど，知事提出議案の修正率が低いことがわかっている（築山 2015）。

ところで，首長の支持会派が議会で少数の場合，自らの政策の支持を住民から取り付けるために直接的な住民参加を行う場合もありうる（河村 2008）。立

案段階から住民が関わるものを議会は否決しづらいからである。首長と住民が直結すると，議会の存在意義が問われることとなる。そこで近年では，議会も代表機関としての役割を高めるため，住民参加を進めるところが増えてきている。議会報告会の実施がその1つである。報告会のあり方は議会によってそれぞれ異なるが，開催数の多い議会を例にとれば，定例会終了後，複数の会派の議員が議会体として住民のところへ出向き，審議結果について報告して住民と情報共有を図るとともに，住民との意見交換を行う。住民にとっては地元の議員だけでなくさまざまな議員を知る良い機会となる。また議員にとっては，地元以外の地域についても課題の把握ができ，執行機関に対峙できる情報を得る貴重な機会となりうる。

このように首長，議会ともに住民参加を進めることは，多様な住民の意思を把握する機会につながるだろう。しかし，条例や予算，自治体の計画など主要な議案は議会で決められる。その議会の場においてこそ，多様な住民の視点を含む論点が提示され議論される必要がある（金井 2016）。首長と議員による審議の活性化，二元代表制の機能の活性化が求められている。

首長の権限とその担い手

自治体の長は，リーダーシップをとり，外部に対して自治体を代表する地位にある（地方自治法 147 条）。主な権限として，予算を提案すること，条例を提案し規則を制定することがある。予算は政策を具体化したものであり，これを提案できるのは，先に述べたとおり首長のみである。そのため，日本の地方自治制度は**首長優位**の二元代表制といわれる。実際に，都道府県議や職員へのアンケートでも，政策立案における最も影響力ある主体のトップに首長が挙げられている（小林・中谷・金 2008：128 頁）。また，首長は補助機関である行政組織を率いて事務を管理し執行する。職員という資源を用いることができるため，議会に提案される条例案の大半は首長側から提出されている。首長の率いる行政組織は条例で定めることになっており，千葉県松戸市の「すぐやる課」など独自に組織編成ができる。

教育委員会，選挙管理委員会，監査委員などの行政委員会は，首長と同様に執行機関に位置づけられている。これらは扱う内容の性質上，首長とは一定の

距離を置く機関であるが，教育委員会については，2011年に大津市でいじめにより中学生が自殺した問題で教育委員会が十分に対応できなかったことに端を発し，首長がより教育行政に関われるように制度改正された。首長は教育委員を任命するとともに，首長と教育委員会による「総合教育会議」を招集し，教育の基本方針である「大綱」を作成する。ただし，首長の教育行政への過度な関わりが生じないか懸念が示されている。

　それでは，どのような人が首長になっているだろうか。首長の被選挙権年齢は，知事は満30歳以上，市区町村長は満25歳以上で，当該自治体の住民であるかどうかは要件ではない。自治体が1つの選挙区となる小選挙区制により選出されるため，自治体全体から広く支持を得ることが必要となる。

　党派性については時代によって異なる。高度経済成長のひずみとして生じた公害問題，生活環境の悪化は，各地において住民運動を生じさせた。このようななかで，1960年代後半から70年代にかけて，自民党の支援を受けず，社会党や共産党の推薦・支持を受けた首長（**革新首長**）が都市部を中心に当選した。革新首長は国よりも上乗せした基準で公害規制を行ったり，老人医療費を無料化するなど国に先駆けた政策を実施したりした（岡田 2016；佐藤 2005）。その後オイルショックを経て，日本の経済成長が鈍化し，自治体財政が逼迫するなか，革新首長は退陣を余儀なくされていく（大森 1986）。80年代は，代わって保守・中道政党からの推薦・支持を受けた首長や，各政党の支持を受けた**相乗り首長**が登場し，その中心となった。また90年代は政党への不信感も高まるなか，どの政党からも支援を受けない無党派首長が増えた。特に，90年代半ば以降，官僚による不祥事が明るみに出るなか，情報公開や公務員改革を唱える改革派首長と呼ばれる首長が登場した。近年でも**無党派首長**が最も多いが，国政における自公の連携が堅調であり，自公推薦の首長も一定数いる（『全国首長名簿』）。

　首長選出に関する問題としては，首長の**多選**がある。4期目以上の首長は知事で16名（2021年12月），市区長で179名，町村長で193名いる（2021年12月）。全国最多の当選回数は2022年8月現在，山梨県早川町長の11期目である。首長の権限が強いため，現職首長が立候補するとなると各政党が相乗りをする動機づけが生まれる。相乗りになる場合，他の候補者が出ず無投票で当選

を重ねるか，他の候補者が出たとしても現職が強いため有権者の関心も低くなり，投票率が低くなることが多い。2019年統一地方選挙では，知事選挙を除き都道府県，市区町村いずれの平均投票率も過去最低となった。多選自粛に関しては，首長自ら提案して条例を定める自治体もあるが，条例を廃止したり破ったりして再度出馬する例もみられる（2019年大田区長選挙，2019年神奈川県大和市長選挙，2021年埼玉県川越市長選挙）。

議会の権限とその担い手

議会の権限として主なものに，先述した**議決権**，**議案提出権**（議員定数の12分の1以上の賛成で提出可能）のほか執行機関への**監視権**がある。監視権としては，自治体の事務について監査を請求する権限や，自治体の事務を調査する権限（いわゆる百条調査権），副知事・副市町村長など首長の人事への同意権，首長に対する不信任議決権などがある。また自治体の公益に関する問題について，意見書を国会または関係行政庁に提出できる権限（意見表明権）もある。

議決の場である定例会は毎年条例で定める回数，首長が招集する。年4回，2（ないし3）・6・9・12月に定例会を実施する自治体が多いが，通年会期を定めている自治体もわずかながら存在する。一般的に次年度の予算は2（ないし3）月の定例会で，決算は9月の定例会で審議されることが多い。そのほか臨時会がある。

2000年の地方分権一括法の施行以降，権限が増す自治体行政への監視機能や，議会としての政策立案機能，住民代表機能を高めるべく，審議過程の充実化，議会における住民参加を高める取り組みなど，議会改革に臨む自治体が出てきている。議会としてのあり方を議会基本条例で示す自治体も増えている。もちろん改革に向き合う姿勢は議会ごとに差があり，旧態依然とした取り組みの議会もある。

それでは議会はどのような議員によって構成されているだろうか。

議会議員の選挙については，被選挙権は満25歳以上で，その選挙の選挙権を有する（当該自治体に3ヵ月以上居住している）者が該当する（公職選挙法9条，10条）。選挙では，都道府県は郡や市の単位で選挙区を構成し，政令指定都市では行政区を選挙区単位としている。それ以外の市区町村では選挙区を設けて

いない。多くは大選挙区制による選出で，定数が多いほど当選に必要な得票数が少なくてすむ（選挙制度については，第2章を参照のこと）。地盤となる地域や親類などの票固めにより必要な票数を確保できることから，地域や支持母体の利害に関心が向いてしまうともいわれる（上神 2015；河村 2010：第4章）。またこうした選挙制度により，政党単位ではなく個人単位の選挙となり，利益が集約されないという問題もある。

　次に議会の構成であるが，男女比については国会議員と同様に女性の割合が少ない（column ❷参照）。年齢は60代以上が最も多い割合を占める。規模が小さいほどその傾向が顕著である。職業構成については，都道府県や市は専業が多く，町村では兼業が多く，とりわけ農業従事者が多い。

　首長が政策過程への住民参加を進めるなかで，住民からは議会の存在意義が見えにくくなっている。しかし，首長に対峙する機関としての役割は，首長の権限が拡大するなかで，ますます高まっているといえよう。また首長と議会はともに住民代表だが，議会は首長と異なり，複数の住民代表から構成される。つまり，本質的には多様な住民を代表し，議論や合意形成を行う場となりうる。しかしながら実際には先にみたように，年齢や性別，職業の偏りが存在している。住民が一様ではなく，またさまざまな課題に自治体が向き合わなければならないなかで，いかにこの組織体を活性化することができるか，制度のあり方を検討する必要がある。そのあり方は全国一律である必要はないだろう（辻 2019）。それと同時に，議会の存在意義を住民自身が認識し関心を持てるようにすることも必要であろう。

 住民はどのように関われるのか

住民の定義

　自治体の政策に対して住民はどのように働きかけることができるだろうか。

　まず，自治体の住民とは誰のことだろうか。地方自治法には，「市町村の区域内に住所を有する者は，当該市町村及びこれを包括する都道府県の住民とす

Column ❻　議員報酬となり手不足問題

　議会の定数と議員報酬は条例によって決まる。定数や報酬額は自治体規模が大きいほど多いという傾向がある。定数が多いか少ないか，また報酬が多いか少ないかといった評価は，議会にどのような役割を求めるかによって異なる。住民の多様な意見を反映する機能を高めるには一定の定数が必要であり，政策について専門的に議論する場と限定的に捉えるならば少ない定数でもよいことになる。また兼業しながらボランティア的に役割を果たす位置づけであれば報酬額は低くてよいが，専業での立場を求めるのであれば相応の報酬額が必要となる。実際のところボランティアでは務まらないと回答する議員は多い（『町村議会議員の活動実態と意識』）。しかし一部議員の言動や振る舞い，政務活動費の私的流用等があり，議会活動が住民の目に見えづらいこと，地方財政の逼迫状況などもあいまって，定数と報酬には住民の厳しい目が向けられている。

　他方，多くの地方議会では，議員のなり手不足に悩まされている。とりわけ人口規模が小さい自治体では深刻な問題である。2019 年の統一地方選挙では町村議会選挙の無投票当選率は 2 割を超え，定数割れの議会も出てきている。高知県大川村では 2017 年，村議会の代わりに町村総会を設置可能か検討がなされた。「町村総会」は地方自治法 94 条に規定があるもので，通常，自治体は議会を置くことになっているが（地方自治法 89 条），町村では条例で議会を置かず，選挙権を有する者の総会を設けることができる。検討の結果，町村総会は導入されなかったが，総務省でも「町村議会のあり方に関する研究会」が設置され，町村議会の新たなモデルが提示された（現行の議会のほか，少数の専業的議員による議会構成で，生活給を保障する十分な議員報酬を支給する「集中専門型」と，多数の非専業的議員による議会構成で，夜間・休日を中心とする議会運営を行う「多数参画型」。詳細は同研究会の報告書を参照）。しかしこの案に対しては，首長への監視機能の弱体化，二元代表制への形骸化への懸念等が出され，総務省では新たに議会関係者を含めた「地方議会・議員のあり方に関する研究会」を設置した。町村議会にとどまらず議会のあり方が検討され，立候補環境や経済的な保障，身分規定，議会運営の工夫等，多角的視点から対応策が出されている。

る」（地方自治法 10 条）と規定されている。つまり年齢や国籍にかかわらず，当該自治体に生活の本拠がある者はすべて住民となり，赤ちゃんや外国籍の人，また法人も住民の定義に入る（外国籍の住民については，第 12 章を参照）。

地方分権一括法の施行以降，自己決定・自己責任の原則に基づく自治体運営が求められることとなり，住民も行政運営の担い手の1人であるとして，住民との協働のために必要な原則を条例で定める自治体が増えている。**自治基本条例**やまちづくり条例といった名称が多いが，その条例では，居住住民とともに，当該自治体で時間を過ごすことが多い通勤・通学者や法人を含めて，市民（住民）としている自治体もある。

　ところで，住民と市民を区別して使用する場合がある。前者は特定事業に関して直接的な利害関係を持つ，特定地域に住む者であり，後者は自治の主権者である市民一般であり，区市町村の政治行政そのものに能動的に参加する主体である（西尾 1980：37頁）。しかし，本章ではこれらを区別せず，住民をより広い概念として用いる。

住民参加の種類──制度的な参加

　さて，私たちは自治体に対して，どのような働きかけをすることができるだろうか。私たちの意思を伝える手段としての自治体への働きかけ，すなわち「住民参加」（もしくは「市民参加」）は，自治体の住民が当該自治体における公共的な問題の解決に向けて，自発的に行政や議会，社会に対して何らかの影響を及ぼす行為と定義できる（第2章参照）。

　具体的な制度としては，「法律に基づく参加」（制度的な参加）と「法律に基づかない参加」（非制度的参加）に分けることができる（ここで法律とは，国会で決定される法規を指しており，自治体で独自に定める条例は含めていない）。

　制度的参加には，「地方選挙での参加」（都道府県知事選挙，市区町村長選挙，都道府県議会議員選挙，市区町村議会選挙）のほか，「直接請求制度」「請願」がある。制度的な参加のうち，選挙権と直接請求権を有するのは，当該自治体に3カ月以上居住している日本国籍を持つ18歳以上の有権者である。

　まず，「**地方選挙**」では，4年間の任期を持つ議会議員や首長について，選挙ごとに新しい代表を送り込むことができる。現実には，先にも述べたように，議員のなり手不足，首長の多選による無投票当選，首長選挙での相乗り状況で有権者の選択肢が少なくなっている問題などがある。

　次に，「**直接請求制度**」としては，①地方自治法に基づく条例の制定・改廃

CHART | 表10.2　住民参加の種類

制度的な参加	非制度的な参加	
	自治体裁量による参加	住民による自主的な参加
⑴地方選挙 ⑵直接請求制度 　①条例の制定・改廃請求 　②事務の監査請求 　③議会の解散請求 　④議員の解職請求 　⑤首長の解職請求 　⑥副知事や副市長村長, 　　選挙管理委員等の解 　　職請求 ⑶請願	⑴行政への参加 ⑵議会への参加	NPOへの参加, 地域コミュニティ活動への参加など

　請求の利用, ②事務の監査請求, ③議会の解散請求, ④議員の解職請求, ⑤首長の解職請求, ⑥副知事や副市区町村長, 選挙管理委員, 監査委員, 教育委員会の委員等の解職請求がある。①としては, 議会で決定された条例に対し, 改正・廃止要求ができるほか, 新たな条例の制定を要求できる。②から⑥までは, 署名が一定の要件を満たせば, ②については監査の実施が, ③から⑤については有権者の投票で過半数の同意があったとき, 解散, 解職がなされる。⑥については議会で3分の2以上の出席かつ4分の3以上の同意があれば解職となる。

　①から⑥までで, 最も多く利用されているものは①である。なかでも, 特定の争点について住民の投票を求める住民投票条例の制定請求が多い。データで確認すると2018年度から2020年度までの3年間で, 直接請求39件のうち7割（27件）がこれに該当する。直接投票を求める内容としては市庁舎建設・建替・移転の是非, 開発事業の是非, 複合施設建設の是非などである。しかしこの27件のうち議会で可決され住民投票に至ったものは1件のみである（総務省『地方自治月報』60号）。

　最後に, 議会に対する意見や要望を伝える手段として「**請願**」がある。請願には年齢制限, 国籍要件はない。18歳未満でも, 外国籍の人でも, 議会に対して請願を出すことができる。ただし, 請願は提出の際に議員の紹介が必要となる。詳細は各自治体の要綱や規則などで規定されている。請願は, 2020年の1年間で, 815市で2615件が提出され, 約3割（862件）が採択されている。

住民参加の種類──非制度的な参加

　非制度的な参加については，自治体の裁量によって行われる参加，住民による自主的な参加がある。前者については，行政への参加，議会への参加がある。後者については，NPO への参加や地域コミュニティ活動への参加などがある。ここでは，自治体の裁量による行政への参加を紹介する。

　佐藤徹は，市民参加について，行政の関与の程度が最も高い「**行政主導型の市民参加**」（アンケート，審議会への市民公募，パブリックコメント）から「**協働**」（市民会議，NPO と行政による協働事業）の段階，そして市民の関与度が最も高くなる「**自治**」（市民立法，コミュニティ組織への権限委譲）の段階へと分類している（佐藤 2005）。自治体で採用される形態としては，行政の関与度が最も高い「行政主導型」の参加が多いが，地方分権一括法施行以降，地域住民も行政運営の担い手に含めたガバナンス（協治）のあり方が模索されており，近年では，「協働型」が増えている（柳 2010）。先に挙げた「自治」の段階に近いものとして，三重県名張市の「ゆめづくり地域予算制度」がある。小学校区を単位とした地域自治組織に対し交付金を交付し，その交付金を使って住民自らが地域に必要な課題に取り組む制度が 2003 年度から行われている。このほか自治体全体の予算に住民の意向を反映させる制度も始まっている。東京都では，都民（通勤・通学者含む）が提案した課題を都民の投票で選定し，次年度予算に反映していく「都民による事業提案制度」が 2017 年度から導入されている。

　こうした住民参加であるが，代表機関と同様に，代表性の問題が指摘されている。パブリックコメントも，公募委員への参加も，事業提案も，関心がある住民が積極的に参加する一方で，子育てや就業などにより参加が難しい人たちや，公の場での参加を望まない人たちの声を拾うことが難しい。また，参加住民が全体を代表しているとはいえない。そこで，無作為抽出で住民を選び，討議をしてもらう手法を取り入れる自治体が出てきている。ドイツの社会学者 P・ディーネルにより考案された住民参加手法である計画細胞会議（プラーヌンクスツェレ）を参照した「**市民討議会**」の試みがそれである（篠藤 2012）。佐藤によれば 2006 年度から 2010 年度までの 5 年間で 79 自治体において実施されている。市民討議会では，計画細胞会議に則り，参加者の無作為抽出，参加者

への謝礼の支払い，公正公平な運営機関による実施，参加者による小グループ討議，報告書の公表といった原則で実施され，テーマについてもまちづくり，安心安全，子育て教育など多様な内容で実施されるようになっている（佐藤 2012）。そのほか，気候変動対策を対象とした，無作為抽出市民による議論の場「気候市民会議」を設ける自治体も出てきている（札幌市，武蔵野市）。

　また，無作為抽出の市民を対象とした**討論型世論調査**の試みもみられる（第2章参照）。討論型世論調査は，参加者の政治的平等と熟議という2つの原則を兼ね備えた制度として，アメリカの政治学者J・フィシュキンによって考案された（Fishkin 2009）。無作為抽出で参加依頼を受けた個人が集まり，専門家の意見も聞きながら熟議をし，最終的な意見を再度世論調査のかたちで集計するものである。討論型世論調査は，グループで何らかの結論を出すものではなく，個人としての意見が集計されるため，他者による同調や社会的圧力を受けにくく，従来の世論調査と異なり熟慮された意見を集計できるとされる。国内では国を除くと，3自治体（神奈川県，藤沢市，札幌市）で実施された（坂野 2012；柳瀬 2015）。こうした新しい参加の形態では，自治体の重要な課題に関して，専門家からの情報提供も受けつつ，市民同士で熟議する点が重視されている。ただし実践事例では無作為抽出で呼び掛けられた住民すべてが参加するわけではなく，実際に参加する住民の属性的な偏りは避けられない（井手 2010；坂野 2012）。また熟議に際して情報提供のあり方や実際の討議での熟議の質，得られた結果を行政側がどのように利用していくのかといった問題もある。これらを念頭に置きながらも，さまざまな方法によって参加住民が多層化され，意見が顕在化されていくことには意味があろう。それと同時に，すべての政策決定に住民が関わることは現実的に困難であり，代表機関をいかに活性化できるかという視点も重要となってこよう。

読 書 案 内 ▌　　　　　　　　　　　　　　　　　Bookguide ●

曽我謙吾（2019）『日本の地方政府──1700自治体の実態と課題』中央公論新社。
　⇒地方政府の構造と実態について，住民・地域社会・地方政府間・国との関係から考察されており，全体像を把握するうえで有用である。

磁崎初仁・金井利之・伊藤正次（2020）『ホーンブック 地方自治〔新版〕』
　北樹出版。
⇒本章で扱わなかった自治体の組織管理や，自治体が扱う主要な公共政策
　の動向についてまとまっているテキストである。

宇賀克也（2021）『地方自治法概説〔第9版〕』有斐閣。
⇒地方自治の制度をかたちづくる地方自治法の概括的なテキストであり，
　制度運用の具体事例も豊富である。

砂原庸介（2011）『地方政府の民主主義──財政資源の制約と地方政府の政
　策選択』有斐閣。
伊藤修一郎（2002）『自治体政策過程の動態──政策イノベーションと波及』
　慶應義塾大学出版会。
⇒自治体において政策がどのようなメカニズムを通じて選択されているの
　か，二元代表制の機能や自治体の相互参照の視点から理解するうえで役
　立つ著書である。

篠原一編（2012）『討議デモクラシーの挑戦──ミニ・パブリックスが拓く
　新しい政治』岩波書店。
⇒本章でふれた討論型世論調査や市民討議会など住民参加の新しいかたち
　について理解を深めることができる。

引用・参考文献　　　　　　　　　　　　　　　　**References** ●

※本章の引用・参考文献リストは本書のウェブサポートページをご覧ください。

第 **11** 章

安心社会とケア

INTRODUCTION

　私たちが安心して生活を送るためには，生活の安定が必要である。具体的には，安定した雇用，生活できる賃金，安心できる医療や年金，子育てや介護への支援，困窮したときの救済策（失業保険や生活保護）などがある。人生において誰もが直面するリスクに対処するにあたっては，政府を通じて社会で広く助け合うやり方と，個々人が自己責任で乗り切るやり方がある。日本はどちらかといえば後者のやり方を選択してきた。なぜこうした選択が取られてきたのかは，日本の政党政治や統治システムと深く関連している。この章では，これまでみてきた日本の政治のあり方が，日本の安心社会やケアのあり方をどのように規定してきたかをみていこう。

QUESTIONS

① 「日本型福祉レジーム」の特色は何だろうか。なぜそのようなレジームが形成されたのだろうか。
② 現在，格差が広がり，将来への不安が広がっている。また高まるケアのニーズに応じられていないといった機能不全に陥っている。なぜ，政治は社会のニーズの変化に対応できていないのだろうか。

1 日本型福祉レジームの特徴

┃「小さい政府」の日本 ┃

　私たちが安心して生活を送るためには，人生において誰もが直面するリスクに対する備えが必要である。具体的には失業，病気，高齢，出産・育児，介護などによって働けなくなったときには，生活への支援が必要となるし，幼少期や老齢期あるいは病気・怪我のとき，障がいを抱えている場合にはケア（心と身体の世話や介助）が不可欠となる。トマス・ホッブズが論じたように，国家の基本的な役割が安全と安心の提供にあることを思い起こすと，こうしたリスクに対処するために**福祉国家**が発展してきたといえる。

　実際，日本の社会保障に関わる公的な社会支出は 2020 年度には 136 兆円を超え，GDP（国内総生産）の 25.5％ となっている（令和 2 年度社会保障費用統計）。いかに多額の費用を社会保障に費やしているかがみてとれる。内政上の最大課題の 1 つは社会保障にあることに間違いなく，政治は常に安心できる社会をどう築くのかという課題に向き合わざるを得ない。

　福祉国家の規模は経済発展の度合いと高齢者比率の影響を受ける。一般的に生活水準が高く，高齢化の度合いが高いほど，社会保障にお金を使う傾向にある。しかしながら，経済水準の高い先進国の間にも社会支出には大きな差がみられる。このことはつまり，各国の政治的な要因によって福祉国家の規模やあり方が規定されてきたことを意味する（田中 2017）。

　日本の社会支出は長い間，比較的低かった。1990 年時点の社会支出を対 GDP 比で比較すると，日本 11％，アメリカ 14％，イギリス 17％，ドイツ 21％，フランス 25％，スウェーデン 29％ と日本の低さが際立つ。ところが高齢化が進展し，子育て予算も増やした 2018 年時点では，日本は 23％ にまで急増し，イギリスの 21％，アメリカ 24％，ドイツ 27％，フランス 32％，スウェーデン 26％ とほぼ同水準となっている（令和 2 年度社会保障費用統計）。

　社会支出にはこのように時代や国よって大きな開きがあり，さらに内訳でも

相違がある。安心して暮らしたいというニーズにはどの国でもそれほどの違いはじつはない。政府を通じてニーズを満たそうとすれば社会支出は大きくなるが，民間保険などの市場を通じて達成しようとすればその額は小さくなる。国家か市場かの違いは**再分配**には大きな影響を及ぼす。国家を通じてリスクに対処すれば，再分配によって経済的な格差は縮小するが，市場を通じて行えば格差は縮まらず，むしろ経済力に応じて享受できるサービスの質・量は違ってくる。

　そもそも福祉国家は貧困を防ぐ，あるいは困窮した人たちを救済することから出発した。現代では，税・社会保険料というかたちで現金を納め，その見返りとして年金や手当などの現金を受け取ったり，医療や保育園・介護などのサービスを受ける。支払いと受け取りは完全には一致せず，所得の高い人ほど多く支払い少なく受け取るという再分配が生じる。再分配とは助け合いを制度化したものであるから，再分配を通じて格差が縮小することで，社会には連帯と安定がもたらされると考えられるのである。

┃働かざるもの食うべからず？┃

　日本の特徴を理解するためには，政府の社会支出だけではなく，社会全体でどのように安心を築き，リスクに対処してきたのかをみる必要がある。そこで，国家の役割に主に焦点を当てる福祉国家という概念に代わり，福祉レジームという言葉を用いることにしよう。**福祉レジーム**とは，私たちが人生において直面するさまざまなリスクに対処し，困窮することのないよう未然の防止策を講じたり，あるいは困窮に陥った場合には支援策を講じ，実施する仕組みを意味する。担い手は中央政府とともに，地方自治体，社会福祉などに関わる非営利団体，民間事業者，地域コミュニティ，家族など多岐にわたる。社会全体の支え合いシステムといってもよいだろう。このとき，誰がどのように分担するかは，すぐれて政治的な問題であり，国や時代によってさまざまなやり方がある。

　日本の福祉レジームの特徴は**雇用保障**を重視してきたことにある（三浦 2015；宮本 2008；Miura 2012）。戦後日本の保守政治は雇用を保障することに心を砕き，実際に日本の失業率はきわめて低い。学校を卒業すると同時に就職する**新卒一括採用**の慣行が形成され，若者の失業率は長年低く抑えられてきた。

いったん正社員として雇用されれば定年まで終身雇用が保障され，簡単には解雇できない法制度も整備されてきた。また，土建国家としばしば呼ばれてきたように，仕事の少ない地方には政府が積極的に公共事業を行うことで雇用を作り出してきた。中小企業に対する補助金などの支援策や市場競争を制限する規制も，雇用を作り出し維持する役割を担った。こうした福祉レジームのあり方は「雇用を通じた福祉」や「勤労国家」などと呼ぶことができるだろう。

　とりあえず仕事だけはあるという状態は，社会保障費の伸びを抑制することにつながった。勤労者に対しては企業が福利厚生を発達させ，そのことがまた企業への一体感を醸成し長期雇用を下支えした。政府による社会保障の主たる役割は，働いていない時期と働けない人たちに限定されることになる。失業時には雇用保険が，引退後の生活保障としては年金制度が発達し，働けない人たちに対しては生活保護や障がい者福祉などが整備されてきた。日本の社会保障費が相対的に低い理由は，こうした「働かざるもの食うべからず」とでもいうべき政策哲学が通底してきたことにある。第 12 章で検討される T・H・マーシャルのシティズンシップ論とは異なる発想に立っていたということになる。

　雇用を保障されてきたのは男性だけであった点には，あらためて注目する必要がある。女性は 1985 年に男女雇用機会均等法が制定されるまで，結婚と同時に退職する慣行が一般的であり，女性にだけ早期の定年が設定されることもしばしばあった。夫が主たる稼ぎ主で，妻が専業主婦あるいは主婦パートである家庭を標準とみなす**男性稼ぎ主モデル**が高度経済成長とともにつくられ，現在までその根幹はほぼ維持されている（大沢 2014）。税・社会保障が男性稼ぎ主モデルを前提に組み立てられ，モデルに合致したライフスタイルが優遇されてきたのである。専業主婦となった女性たちは，子育てや介護を家庭内で無償で提供する役割（**無償ケア労働**という）を担い，このことも社会保障費の抑制につながってきた。

財政赤字とケアの赤字

　日本の福祉レジームは経済が成長し雇用が生まれ，また性別役割分業が社会的に受容されている限りは，日本社会の安定に貢献したといえるだろう。ところが，バブル経済の崩壊以降，経済が長期にわたって低迷するようになると機

能不全に陥っていく。

1990年代に入ると**非正規雇用**が拡大し，雇用環境が悪化していく。非正規雇用の割合は1990年代半ばには約2割だったのが，2010年以降は35％を超えて4割近くに迫るようになった。正規雇用と非正規雇用では賃金決定の仕組みが異なり，両者の間には大きな待遇の格差がある。非正規雇用から正規雇用への転換も容易ではない。もともと，非正規雇用には女性が多く，男性稼ぎ主モデルのもとでは主婦パートとして家計補助的に働いていた女性が多かったことから，非正規労働者の低賃金が貧困問題として認識されてこなかった背景がある。

雇用保障を前提に安心社会を組み立てるのであれば，雇用環境の悪化は何としても食い止めなければならないが，実際には，非正規雇用が常態化し，さらにはブラック企業と呼ばれるような法令違反の事例が社会問題化するまでになっている。

雇用だけは保障してきた日本型の福祉レジームは，このように雇用が劣化すると格差や貧困に直結する。**相対的貧困率**とは1人当たりの可処分所得が全人口の中央値（最も所得が少ない人から数えてちょうど真ん中となる人の所得）の半分未満である人の割合で，先進国で一般的に用いられている指標である。1985年には日本の相対貧困率は12％だったのが，上昇の一途をたどり2012年には16.1％と，6人に1人は相対的に貧困の状態にある。2018年には15.7％であり，高止まりしている。同年前後のイギリスの相対貧困率は11.7％，ドイツ9.8％，フランス8.5％，スウェーデン8.7％であることを考えると，相対的貧困率は政治によって削減が可能であることがわかる（OECDによる統計）。そもそも，「一億総中流」と思われていた80年代であっても相対的貧困率が12％というのは，じつは見ようとしなかっただけで，日本には貧困問題が存在していたことを意味する。日本の政治が格差や貧困に鈍感であり，政治問題として取り組んでこなかったことが，今日の高い貧困率をもたらしている。

では，貧困や，より広く困窮した状況に陥ったとき，日本型の福祉レジームはどのように安心をもたらしてきたのだろうか。生活に困窮した場合の最後の砦は生活保護である。受給には厳しく資産調査（ミーンズテスト）が課せられるが，受給額自体は憲法25条に謳われる「健康で文化的な最低限度の生活」を保障するものである。ただし，受給率は高くなく，メディアで取りざたされる

不正受給よりも，むしろ漏給（受給条件を満たしているのに受け取っていないこと）のほうが先進国としては深刻な問題である（稲葉 2013）。

　生活保護以外の手段で生活を安定させるためには，低価格の公営住宅や住宅手当，子育てに関わる手当や学費減免，医療保障，職業紹介，職業訓練などが必要になる。雇用が安定し生活賃金が稼げる状況ではさほど必要のなかったこれらの制度は，現在のように雇用が悪化した状況ではその必要性が高まっている。2015 年には生活困窮者自立支援法が施行され，複合的な課題を抱える生活困難者への包括的な支援が開始している。

　日本は現在でこそ社会支出が大きくなっているが，再分配機能が弱いという特色を持つ。税・社会保障による再分配の前と後でどのくらい相対的貧困率が削減されたのかを**貧困削減率**という。1980 年代の貧困削減率はたったの 4％しかなかったが，2000 年頃には年金に再分配機能があることから 36％に上昇する。それでもヨーロッパ諸国の 60 〜 80％台とは大きな開きがある。また，世帯によっては再分配後に貧困率が上昇する逆転現象が生じている。2005 年時点では成人が全員就業する世帯（夫婦共働き，1 人親，単身）で逆転現象が生じた（大沢 2014：378 頁）。なぜ逆転現象が生じるかといえば，現金給付が少ないこと，逆進的な控除が多いこと，低所得者が社会保険制度から排除されていることなどがある。福祉国家による再分配に逆転現象が生じているのは OECD 諸国では日本だけである。低い貧困削減率といい逆転現象といい，総額では北欧と遜色のない日本の福祉国家の内実は，きわめて効率の悪いものとなっている。

　また近年では，高齢化の急速な進展および女性の社会進出に伴いケアのニーズが高まっている。女性が働くためには育児を社会全体で担う「育児の社会化」が不可欠だが，待機児童問題は長期にわたり解決されてこなかった。介護を社会化する介護保険制度は 2000 年に施行され，最近では地域包括ケアという名のもとで在宅で医療と介護を受けられる仕組みも模索されている。ケアのニーズに見合ったかたちで福祉レジームを再編する必要に迫られているといえよう。

　ニーズに見合った福祉サービスを供給するには増税が不可避となる。しかしながら，日本の政党は増税を選挙で訴えることには及び腰で，その結果，政府

債務は増え続け，2020年ではGDP比の259％という膨大な規模になっている。財政破綻を防ぐためには財政再建，すなわち増税と支出削減が不可欠であり，さらなるケアのニーズを満たすのであれば増税は避けて通れない。増税を有権者に説得できない政治の有り様は次世代に大きなツケを残している。

日本の政党政治と福祉レジーム

労働者と経営者

日本型福祉レジームは，本書でこれまでみてきた政党政治や政策決定過程の帰結として形成されてきた。私たちが有権者として参加してきた選挙の結果や，政党競争，政官関係などがめぐりめぐって福祉レジームをかたちづくってきた。

社会支出が国際的にみて少なかったことは，政治学的には**資源動員論**から説明が可能である。これは，労働組合に支持基盤を持つ左派政党が政権に就いている期間が長いほど福祉国家が発達するという理論である。労働組合は賃金上昇や労働環境の改善とともに，福祉国家の整備を求めて政治運動を行うからである。労働組合の強さは労働者がどれだけ組合員となっているかという組織率と，組合がどれだけ全国組織としてまとまっているかという集権度の2つに主に規定される。日本は組織率が低く（1982年まで30％以上，2003年からは20％を下回る），また1989年に連合（日本労働組合総連合会）として約6割の組織がまとまるまで，総評と同盟の2つの陣営に大きく分かれ対立があり，集権度も高くはなかった。また，労働組合から支持を受ける政党（社会党や民主党）が政権に就く時期もごく短いものであった。**労働なきコーポラティズム**（第3章参照）といわれてきたような労働組合の弱さが社会保障の伸びを抑制してきたと考えられる。

もっとも，1955年以来ほとんどの時期が保守政党である自民党が政権を担ってきたことを考えると，もっと小さな福祉国家になっていたとしてもおかしくないのかもしれない。社会保障費が上昇してきた背景には，高まるニーズに対して自民党や官僚が積極的に応じて，福祉国家の建設に関わってきたこと

がある。たしかに福祉国家の建設にはそれを求める労働組合の力が影響するが，労働組合に対峙する経営者団体が必ずしも社会保障の整備に否定的とは限らない。階級対立として捉えることには限界がある。経営者団体にとっても，福祉レジームを通じた労使関係の安定や人的資本の強化は歓迎すべきものである。**労使の階級連合**として福祉レジームが発達してきたと捉えれば，自民党政権下での社会保障費の上昇も理解できる（新川 2005）。

　日本型福祉レジームが雇用保障に重きを置いてきたことを思い起こせば，経営者団体の積極的な役割がよりみえてくる。戦後の労働組合は完全雇用を求め，解雇に徹底的に反対をしてきた。1960 年の三井三池炭鉱の約 1 年に及ぶ大争議を経て，経営者は解雇に慎重になり，労働組合はそれを歓迎し，労使が生産性向上に向けて協調する**生産性三原則**（雇用の維持・拡大，労使の協力と協議，成果の公正配分）というかたちで**労使和解**が成立した。終身雇用という言葉が生まれたのも 60 年代に入ってからである。労働運動の成果と労使の妥協として雇用保障が実現するようになり，それを前提としながら福祉国家が整備されてきたのである。

戦後保守政治と福祉レジームの形成

　戦後の保守政治が福祉レジームの発展にどのように寄与したのかを，もう少し詳しくみてみよう。

　日本の社会保険は職域ごとに分立しているが，1961 年という世界的にみてもきわめて早い時期に皆保険皆年金を達成した。国民すべてが健康保険と公的年金に組み入れらたのである。自民党は経済開発を推し進めつつも，それによって生じる格差に対しては，広範な国民を包摂する社会保障制度を構築することで対処した。その後，池田勇人内閣の所得倍増計画では経済成長を優先させる一方，全国総合開発計画（全総）に基づき地域開発を進めることで地域間の格差問題に対応した。実際には太平洋ベルト地帯への製造業立地の集中が進み，田中角栄の日本列島改造論により全国的に公共事業が推し進められ，同時に地元の建設業界が自民党の集票マシーンとして活用される利益誘導政治を定着させた。

　大企業においては終身雇用が定着し，また公共事業や中小企業の保護により

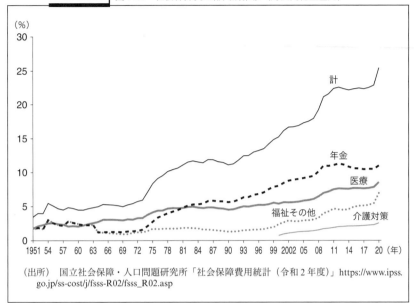

（出所）国立社会保障・人口問題研究所「社会保障費用統計（令和2年度）」https://www.ipss.
go.jp/ss-cost/j/fsss-R02/fsss_R02.asp

雇用が創出された一方で，取り残されたのが高齢者であった。1972年の衆院
選で議席を減らした田中内閣は翌年に抜本的改革を実施し，老人医療費の無償
化，健康保険加入者家族の負担引き下げ，厚生年金の支給額を2.5倍増とする
5万円年金の実現，児童手当の導入などを矢継ぎ早に決定した。このことから，
1973年は**福祉元年**と呼ばれるようになる。**図11.1**にあるように社会保障費は
70年代から急増している。

　福祉元年をもたらしたものは直接的には**自民党の危機**である。1960年代に
増えた革新自治体において老人医療費無償化などの政策が実現され，また国政
で保革が伯仲したことにより，ニーズの高まる福祉政策を充実せざるを得な
かったのである。もっとも73年10月に第一次石油危機が勃発すると，福祉レ
ジームの拡大にはブレーキがかけられた。すぐには社会保障費支出の抑制には
つながらなかったものの，**保守回帰**が明らかになる80年代には明確なかたち
で現れた。他方，公共事業費は70年代を通じて雇用拡大を名目に伸張を続け
た。

　1980年代までにできあがった福祉レジームの特色は，日本の政治体制を反
映している。**仕切られた多元主義**（多元主義については第3章を参照）といわれる

ように，福祉レジームも仕切られて形成された。雇用保障は職域ごとに分かれ，年金・医療も公務員，大企業，自営業など職域ごとに分立して構築された。第二次産業や第三次産業などの高生産性部門の民間企業は日本的経営で長期安定雇用と企業内福利厚生を整備し，家族を養える**家族賃金**を支給した。政治の役割はここに包摂されなかった部門への対応であり，第一次産業や自営業などの低生産性部門には公共事業や中小企業金融・保護政策，参入規制などで雇用を創出し，こうした政策を通じて自民党の支持基盤へと組み込んでいった。自民党は福祉レジームを形成するなかで**包括政党**へと脱皮し，長期政権を維持することに成功するが，高生産性部門と低生産性部門は異なる制度で分断され緊張関係にあるため，その調整が自民党にとっての政治課題となった。

第1章および第4章で，経済や福祉政策が政党の対立軸とならなかった点を述べたが，包括政党化した自民党が機敏に福祉ニーズに応えたことがその背景にある。農業，中小企業，小売業などの利益を自民党が吸い上げた結果，それらは左派政党の安定的な支持基盤とはならず，他方，社会党や共産党は急進的な政策を掲げ，イデオロギー的な対峙を続けた。

福祉国家の見直しと消費税をめぐる政治

福祉元年のその年に石油危機が勃発したことは日本の福祉予算の爆発的拡大を抑制し，他方で1970年代後半から福祉抑制に向けての保守側からの新しい言説が生まれてくる。この時期に出された**日本型福祉社会論**は当時の保守的知識人が多く関わって形成され，大平正芳首相のブレーン組織である「家庭基盤充実研究グループ」の議論の基調となった。福祉国家ではなく，福祉社会，すなわち個人の自助努力と家庭や近隣・地域社会などの連帯を基礎とすることをめざした。これは，日本型経営の優位性を礼賛する一方で，福祉削減を正当化するものであった。家庭の役割の強調は性別役割分業を前提とし，家族福祉を女性が担うことを推奨するものでもあった。

福祉削減の主要舞台となったのは1981年に発足した**第二臨調**（第二次臨時行政調査会）である。公債依存の高まりへの打開策として一般消費税の導入が模索され，また法人税が引き上げられたことに財界が反発し，**増税なき財政再建**が政治課題として浮上した。第二臨調は国鉄の分割民営化や日本電信電話公社

の民営化を主導したが、同時に社会保障改革にも大きな影響力を持った。その答申では「活力のある福祉社会の実現」のためには「適正な経済成長を確保することが大前提」であるとし、「真に救済を必要とする者への福祉の水準は堅持しつつも、国民の自立・自助の活動、自己責任の気風を最大限に尊重」することを謳った（「行政改革に関する第一次答申」1981年）。

　福祉は経済成長を確保した後に提供されるものであること、したがって真に救済を必要とする人に限定し、基本は自助努力と自己責任で対処すべきという発想は現在にも通じる保守思想である。このような考え方の対抗軸となる社会民主主義路線は日本では本格的に展開しないまま、その後も福祉予算の削減が進展していく。

　1982年以降、保守回帰が明確になると、自民党は思い切った削減へと乗り出すようになる。82年には老人医療費無償化制度が廃止され国庫負担金（都道府県の肩がわり）が削減され、85年には一元的な基礎年金が導入される一方、給付額が引き下げられることになった。また生活保護などの国庫負担金を削減し、都道府県の負担が増やされた。

　福祉削減が実現するものの、公債依存体質は変わらず、税制改革は課題として残った。大蔵省（当時）は財政再建を求め、財界は法人税・所得税軽減を要求し、両者の思惑が一致したのが間接税の導入であった。都市サラリーマンの所得がガラス張りであるのに対して、自営業者は税の所得捕捉率が低いことから、この不公正感に訴える間接税が模索され、最終的には流通業者が懸念した所得捕捉につながらないかたちで**消費税**が導入された。

　増税や給付削減は一般的に有権者の反発を買う。それを主導する政治家は**非難回避の政治**と呼ばれる政治手法を駆使しながら実施することになる（ちなみにその反対は**手柄誇示の政治**といわれる）。増税の場合には、まずは減税を先行させることが非難回避のための常套手段となってきた。実際、1989年の消費税導入に先だっては法人税と所得税の減税が消費税増収を超える規模で実施された。もっとも、消費税の負担増は強く感じられたことから、翌年の参院選では金権政治批判と相まって自民党は大敗し、55年体制崩壊の端緒を開いた。

　消費税は当初は3％の比率で導入されたが、村山内閣期に5％に引き上げる決定がなされ、実際には1997年の橋本内閣下で実現した。このときも98年参

院選で自民党は増税の責任を追及されて敗北した。また，直接税の減税と組み合わされたことで，**逆進性**の高い消費税の比重が高まり，税制の再分配機能をさらに縮小させた。

　消費税増税が有権者の支持を得られないなか，それを正当化する理屈は2000年代に入ると世代間公平に変化し，高齢者も負担する消費税は世代間の公平性を満たしていることが強調された。民主党政権の野田内閣期に民主党・自民党・公明党の三党合意で**社会保障と税の一体改革**として10％への段階的な引き上げが決定された。増税に踏み切った民主党は2012年衆院選で大敗し，増税を有権者に納得させることは政治的に困難であることが改めて示された。実際には安倍政権によって2014年に8％への増税が実施され，33年ぶりの純粋な増税となった。三党合意では2015年に10％に引き上げることも含まれていたが，安倍政権は2度にわたり延期を決定し，2019年10月にようやく実施された。2017年の衆院選では自民党が消費税増税分を幼児教育・保育や高等教育の無償化に当てると打ち出し，それぞれ2019年と2020年に導入された。増税を先延ばすことで避難回避を狙い，見返りとして実施された子ども関連の政策で手柄を誇示する政治的な意図が窺える。

　長年，増税が政治的な理由から回避されてきた結果，社会保障制度は社会保険料の引き上げで賄われてきた。報酬比例の社会保険料は負担と受益の関係が見えやすいため支持を調達しやすく，選挙では争点になりにくいからだ。一方で，社会保険制度の財源の4割近くが税である。税と比べて社会保険は再分配機能が弱く，社会保険料を安定的に支払うことができる人にだけ恩恵が届く（宮本 2021）。社会保障制度は社会的連帯の基盤をなすものであるが，複雑な制度が接ぎ木のように形成され，連帯の見通しが悪く，相互不信が募っているのが現状だ。

｜ 福祉国家の制度変更 ｜

　福祉国家にはその財政基盤を安定化させると同時に，どのような制度設計によって負担を分かち合うのかという課題がある。

　増税とともに考えるべきものとして**控除**がある。納めるべき税金を免除される控除という仕組みは事実上の減税となる。控除も社会保険料と同様に選挙の

争点になりにくく，また個別の業界や対象者別に設定ができるため，利益を誘導しやすい。控除は高額納税者ほどメリットがあるという逆進性を持つものでもある。民主党政権期には「控除から手当へ」という改革が模索され，実際に子ども手当が導入された（その後，児童手当に改められた）。手当は現金給付であり，日本では児童手当のほか，ひとり親向けの児童扶養手当などがある。これらは所得制限が設けられる**選別主義**的な制度となっている。所得制限のないかつての子ども手当はすべての子どもが対象となった**普遍主義**的な制度であった。

　また，ケアのニーズの高まりに対応するために，準市場の発想も取り入れられてきている。1989年の消費税導入への反発は新税創設を正当化する必要性をもたらし，消費税を高齢者問題に対処する財源と位置づける議論を浮上させた。同年には高齢者の介護サービスを大幅に拡大するゴールドプラン（高齢者保健福祉推進10カ年戦略）が策定され，これに伴い児童や障がい者などに関する福祉サービスの措置権限は市区町村に移譲され，福祉の分権化が図られた。さらには介護サービスの提供を社会保険によって賄う介護保険法が97年に成立し，社会福祉基礎構造改革と呼ばれる動きが福祉全般に広がっていく。すなわち，行政が利用者を選別し福祉を与える**措置制度**から，利用者が契約してサービスを利用する**契約制度**への改革が進展した。契約制度は潜在的なニーズを掘り起こすことで利用者を拡大させる一方で，**応能負担**（所得に応じた負担）ではなく**応益負担**（利用に応じた負担）が課せられるため，低所得者は利用を抑制せざるを得ないという問題をはらむ。

　再分配をどの程度，どのように強化するかは，**政府税制調査会**や厚生労働省などを舞台に政府内で調整がなされてきたが，同時に党派的な対立を引き起こしてきた。一般的に右派政党は増税回避や控除を好み，最低限の選別主義的な手当だけを認める。他方，左派政党は増税や普遍主義的制度を通じた再分配強化を志向する。自民党と民主党系政党（民進党や立憲民主党，国民民主党）の間にも，再分配への態度の違いは一定程度見出すことができる。

　もっとも，自民党が長期にわたって政権に就く日本では左右対立の現れ方はもっと複雑である。財政再建のためには増税は不可避であり，増税を有権者に納得してもらうためには社会保障の充実をセットで訴えることが政治的には必要になる。しかし，増税をしてもすべてが社会保障に使われるのではなく，財

政再建にも回さざるを得ない。財政再建に責任を持つ財務省は政権に対しては増税を迫ることになるが，政権党である自民党は支持基盤や無党派層からの支持調達をにらみながら，増税のタイミングを探っていくことになる。他方，野党は政権党が不人気な政策を実施すればそれを批判することになる。本来は再分配を強化したいと願いつつも，増税への拒否感が強い日本において，野党に置かれた左派政党が増税への支持を調達していくことには相当の困難が伴っている。

３ ジェンダー視点からみた日本型福祉レジーム

　ジェンダーの視点から日本型福祉レジームの展開をみると，どのようなことがわかるだろうか。日本型福祉レジームは男性稼ぎ主モデルを前提として組み立てられてきたため，男女平等実現の足かせとなり，女性の社会進出を阻害し，少子化問題を長期化させ結果的に人口減少を招いたといえる。これらの連関をみながら，歯車を逆回転させ，共働きに対応し，男女平等が実現し，少子化問題が解決する福祉レジームを構想してみよう。

性別役割分業とジェンダー平等

　男性に雇用を保障してきた日本型福祉レジームは，男性が外で働き女性は家庭内で家事・ケアに従事する**性別役割分業**を前提とし，またその再生産を支えるものであった。そのためジェンダー平等の実現の足かせになっている。

　男性正社員の雇用が守られるためには，景気の調整弁の役割を誰かが担う必要がある。日本的経営では，柔軟性を企業内の労働市場（内部労働市場）と経済全体の労働市場（外部労働市場）において別個に確保することによって雇用保障を実現してきた。内部労働市場では，景気や企業業績に応じて男性正社員が労働時間，ボーナス，業務内容，勤務地の変更を受諾することで柔軟性が確保された。他方，外部労働市場の柔軟性は，女性や高齢者が企業の必要性に応じて雇い止めされることで確保された。

　女性労働者に関しては，現在でも第一子の出産を機に4割以上の女性が退職

しており，子育てが一段落してからパートなどの非正規労働者として労働市場に再統合されることが多い。年齢と就業率の関係をグラフ化したものが**M字カーブ**を描くような働き方が，多少緩和されてきたとはいえ現在まで続いている。

このように内部労働市場と外部労働市場が性別役割分業を前提として制度的に分断されていることから，日本の労働市場は「ジェンダー化された二重構造」と捉えることが適切である（Miura 2012）。内部労働市場では長時間労働と転勤が不可避となり，家族的責任との両立を困難にしている。他方，外部労働市場では雇用は安定せず賃金も低いことから，主たる生計者としては生活が成り立ちにくい。

ジェンダー化された二重構造の中で女性が正規労働者を続けるためは，男性並みの働き方が求められ，それはすなわちケア責任が免責または軽減されていることを意味する。そのような女性は多くないため，女性の社会進出はなかなか進展してこなかった。また，昇進にあたっては一般的に勤続年数と長時間労働の受容が与える影響が強いことから，出産・育児のために仕事を中断したり，勤務時間を短くしたりすると，昇進機会が狭められることになる。このため，管理職の女性比率は13％程度にすぎず，ヨーロッパの30％台やアメリカの40％台と大きく引き離されている。結果的に正社員の男女賃金格差も解消されておらず，1980年代半ばに女性は男性の60％程度の賃金であったのが，約40年経って75％強に改善したにすぎない。

ジェンダー化された二重構造においては，雇用保障が正規雇用と非正規雇用で大きく異なるだけではなく，賃金決定方式もまったく別に組み立てられている。正社員は長期雇用を前提に年功的な賃金が支給され，従事している職務と賃金の間に乖離が生じる。他方，非正規労働者は短期的な雇用を前提とし，基本的に職務に対して賃金が支払われる。所定内賃金（所定労働時間の労働への対価）で比較すると非正規労働者は正規男性労働者の約5割程度の賃金水準であるが，所定外賃金（所定労働時間を超える労働＝残業などへの対価）と社会保険料負担（免除）を組み込めば，その格差はもっと大きい。非正規労働者の賃金の多くが地域の最低賃金を基準にして定められており，その最低賃金が生活を保障する水準では決定されず，生活保護の支給金額よりも低くなるという逆転現

象も許す制度となっている。

賃金制度が正規労働者と非正規労働者の間で分断されているために，**同一労働同一賃金**を字義どおりに実施することは困難である。両者の間の**均等待遇**ではなく，**均衡待遇**という名のもとの調整しか実現しえないのである。均等待遇は正規労働者と非正規労働者が同じ処遇を受けることを意味するが，均衡待遇は雇用形態の違いによって合理的な差別が生じうるとする法概念である。

先に述べたように，すべての男性正規労働者の雇用を保障するために，その外側に性別役割分業を前提とする非正規雇用が形成された結果，男女賃金格差および正規・非正規雇用の待遇・賃金格差が構造化した。男女雇用機会均等法が施行されてもなお男女賃金格差の解消に程遠いのは，家事や育児を免責された男性を標準モデルとして働き方が組み立てられてきたからである。ケアを担いたい男性にとっても，理不尽なレジームとなっている。

雇用条件の悪化と政治の変容

日本型福祉レジームはバブル崩壊以降，機能不全に陥る。そもそも雇用保障は**社会権**（第 12 章参照）ではなく，企業や政治の都合により恣意的にもたらされたものであった。族議員の利益誘導や行政の裁量に依存してきたため，財政危機となれば公共事業は削減され，経営危機になれば人員整理が進められた。

1990 年代に入ると企業は人件費削減を重視するようになり，正規雇用の非正規雇用への置き換えが進行した。1995 年には日経連（日本経営者団体連盟）が『新時代の「日本的経営」』を刊行し，長期雇用（正規雇用）と有期雇用（非正規雇用）の割合を当時の 8 対 2 から 7 対 3 へと変革することを提言した。実際には 25 年経って比率は 6 対 4 にまで変化している。95 年には女性労働者の約 4 割が非正規雇用だったのが，25 年後には 54％と過半数を超している。若者の間にも非正規雇用が増えており，95 年には 25 〜 34 歳の 12％が非正規雇用だったのが，2015 年の 27％をピークとして，直近の 2021 年は 22％となっている。

均等待遇が実現していない状況での非正規雇用の拡大は貧困問題に直結する。日本の相対的貧困率が，国際的にみても高いことはすでに述べたとおりである。ジェンダーの視点から際立つのは，女性の貧困が放置されてきた事実である。

貧困はとりわけシングルマザーに集中的に現れる。ひとり親世帯の貧困率は50％を超え，さらには働いているシングルマザーの貧困率も50％を超えて，OECD諸国の最高値をとっている。働いてもなお貧困であるという事態が，日本型福祉レジームの負の側面としてとりわけシングルマザーに重くのしかかっている。

2020年からのコロナ禍は日本の労働市場に打撃を与え，「女性不況」といわれるように，小さな子どもを育てる母親やサービス産業に従事する女性の雇用を縮減させた。コロナ禍はDV（ドメスティック・バイオレンス）を増加させたが，女性の経済的自立が厳しい状況は，DVから抜け出すことをも難しくする。

こうした労働市場の変化は，経済の変化によって不可避的にもたらされたのではなく，政治の変容によっても引き起こされたことに注目すべきであろう。自民党の地方への利益誘導政治が批判されるなか，1票の格差の改善が多少進展し（column ❶），自民党の支持基盤における都市の比重が高まった。このことは，地方における雇用創出への政治の関与を縮小させた。さらには，1990年代後半から雇用条件の悪化につながるような規制緩和がたびたび施行されたが，その背景には労働組合の影響力がさらに弱まり，**官邸主導**の政策過程が出現したことがある（三浦 2015）。正規雇用と非正規雇用の制度的分断を政治が利用しながら，正規雇用の待遇引き下げがもたらされた。安倍政権下では政治的決断として最低賃金の引き上げがなされたが，日本の水準は先進諸国と比べて低いままである。

少子化問題と人口減少

男性稼ぎ主モデルは先進国では1970年代頃まで観察されたが，石油危機以降の低成長時代になると女性の社会進出が進み，社会制度が**共働き型**へとシフトした。女性の社会進出は出生率の低下をもたらすが，働く女性への支援が整備されると出生率はむしろ上昇するようになる。制度が整備されることで，女性就業率と出生率がともに高くなるのである。人口が維持されるためには合計特殊出生率が2を少し上回る必要があるが，2から1.8程度の出生率を維持することに成功している欧米先進国も多い（アジアでは日本以上に深刻な少子化となっている）。

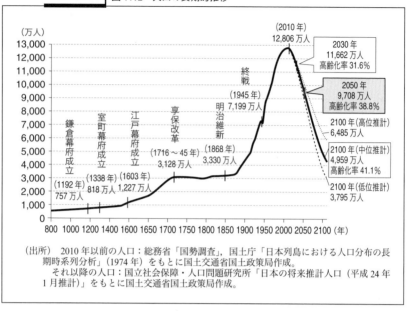

CHART | 図11.2　人口の長期的推移

（万人）

- 13,000
- 12,000
- 11,000
- 10,000
- 9,000
- 8,000
- 7,000
- 6,000
- 5,000
- 4,000
- 3,000
- 2,000
- 1,000
- 0

800 1000 1400 1600 1650 1700 1750 1800 1850 1900 1950 2000 2050 2100 （年）

鎌倉幕府成立
（1192年）
757万人

室町幕府成立
（1338年）
818万人

江戸幕府成立
（1603年）
1,227万人

享保改革
（1716～45年）
3,128万人

明治維新
（1868年）
3,330万人

終戦
（1945年）
7,199万人

（2010年）
12,806万人

2030年
11,662万人
高齢化率31.6%

2050年
9,708万人
高齢化率38.8%

2100年（高位推計）
6,485万人

2100年（中位推計）
4,959万人
高齢化率41.1%

2100年（低位推計）
3,795万人

（出所）　2010年以前の人口：総務省「国勢調査」，国土庁「日本列島における人口分布の長期時系列分析」（1974年）をもとに国土交通省国土政策局作成。
　　　　それ以降の人口：国立社会保障・人口問題研究所「日本の将来推計人口（平成24年1月推計）」をもとに国土交通省国土政策局作成。

　日本では男性稼ぎ主モデルが現在に至るまで強固に維持されていることから，働く女性への支援が遅れ，長期にわたって**少子化問題**を解決できていない。この結果，日本は急激な人口減少に直面し，社会保障制度の持続性のみならず，経済社会システムの持続性も課題となっている。

　図11.2は長期の人口推移と今後の予測を示している。明治維新以降，「産めよ殖やせよ」の政策のもと人口が急増し，現在は逆に人口が急減する時代に突入した。人口減少を前提に福祉レジームも再編が迫られている。

　政府は2014年に「50年後に1億人程度の安定した人口構造を保持する」ことを決め，近衛文麿内閣以来73年ぶりの人口目標を掲げた。人口目標は個人の選択の自由を制限し，女性に対する人権侵害につながりかねないため，慎重な取り扱いが必要である。産むことを奨励したり強制するのではなく，子どもを産み，育てる環境を整備することが不可欠である。

　そもそもなぜ少子化問題は長期にわたって解決されていないのだろうか。少子化の原因は待機児童問題，長時間労働，男性の家事・育児時間の短さ，非正規雇用の増大，男性の経済力の低下高い教育費用などが複雑に絡み合うが，問題の解決が遅れた背景には女性議員の少なさ（**Column ❷**）や利益誘導政治の

構図が関係している。

　少子化が社会問題になったのは 1990 年の「1.57 ショック」が契機である。前年度の合計特殊出生率が 1.57 だと発表され，それが丙午の年よりさらに低かったことで衝撃が走った（丙午の年は迷信により女性上位になるとされ，子どもが生まれるのを避けられたとされる）。その後も出生率は下がり続け，2005 年の 1.26 で底を打ち，2015 年には 1.45 となった。この間，保育サービスの拡大，子育てと仕事の両立支援策からなるエンゼルプランや新エンゼルプランが実施され，少子化社会対策基本法も策定された。育児休業や短時間勤務の制度も拡充し，働く親への支援は手厚くなりつつある。ところが，2016 年以降は出生率が再び減少する傾向が続いている。若者の非婚化が進んでいることにも注目していく必要があるだろう。

　日本は長い間，待機児童問題が未解決のままだった。2001 年に小泉純一郎首相が待機児童ゼロ作戦を打ち出し，保育所の拡大に乗り出したことによって待機児童は減少に向かったが，2008 年のリーマン・ショック以降は再び増加に転じ，以来 2 万人を超える待機児童が発生し続けた。2018 年から減少し始め，2022 年には 3000 人を切った。保育利用率は上昇し続け，2022 年では 56％である。保育所の整備が広がったことがわかる。

　保育所設置の責任は自治体にあるが，小泉政権の**三位一体改革**の中で，子育てに関わる予算は**一般財源化**された（自治体については第 10 章）。つまり，使途が子育て支援政策に限定されなくなったため，自治体によっては予算を子育て以外に使うことが可能になった。地域住民が保育所設置を強く求めれば，自治体もそれに対応をせざるを得ないが，保育所を利用する若い世代は投票率も低く，政治には無関心なことが多い。自治体の議員は地域経済の利益を背景に政治活動をしている例が圧倒的に多く，女性議員は少ない。こうした政治的背景のもとでは保育所設置に向けた政治は動きにくい（三浦 2015）。近年になって母親たちを中心とする社会運動が政治を動かしたことで，解決の方向性に向かったといえよう。

　子どもがいる世帯への現金給付は公明党と民主党が熱心だったこともあり，2000 年代に入り拡充してきた。とりわけ民主党が政権交代を実現した 2009 年の衆院選で子ども手当の導入を訴え，所得制限なしで中学生までの子ども 1 人

当たり 1 万 3000 円の支給を実現したことが契機となり，保育所を含めた家族支援に関する予算は 2009 年には GDP の 0.8% だったのが，2015 年には 1.4%，2020 年には 2.0% にまで伸びている（「令和 2 年度社会保障費用統計」）。少子化問題を解決した先進国が GDP の 3% 前後の予算を使っていることと比べるとまだ少ないものの，子育て支援政策をめぐる政党間の競争が激しくなったことで，**手柄誇示の政治**が展開され，予算の増額につながったことがわかる。

人口減少下では女性が働き手として期待される。実際，1990 年代半ば以降は共働き世帯が専業主婦世帯を上回るようになる（図はウェブサポートページに掲載）。2015 年には女性活躍推進法が 10 年の時限立法として成立し，企業や自治体等は女性活躍の実態を開示しなくてはいけなくなった。さらには，グローバル投資家が管理職や役員における女性割合を重視する傾向が強まっている。2023 年からは大企業は男女賃金格差の開示を義務づけられた。先進的な企業ではジェンダー平等が進むことが予想される。

働く女性が増えていくと，男性稼ぎ主モデルを支えてきた税・社会保障制度も変革を迫られる。103 万円の壁といわれるように，妻（配偶者）の年収が 103 万円を超えると夫（納税者本人）は 38 万円の配偶者控除が受けられなくなり，141 万円までは段階的に配偶者特別控除が適用されてきた。社会保険料の場合は 130 万円までは第 3 号被保険者となり負担が免除される。女性の就労を向上させることが政策目的となれば，こうした主に 1980 年代に専業主婦世帯優遇策として導入された制度は見直しを迫られる。実際，2017 年度の税制改革では配偶者控除を満額受けられる上限は 150 万円に引き上げられた。しかし，これは主婦パート世帯にとっては就労機会を増やすことにはなるが，男性稼ぎ主モデルを根本的に変革するものではない。日本は本格的に共働き型へと転換するのか，しばらく攻防が続くであろう。

未来の安心社会に向けて

制度にはそれぞれ恩恵を得ている受益者がおり，制度の縮小・廃止は受益者からの抵抗を呼ぶ。現行制度の受益者と新制度の受益者の利害対立を調整するのが政治の役割である。現行制度の受益者は必死になって抵抗するかもしれないが，これから受益者となるかもしれない層はそこまで政治には関与しないか

もしれない。このような状況下で改革を進めるには，非難回避の政治だけではなく，新しい制度のビジョンを説得的に語るリーダーの存在が不可欠となる。読者はどの政治リーダーの将来構想に説得力を感じるだろうか。

　日本では第二臨調以来，経済成長を優先させ，余裕があれば社会保障に回すという発想が根強い。この発想が続く限り，人口減少下で経済成長が難しい以上，いつまでたってもケアのニーズは満たされないだろう。このこと自体が現在の新しい社会的リスクとなっている。対抗構想としては，たとえば人への投資を強め，働くことの見返りを高めることで，知識基盤型の経済に対応しようとする**社会的投資**と呼ばれるものが出ている（三浦 2018）。あるいは，最低の所得保障を**ベーシック・インカム**（最低限所得保障）としてすべての人に給付する構想もある。

　女性の就労が進むのであれば，これまで女性が無償で担ってきたケアを誰かが提供しなければならなくなる。方向性としては，①認可保育園などの公的社会サービスを充実させる，②外国人労働者を受け入れ，格差を利用した民間サービスを拡大する，③家庭内で男女が平等に分担する，のいずれか，あるいは組み合わせが模索されるだろう。それぞれに受益者や負担が異なり，またケアを受ける人と提供する人の関係性も異なる。どれが望ましいのか，また誰にとって望ましいのかをめぐっての政治が，私たちの未来の安心社会をかたちづくっていく。

　日本では男性稼ぎ主モデルが長く維持されてきたが，そのことが少子化や経済停滞を引き起こした側面がある。持続可能な社会へと転換するためにジェンダー平等と女性活躍は不可避であるが，それは「伝統的な家族」，すなわち性別役割分業と女性の低い地位を前提とする社会秩序（家父長制という）を求める層からは反発を呼び起こすことになる。「伝統的な家族」志向は，選択的夫婦別姓への反対や日本軍「慰安婦」問題への否定的な態度と重なるものでもある。

　女性と男性の人権をベースにし，誰もが安心を保障されるような共働き型へと日本は舵を切るのだろうか。それとも，家族の助け合いの重要性を説く言説が強まり，女性たちの無償労働と男性たちの長時間労働を前提に，福祉国家の削減と社会の分断を強めていくのだろうか。私たちの政治選択は重い。

宮本太郎（2008）『福祉政治──日本の生活保障とデモクラシー』有斐閣。

宮本太郎（2021）『貧困・介護・育児の政治──ベーシックアセットの福祉国家へ』朝日選書。

⇒ 1 冊めは日本の福祉レジームのあり様とそれを形成した福祉政治を理解するうえで欠かせない。コンパクトながら戦後の流れを追うことができる。2 冊めは最近までの変容を扱い，今後の展望への示唆を得られる。

新川敏光（2005）『日本型福祉レジームの発展と変容』ミネルヴァ書房。

⇒資源動員論に基づく日本型福祉レジームの草分け的研究を含む大著。理論的発展が明快に理解できる。

大沢真理（2014）『生活保障のガバナンス──ジェンダーとお金の流れで読み解く』有斐閣。

⇒豊富なデータを用いて，どこにお金は使われ，誰が取り残されているのかを示す。ジェンダー視点抜きには福祉レジームを理解できないことが，この本を通じてわかるだろう。

引用・参考文献 | References ●

※本章の引用・参考文献リストは本書のウェブサポートページをご覧ください。

第 **12** 章

共生社会とシティズンシップ

INTRODUCTION

　本書を読み進めてきて，政治とはどのような営みだと感じただろうか。〈私たち〉を取り囲む社会を背景に，〈私たち〉にとって大切な政治的争点を決め，代表者（＝議員）を選んだり，自分たちでも討論・審議しながら，日々の生活を改善していく。また，自己利益を追求するだけでなく，〈私たち〉の間の不公平や格差についても是正する。政治とは，〈私たち〉の意思や利害関心を政治的議題によりよく反映するために整備される諸制度と実践である。

　最終章である本章では，この〈私たち〉とは誰なのか，政治が「決定」をめぐる営みであるならば，いったい誰が〈私たち〉を決めているのかについて，考えてみたい。この問いは，**主権者**である国民とはどのような存在なのか，また〈私たち〉と国家との関係とはどのようなものなのか，といった大きな問いへと私たちを導いていくだろう。

QUESTIONS

1 　私たち国民とは，誰なのだろうか。市民との概念的な違いも意識しながら，考えてみよう。
2 　政治をめぐる決定権は，国民が独占するのが当然なのだろうか。
1 　マイノリティの権利を理解するには，何が必要なのだろうか。
4 　日本で受け入れられている難民の数と，他国の受け入れの数とを比べ，その違いについて考えてみよう。

1 近代国民国家の誕生

外国人と〈私たち〉

　デニズンという言葉を聞いたことがあるだろうか。国境内に存在しているさまざまな人を，〈国民か国民でないか〉だけで分けるのではなく，「**旅行者のような短期滞在者**」「**留学生や外国人労働者のように一定期間の滞在者**」，そして「**永住する権利を持った外国人（＝デニズン）**」「**国民**」と分類し，それぞれに国家によって保障される権利が異なっていることに着目した概念である。シティズンとエイリアン^{外国人}との間にあるような，シティズンほど十全にではないが，居住権を含め地方参政権など，一定の諸権利が認められる永住市民のことを意味している（ハンマー 1999）。

　実際，2022 年 6 月時点での日本における在留外国人の数は，約 296 万人で，永住する者約 84.5 万人をはじめ，専門的な分野における就労資格をもつ者，留学生や技能実習生，またその配偶者たちなどさまざまである（出入国在留管理庁）。なお，外国人旅行者は 2020 年以降，新型コロナウィルス・パンデミックのため激減し，2021 年は年間約 25 万人であったが，パンデミック直前の 2019 年では 3188 万人という過去最大数の外国人が，短期間とはいえ日本に滞在していた（観光庁）。

　私たちは，程度も質も異なる権利を持った外国人を，一括して「外国人」と考えがちだが，日本国との関係においてそれぞれに処遇も権利も異なっている。また各種の国際条約上，社会的・文化的な違いによる差別の禁止など，国内の外国人の権利を尊重する義務を日本国は負っている。しかしながら，たとえば国際法上保護の義務がある難民受け入れについて法務省は，2016 年，1 万 901 人という過去最高の難民認定申請者に対して，28 人しか難民として認めていない。難民の受け入れは，現状では開発途上国がその多くを引き受けているが，先進国の中でも，日本の難民受入数の少なさは際立っている。

　本章ではまず，外国人を一括りにしがちな〈私たち〉とは誰なのか，実際に

は日本社会を共に生きている人々を，外国人というだけでまるで異人^{エイリアン}のように感じてしまう〈私たち〉という意識が歴史的にどのようにつくられてきたのかを簡単に振り返ってみよう。簡単にではあれ，その歴史を振り返るとき，近代シティズンシップ概念の意味と，グローバルな国民国家体制における共生の意味がより鮮明に浮かび上がってくると思われるからである。

▎近代国民国家と〈私たち〉

　封建制から近代国民国家へと移行する際に，それまで君主や領主の財産として考えられていた領土や民衆が，国家のための国土，国民へと生まれ変わるために，〈**われわれ国民**〉という考え方が生み出されなければならなかった。

　現在の国民国家の原型が誕生した西欧諸国に日本が学び，近代国家建設を開始したのは明治以降，約150年前である。フランスやアメリカ合衆国と比べ約100年遅く，しかも明治政府主導で急激な変革を行ったために，その当時の民衆の戸惑いについて，多くの記述が残されている。たとえば，1890年の日本初の国会開設に向けて，人々の政治参加を訴えた自由民権運動の機関紙『自由燈』をみると，何党が国会の多数を占めようが自分たちには関係がないといった，政治に無関心な当時の民衆の態度を批判する文章が散見される。

　当時，福澤諭吉は政府だけが存在し，国民がいないと嘆息し，国家的な問題や政治論争に無関心な民衆を「客分」と呼んだ（福沢 1978）。しかしながら，明治以前の日本の身分制社会において，武士階級以外の民衆（農業・商工業従事者）からすれば，政治参加は厳しく禁止され，身分制社会によって固定された役割を果たすことが求められていたのであって，当時の知識人や政府側の支配者たちが期待した国民に〈なること〉は，人々の想像を超えることであった（牧原 1998：6-9頁）。

　そこで，明治憲法と帝国議会が制定される以前の国家建設の初期段階で，国民に〈なる〉ために国家から何が求められたのかを，民撰議院設立建白書から始まる「明治7年の大論争」の1つであった徴兵制を例にみてみよう。

　そもそも軍隊に**徴兵制**が導入されるのは，フランス革命時，君主から国家を解放した護国兵（義勇兵）に遡る。フランス革命以前の軍人は，階級的には貴族に限定される一方で，出身国に関係なく，国王や貴族に雇われている傭兵で

あった（山室 2007：52 頁）。フランス革命時，フランス国王の軍隊だけでなく，革命が自国に広がることを怖れた外国の干渉軍とも義勇兵たちは闘わなければならず，そのため，革命擁護・祖国防衛のためには，より多くの民衆からなる〈国民軍〉が必要であるという認識が生まれた。フランスではその後，外国軍との闘いで戦果を挙げたナポレオン1世の時代となり，対外的にも少数先鋭の職業軍人よりも，国民軍が勝るとの認識が強まった。

　日本においては，明治維新後早くも1870年に，陸軍をフランス式にすることとし，国民皆兵制を採用する。しかし，そのことは，旧領主との主従関係を解体され，軍事的役割を否定された士族の不満を高めると同時に，民衆たちにとっては，「徴兵懲役一字の違ひ」といった歌が流行ったりしたことに現れているように，兵士として徴用されることは，あたかも身に覚えのない罪に問われ懲役を受けるような理不尽なことだった。徴兵制への理解が浸透しないなか，72年に明治政府は，民衆に向けて徴兵制とは何かを説明しようと「徴兵告諭」を発布する。しかし，その中の，「西人之を称して血税と云う，其生血を以って国に報ずるの謂なり」，特に「血税」という言葉によって恐怖心や怒りに火がつき，民衆は各地で「血税反対」一揆を起こすまでになる（牧原 1998：45-47頁）。

　民衆たちは，国民皆兵といいながら戸主・官吏・官吏学校生徒の免除，一定額の支払いによる免役を含む制度に不満をもち，徴兵逃れに奔走した。それに対して政府は，**四民平等**なのだから国を守る義務も当然果たすべきだとし，徴兵の趣旨について各県庁を通じて説いていった。しかし民衆は，いまだ国会も開設もされておらず参政権もないうえに，江戸時代と変わらず租税をとられ，さらにまた，生活の糧を得るための労働を妨げる軍事訓練を受けろという政府に対して，強く抵抗した（牧原 1998：49頁）。

〈私たち国民〉の誕生

　現在の〈私たち〉は，こうした新たに生み出された**国民**の末裔である。〈私たち〉は，明治時代に西洋発の近代的原理（四民平等・学制・徴兵制・地租改正・太陽暦）を導入し（牧原 1998：7頁），その後第二次世界大戦の反省を経て，立憲民主主義的な体制を築き上げてきた。しかしながら，時に暴力を伴いつつ，

とりわけ，軍事力によって植民地化した地域の民衆をも臣民に組み入れつつ，〈私たち国民〉が産出された歴史は忘れられてはならない。そして，人類史上最も強靭な制度として現れる近代国民国家の核心には，競合する軍事国家同士の対立の中で，いかに有効に民衆を国力へと統合していくか，すなわち，国民へと包摂するかといった課題があったことは，強調されておくべきである。

　徴兵逃れに奔走した当時の民衆から，その地域を支配する領主にではなく，日本政府に税金を支払い，武士階級でもないのに家族の大切な労働力を兵士として差し出すことに納得する〈国民〉を作り出すためには，自らの命を国家のために捧げてもよいと思わせるための**天皇制**を確立しなければならなかった。その間のさまざまな民衆の思いとは別に，近代国家設立当時に起こったことを冷徹に眺めるならば，それまでの一部の有力者たち——薩長土肥出身者——が，自分たちに政治と安全を任せておけば，よりよい暮らしができるという名目で，民衆から労力と財力，そして命さえ，自らの権力保持のために差し出させた歴史がみえてくるだろう。彼らが他の諸集団と異なるのは，彼らが国家を名乗ることで，他集団が同じことをすれば犯罪者となるような行為が，責任ある統治行為となる点にある。

　政治学的にみれば，**近代国家**をその他の団体と区別するのは，マックス・ヴェーバーがかつて論じたように，「正当な物理的暴力行使の独占」であり（ヴェーバー 1980），そして徴税・徴兵の権利を持つことである。さらに，もう1点加えるならば，人口・国土の管理権を独占していることが挙げられる。私たちの多くは，国境を越える際にパスポートを携帯しなければならないことに疑問を抱かない。しかし，パスポートはそもそも国内の住民把握の必要から始まった。近代国家が存続するための徴税や徴兵には，国民の1人1人を把握し，人口を管理しなければならない。日本の場合は，住民票とともに，さらに戸籍制度を整えることで，国民管理と家父長制が接合された。この戸籍制度は現在に至るまで維持されている。

　しかしながら，国家から強制的に作り出されただけでは，日本もまたその後突き進んでいくような，総動員体制の中での戦争遂行は不可能だろうし，私たちも自分のことのように国家について考えるような国民にはならないだろう。実際に，日本ではこの後，国家神道の創設（島薗 2010），教育勅語による忠孝

一致をめざす教育，そして何よりも，海外派兵や戦争を通じた国民意識の喚起により（牧原 1998：147頁），**国民統合**がなされていくのである。

2 近代シティズンシップ論

┃ シティズンシップの歴史へ ┃

〈国民〉は為政者によって力ずくで創設されるものであるが，では〈市民〉はどうだろうか。

近代日本の歴史を振り返った場合，自由民権運動が帝国議会開設に向けて民衆運動を展開したとはいえ，なお福澤が嘆いたことにも現れているように，国民の誕生は明治政府主導で，しかも天皇制のもとの「臣下」である限りの，四民平等が強制されていく面が強かった。

しかし，戦後の民主主義体制のもとで，**主権者**として生きる私たちは，その社会を構成する人々（民衆／人民／ people）が主権者である，という民主主義の原理が生まれた経緯，そして，その原理が示している意味を，世界史的な広がりの中で確認しておくべきであろう。一方でたしかに，国家によって徴税や徴兵のために掌握されていく人々の歴史，つまり国民の歴史が存在していると同時に，他方では，絶対君主や支配者階級に抵抗し，抑圧からの自由を求めるなかで，自らの権利を主張し，君主から主権（国家の最終的な決定権）を自らの手に獲得していった人々の歴史，つまり市民の歴史が存在している。

たとえば，フランス革命に影響を与え，近代民主主義の原理を確立したJ-J・ルソーは次のように，『社会契約論』（1762 年）の一節の中で**市民**を定義した。彼によれば，国家に存在する人々の集合体は人民であるが，主権者，つまり政治に参加し，自ら法律を制定する権利を行使する者は，市民である。

> （国家の）構成員についていえば，集合的には人民（Peuple）という名をもつが，個々には，主権に参加するものとしては市民（Citoyens），国家の法律に服従するものとしては臣民（Sujets）とよばれる。

（ルソー 1954：31 頁，強調は原文）

　以下では，ルソーが示す市民概念の歴史を振り返りながら，支配権力（＝国家権力）に対する抵抗の中で権利を主張する人々が，自らの人生に関わること，そして自分たちが属する共同体全体に関わることについて，最終的な決定権を持つという意味での「主権に参加する」市民となっていく道筋をたどってみよう。

古典的な市民から，近代的な市民へ

　日本語での「市民」は，曖昧模糊としているが，政治思想史の観点からみれば市民とは，政治学における最古の専門用語の 1 つである。この概念は，哲学の発祥の地といわれる古代ギリシアにまで遡り，都市国家（ポリス）の 1 つであったアテネにおける直接民主主義に参加する者たち，つまり**自由人**を意味した。古代民主主義は，多くの奴隷たちの労働に支えられ，またすべての女性たち，そして商業に携わっていた外国人居住者を市民身分から排除していた。しかしながら，というより，だからこそ，当時の市民，つまり自由人である男性アテネ人に厳格に限定されていた市民は，〈ポリス全体に関わる事象についての討議と決定に与る平等な者たち〉と明確に定義できた。

　戦前の日本国民のように，国民とはいえ，主権者である天皇の臣下・臣民（ルソーの言葉を借りれば，「服従する者」の意）であり，最終的な政治的決定権から遠ざけられていたのと対照的に，市民の第 1 の特徴とは，自由人であること，つまり移動や所有の自由があり，何よりも，自分たちの共同体であるポリスの政治に参加する政治的権利を行使することであった（千葉 2000：9 頁）。市民たちが平等に，共同体に関わる事象に対して自由に発言し，互いに統治しあう。ここに，市民の政治，すなわち民主主義（デモスの支配）が誕生した。

　小さな都市国家古代アテネに存在した，自由な市民（のみ）が相互に政治に関わるという意味での平等を原則とする民主主義は，18 世紀に入り近代民主主義として再生するまで，その歴史をいったん閉じてしまう。現在のように，誰もが推奨する政治体制としての近代民主主義が確立するには，ローマ帝国，中世封建時代，そして，現在の国際関係の端緒となる主権国家が絶対君主制の

もとで確立する時代を経なければならなかった。

　ここからは，大航海時代の商業の発展に促されるようにして，17世紀に「**市民革命**」を経験するイギリス社会に目を移し，戦争国家に対抗して福祉国家の立場を擁護した書とも称される，T・H・マーシャルの『シティズンシップと社会的階級』（1950年）の議論から，近代的な「市民」概念を捉え直してみよう。そこでのシティズンシップ理解は，権利を基軸にした概念把握である。

　まず，「市民革命」とは文字どおり市民による革命であるが，前述した古典的な市民，すなわち，ポリス全体に関わる事象に関心を持ち，互いに統治に参加する自由人とは異なることに注意しよう。17世紀から登場する市民階級とは，封建制の中で土地を媒介に財を得ていた貴族や僧侶階級とは違って，新たに産業を興すようになった有産階級を意味した。

　有産者である市民たちは，積極的に政治に参加する市民として出発したのではない。むしろ，彼らは，絶対君主制のもとで君主が一方的に課す税をはじめ，市民の生活に介入することに対して抵抗した。彼らは，経済活動を含む私的で自由な活動領域，つまり**市民社会**を絶対君主から解放させようとした，近代的な市民として登場した。

　既存の支配関係，階級制度から自由に活動する近代的な市民の登場は，思想的には**社会契約説**の登場に支えられた。近代のシティズンシップ論の前提には，法によって人々の活動や関係性が規制される国家が誕生する以前（自然状態）から，人には生まれながらの権利が備わり（自然権），自然状態において本来平等で自由であるはずの人が，その権利をよりよく実現するために，国家設立の契約を結ぶという，社会契約説が存在する。

　したがって，マーシャルがイギリス社会にみたシティズンシップの展開は，本来1人1人の個人に備わる権利を徐々に国家に認めさせ（そのなかで，権利の内容も変化し，拡張していく），当初は有産者に限られていた市民に，無産者や労働者，そして女性たちが包摂されていくプロセスだったのである。

┃ 両義的なシティズンシップ——国家からの自由か，国家による生活保障か ┃

　では，マーシャルによるシティズンシップの定義を確認しておこう。

重要なのは，文明化された生活の具体的な内実全般が豊かになることである。すなわち，リスクや不確実性が全般的に減少すること，あらゆる面でより運に恵まれた者と恵まれない者たち——たとえば，健康な者と病気の者，就業者と失業者，年老いた者と活動的な者，独身男性と大家族の父親といった者たち——の間を平等化することである。平等化とは，異なる階級の間でなされるものではなく，その目的のためにいまや一つの階級であるかのごとく扱われる一国内の諸個人間のあいだでなされるのである（マーシャル 1993：72 頁，強調は引用者）。

　近代シティズンシップの歴史の中で注目すべきは，階級によって異なる扱いを受けていた人々がすべて，平等に扱われることを原則（その例外は，女性たちであった）とした点である。そのため，移動の自由や職業選択の自由，そして信教の自由や表現の自由といった拘束からの自由だけでなく，「文明化された生活の具体的な内実全般」までもが，一国内に共通の法のもとで，平等に保障されるようになっていく。マーシャルは，一国内で 1 つの法のもとに平等に処遇される契機となったさまざまな権利の展開を 3 つの時代に分けている。第 1 に，主に 18 世紀に求められた権利を「**市民的権利**」（civil rights）と呼び，逮捕状なしに人身を拘束されない自由，思想・信条・表現・結社の自由，契約の自由，そして裁判に訴える権利と定義した（マーシャル 1993：15 頁）。これらは，現在の日本国憲法上も，国民の権利の核心をなす権利である。

　有産者に始まるこの権利主張は，まずは政府からの自由を求めるものであったが，やがて，国内すべての者に課される法律や税をめぐって審議・決定する議会への参加をより広く求める運動へと展開していく。これが第 2 の権利主張，すなわち，19 世紀に始まる一連の選挙法改正に象徴される「**政治的権利**」（political rights）の主張である。イギリスでは，女性がこの権利を行使できるようになるには 1918 年まで待たなければならないが，政治的権利は，ルソーの言葉を再度引用すれば，「主権に参加する」という意味において，後にみるように，国家主権，そして国籍と大きく関わってくる。

　第 3 に，参政権運動の中で，選挙権の条件となっていた納税額などが徐々に軽減され，後に撤廃されるように，政治的権利を奪われていた労働者階級や女

	市民的権利	政治的権利	社会的権利
主な原理	個人的自由	政治的参加	社会福祉
発展した時代	18 世紀	19 世紀	20 世紀
権利の内容	私的所有権・契約する権利・表現／信仰／結社の自由	選挙権・被選挙権・公職に就く権利	教育を受ける権利・社会的なサービスを受ける権利
支持した階層	有産者（ブルジョアジー）		無産者・労働者・女性・子ども
平等の意味	法の下の平等（形式的平等）		実質的平等
中心となる制度	裁判所	議会	教育・社会福祉制度
日本国憲法上の権利	自由権	参政権	社会権

（出所）　マーシャル（1993）第二章より作成。

性たち，そして，急速な資本主義の発展の中で酷使されていた子どもたちに対する権利保障が，19 世紀から 20 世紀にかけてようやく整備される。マーシャルは，社会生活を送るうえで国家に対して市民が要求する権利を「**社会的権利**」（social rights）と呼び，次のように定義した。「経済的福祉と最低限の安全を請求する権利に始まって，社会的財産を完全に分かち合う権利や，社会の標準的な水準に照らして文明市民としての生活を送る権利に至るまでの，広範囲の諸権利のことを意味している」（マーシャル 1993：16 頁）。

　こうして，公教育や労働環境の整備，そして不確定な未来に対するリスクを分散するための社会保険制度や所得の再分配など，広範囲にわたり国家によって市民の生活が保障され，時に市民の生活の隅々に国家が介入するようになる。特に，20 世紀は世界規模の戦争が初めて勃発した，戦争の世紀でもある。徴兵制のもとでの国民軍同士の殺戮，国民生活すべてを巻き込む総動員体制が始まるなかで，国家の市民生活への介入の度合いも高まっていく。

　近代に入り，シティズンシップは，国家の成員資格（ナショナル・メンバーシップ）となった。すなわち，国民国家の成員であれば，マーシャルが明らかにした，市民的・政治的・社会的権利を十全に保障されるようになった。古代ギリシアや 18 世紀の「市民」が排他的な存在であったのに対し，20 世紀以降シティズンシップは，一部の者たちの権利保障から，国家の制度へと発展した（マーシャル 1993：24 頁）。

　こうして一瞥すると，単線的に発展してきたようにみえる市民の諸権利であ

るが，じつはマーシャル自身も気づいていたように，互いに矛盾をはらんでいる（マーシャル 1993：108 頁）。その矛盾は，18 世紀の有権者たちが政府の規制からの自由を求めたのに対して，20 世紀の労働者たちはむしろ，政府によって自分たちの生活が保障される権利を求めたことにも現れている。この対立は，現在の小さな政府か大きな政府かという対立の端緒であるといってよいだろう。

　この 2 つの流れについては，さまざまな議論が可能であろうが，共生をテーマにした本章では，権利としての生活保障や，労働条件や衛生について国家保障を求める市民の誕生が，国民とそれ以外の者，つまり**外国人**との線引きをより強固にする契機ともなったことを注記しておきたい。この点は，第 3 節でみるように，定住外国人と社会的権利といった，現在の日本でも論争を呼ぶ問題に大きく関わっているからである。

共生の原理としてのシティズンシップ

▍諸権利を持つ権利としてのシティズンシップ▍

　「市民」そして「シティズンシップ」という概念は，政治学上最古の主題であり続けていることが示すように，長い歴史を経るなかで，多様かつ複雑な意味合いを帯びている。シティズンシップという用語もまた，あえて日本語に訳すとすれば，「国籍」「市民のあるべき姿」「市民性」「市民権」「市民としての十全な成員資格」，つまり，資格，活動，権利，徳など，何に着目するかによって，その意味合いも異なってくる。しかしここまで概観してきたように，シティズンシップとは，〈ある集団（近代以降は，国民国家）と諸個人のあるべき関係性を内包しつつ，諸個人に平等な諸権利と自由が保障される成員資格〉と共通して定義づけることができる。すなわち，シティズンシップとは歴史的に発展してきたさまざまな〈**諸権利を持つ権利**〉と言い換えることができる。

　さらにいうまでもなく，市民は生まれながらの平等な自由を保障された主権者であるからこそ，市民の間には当然，異なる意思と利害関心が存在する。そうした市民間のあるべき関係性，さらに市民と国家とのあるべき関係性につい

ては，たとえば以下の，日本国憲法 13 条に書き込まれている。その原理とは，1 人 1 人の市民が，いかに異なる信条，思想，幸福観を持っていようとも，他の市民の諸権利を侵害しない限り，すべての市民の諸権利は国家によって最大限尊重されなければならない，という原理である。

> すべて国民は，個人として尊重される。生命，自由及び幸福追求に対する国民の権利については，公共の福祉に反しない限り，立法その他の国政の上で，最大の尊重を必要とする。(強調は筆者)

　ただし，ここで「国民」という言葉に注意しておこう。個人の権利を保障する第 1 の，そして最大の機構が国民国家である現在では，市民は国家の成員資格であるし，シティズンシップ（諸権利を持つ権利）を得るためには，国民になるしかない。しかし，「個人として尊重される」との文言に明らかなように，13 条には第 2 節にみた，自然権が備わった諸個人が，自由と平等を求めて国家に対して主張してきた諸権利の総体としてのシティズンシップ概念が反映されている。

　「生命，自由及び幸福追求」といった諸権利は，**公共の福祉**に反しない限り，すなわち他の市民の諸権利を侵害しない限り最大限尊重され，誰であれ，特に国家は，その権利を侵すことを禁じられる。ここに，異なる意思と利害関心を持った市民たちが，それぞれに諸権利を行使することを尊重しながら，共存しようとするシティズンシップの真髄が表現されているといっても過言ではない。

　さらに，13 条の「個人として」に注目するならば，私たちは逆に，次のように問い返してみることもできる。すなわち，市民とは，身分制度や支配者の抑圧からの自由を求める**個人**であるならば，その個人が望むのであれば，日本国民として保障されるあらゆる権利が保障されるべきではないか，と。諸権利を持つ権利としてのシティズンシップが，そもそもあらゆる個人に備わる権利（自然権）が保障されるための成員資格であったことを思い出せば，外国人と国民との境界は，限りなく揺らいでみえてくるのではないだろうか。

定住外国人の権利からみるシティズンシップ

　現在の世界は，国民国家から構成されており，また無国籍は国際法上原則として認められていないため，誰しもがいずれかの国家に属していると考えられる。他方で，すでに16世紀の大航海時代以降，そして現在のグローバル経済の進展の中で，国境を越えた人の移動はかつてなく頻繁に，かつ大規模に行われている。

　日本の歴史を振り返れば，明治憲法下での植民地政策のために，たとえば朝鮮半島の人々は天皇の臣民，つまり日本国民であった。戦前は内地（現在の日本列島）に居住していた朝鮮人は，当時は日本国民と同様に参政権を持つ帝国臣民であったが，終戦後には参政権を奪われる。さらに，日本国憲法施行1日前の1947年5月2日に，朝鮮人は外国人とみなされるようになり，主権国家として日本が国際社会へ復帰する52年4月，サンフランシスコ平和条約発効の直前に，在日朝鮮人は，外国人登録法によって日本国籍を一方的に奪われた。

　現在，この日本には，国際法上尊重されるべき国籍選択権を侵害され，一方的に外国人とされ，かつその奪われてしまった「国籍」を理由にさまざまな権利から排除されつつもなお，日本で生活を営んできた在日朝鮮・韓国人や台湾人，そしてその子孫が，特別永住者として約30万人いる。本章でみてきたように，シティズンシップのもとで包摂される権利は，歴史的に異なる運動と主張の中で発展し，その出自も種類もさまざまである。同様に，日本に滞在する外国人も決して一括りにすることはできず，それぞれに異なる歴史があるという事実にも留意したい。

　以上のことを念頭に置いて，現在の日本における定住外国人の権利について，憲法の議論を中心に考えてみよう。憲法学では従来，精神的自由や経済的自由，そして人身の自由といった**自由権**（主に第2節でみた市民的権利）については原則，外国人にも日本国民と同様に認められると考えられてきた。他方で，**参政権**は国民主権の原理から，入国の自由は国際慣習法において認められた国家の自由裁量権から，そして**社会権**は，各人が所属する（＝国籍がある）国家によって保障されるべきだという理由から，その保障が否定されてきた。国民に保障される権利とは，何度も繰り返してみてきたように，歴史的に発展してきた**人**

Column ❼ 外国人の人権──技能実習生と日本の入国管理行政の問題

　技能実習生については，賃金が安い，労働時間が長いなど労働基準法違反の
事例が多発しており，暴力やセクシュアル・ハラスメントを受ける，パスポー
トが取り上げられるなど，実習生の不当な労働環境が問題視されている。送り
出し国の経済状況，低賃金のため日本人労働者確保が困難な産業での実習生の
雇用，送り出しに関わる機関の不正行為など，深刻な構造上の問題も指摘され
るなか，2020年に，ベトナム人技能実習生レー・ティ・トゥイ・リンさんが死
体遺棄容疑で逮捕されるという事件が起こった。

　リンさんは，実習生として入国するためにかかった費用を借金で支払い，そ
の返済のため，休日を返上してまで必死に働くなか妊娠し，妊娠が雇用主に知
られると帰国させられると恐れ孤立し，1人で住む民家で双子の赤ちゃんを死
産したのだった。この事件については，2022年1月福岡高裁にて，懲役3月，
執行猶予2年の有罪判決が下されたが，リンさんは，子どもを傷つけたりして
いない，できる限りのことをしようとしたのだと無罪を主張し，最高裁に上告
中である。なお，ほぼ同時期同様のケースで日本人女性が逮捕された事例は，
不起訴となっている。

権，つまりそれは個人に備わる諸権利の束であるので，それら権利の1つ1つ
の性質を細かに検証することで，外国人にも認められる権利が存在するとする
「権利の性質説」が，多くの学説と判例によって採用されている。外国人の権
利が争われたマクリーン事件の最高裁判決（1978年）では，「憲法第3章［＝
国民の権利及び義務：引用者補］の諸規定による基本的人権の保障は，権利の
性質上日本国民のみを対象としていると解されるものを除き，わが国に在留す
る外国人に対しても等しく及ぶものと解すべきであり，政治活動の自由につい
ても，わが国の政治的意思決定又はその実施に影響を及ぼす活動等外国人の地
位にかんがみこれを認めることが相当でないと解されるものを除き，その保障
が及ぶものと解するのが相当である」と判断した。

　しかし，まずそもそも，憲法11条，97条をみれば，憲法上保障される人権
は国家存立以前からの自然権であること，第2に，その前文に示されているよ
うに，憲法には国際協調主義が貫かれていること，最後に，世界人権宣言や国
際人権規約には，自国民と外国人の差別が原則禁止されていることからすれば

労働者であれ留学生であれ，在留資格が問われる外国人の身分は，日本国民には想像もつかないほど不安定だ。たとえ在留資格に欠けた――多くの場合は，在留許可期限を超えて滞在してしまうオーバーステイ――としても，法治国家として日本は，あらゆる人の命と尊厳を尊重しなければならないはずで，人権侵害などもってのほかのはずだ。しかし，日本における出入国や在留，難民認定に関わる出入国在留管理庁の行政事務を担当する出入国在留管理局の運用のあり方は，名古屋出入国在留管理局で収容中，2021年3月に命を落としたラスナヤケ・リヤナゲ・ウィシュマ・サンダマリさん事件をきっかけに，大きな社会問題となった。過去にも，被収容者が死亡するという事案が散見される。

　全国に9カ所ある収容施設で，在留資格のない人びとが今なお，外部のチェック機能がないままに収容されている。なかには，人生のほとんどを家族と日本で暮らしてきた人や，自国に戻ると命の危険があるとして難民認定の申請中の人もいる。身体の自由は，人権の最たるものの1つとして誰しもが本来享受すべき自由である。日本はいま，国際人権基約に則って外国人の処遇をどうすべきか，法改正を含めしっかりと議論する時がきている。

（後藤 2016：64頁），社会権や参政権，そして出入国の権利についても，さまざまな外国人が日本社会でどのような暮らしを送っているのかをみきわめながら，さらに精査していく必要がある。

　たとえば，社会権の中核には，人間として尊厳を持って生きる権利，マーシャルの言葉を繰り返せば，「文明化された生活の具体的な内実全般」への権利，憲法25条のいう「健康で文化的な最低限度の生活を営む権利」が存在している。だとすれば，納税義務，勤労の義務を果たし，実質的に日本社会で生活している者たちで，定住する意志のある者に対しては，「国籍」というシティズンシップ概念の一部のみを切り出して排除するのではなく，むしろ，その生活実態に即して，日本国民と同様の生存権が保障されるべきであるといえるし，実際には運用上，定住外国人も生活保護を受けることができる（後藤 2016：220頁）。

　また，参政権についても，とりわけ定住外国人に対する**地方参政権**に関しては，すでに「永住者など，『その居住する区域の地方公共団体と特段に緊密な

関係』を持つ人に地方参政権を与えることは憲法上禁止されていない」と，1995年の最高裁判決において判断され，この判決を受けて，99年には，自民・公明・自由党の当時の与党3党によって，定住外国人に地方参政権を付与する法律案提出が合意された（後藤 2016：111-112頁）が，審議に至っていない。ここでもまた，参政権は，国民主権に深く関わる国政選挙権と，住民自治や団体自治を重んじる地方自治体の選挙権とに区別されている。

　戦前の国による任命制から，住民の直接選挙によって市長・知事が選ばれることになった地方自治は，戦後民主主義の要と考えられていた（第10章参照）。民主主義が，自らに関わることを，自らの意思と判断において立法し，その法にのみ従うという自律（autonomy）／自治（self-government）の精神の具体化であると考えると，重要なのは，その共同体で実際に生活しているかどうかであり，形式的な国籍だけではないはずである。また，共同体の決定に参加する，自律的な構成員こそが，ルソーのいう市民の定義にふさわしいであろう。

┃ マイノリティからみたシティズンシップ ┃

　日本には，諸権利を持つ権利が備わる国民と，政治的権利，社会的権利にある程度の制約がかかる，多様な外国人が存在する。たとえば，過去10年の日本における在留外国人の特徴として，外国人労働者数が増加するなか（2011年68万人から，2021年172万人），とくに技能実習生の増加（12万人から，40万人）率が高く，2021年時点では就労資格のなかで最多となっていることが挙げられる。

　他方で，18世紀以降，市民というカテゴリーから排除されてきた労働者や女性たちが，自らの運動の末にようやく，諸権利を十全に保障される市民へと包摂されたことが表しているように，国家によってどのような権利が保障されるべきかということとともに，実際に私たち国民が平等な自由を行使できているか否かについては，常に批判的な考察が必要となる。

　再度13条に立ち返ってみるならば，**婚姻後も夫婦が別の姓を名乗ること**や，**同性同士の婚姻**が認められていない現状は，どのように判断すべきだろうか。法律上配偶者と認められた者たちは，税制上，社会保障上，そして社会通念上も，さまざまな特権を認められている。家族として未来を誰と，どのようなか

たちで共にするかは，私たち1人1人の幸福追求権に大きく関わる選択である。

　また，**心身に障がいを「抱える」人たち**にとって，マジョリティの生きやすさに合わせて調整された社会こそが，生きていくうえでの障害ともいえる。たとえば移動の自由は，市民生活上欠かせない自由の1つであるが，個人の能力に応じて，希望する目的地に同じように到着できるように社会を整備することは，1人1人の自由を尊重する政治にとって真剣に取り組まなければならない課題のはずである。

　マーシャルのシティズンシップ論に従えば，労働者の権利や，個人の負担なしに教育を受ける権利は，20世紀に確立された権利のはずであった。しかしながら，昨今のブラック・バイトに悩まされる学生や，高額の大学の授業料を支払えない若者たちの中には，本人の努力を超えた家庭の経済的事情で引き起こされる困難に巻き込まれている者たちがいる。自分たちが生まれてくる家庭は，選ぶことができない。そうだとすると，貧困家庭もまた，一定の家族をモデルとする社会のあり方によって，さまざまな困難を押し付けられているマイノリティといえる。

　なぜ民衆は，主権者となることを求め，民主国家を創設したのか。そして，近代国民国家成立時に，〈私たち〉はどのように創造されたのか。そうした来歴と現在の国際社会の中で，主権者であることの意味を常に問い直していく必要があろう。そうした営みもまた，主権者である〈私たち〉の責任の1つだともいえるかもしれない。

　シティズンシップの歴史を学ぶことは，国民に限らず，日本社会を構成している1人1人の個人の自由を尊重する社会をいかに自分たちで作り出していくかという未来に向けて，思考を働かせることにつながっていく。そうした思考は他者のための思考というより，自由な個人が尊重される社会に向けた〈私たち〉のための思考であろう。

読書案内 ┃　　　　　　　　　　　　　　　　Bookguide ●

　岡野八代（2009）『シティズンシップの政治学 ──国民・国家主義批判〔増
　　補版〕』白澤社。
　⇒古代アテネに発祥した「シティズンシップ」概念を，第2節で参照した

マーシャルを経て，現代のリベラリズム論，そしてフェミニズム理論まで，市民とは誰かを中心に概説した教科書。

後藤光男（2016）『永住市民の人権──地球市民としての責任』成文堂。
⇒外国人の権利は，憲法学の中では最も遅れて論じられた権利であるといってよい。本書は，出入国の権利にまで言及しながら，自然権思想に発する憲法上の権利という原則に立ち戻って網羅的に外国人の権利を論じている。

牧原憲夫（1998）『客分と国民のあいだ──近代民衆の政治意識』吉川弘文館。
⇒日本で近代国家，つまり明治政府誕生以降，民衆はどのような抵抗を試みてきたのか，自由民権運動がいかに総動員体制につながる〈われわれ〉意識をはぐくんでしまったかなど，現在の国民意識を問い返す歴史書。

山室信一（2007）『憲法9条の思想水脈』朝日新聞社。
⇒憲法9条が示す思想が，国家権力に対する抵抗の歴史とともに生まれてきたことを明らかにする書であると同時に，市民と国家，軍隊と権力者との関係について，歴史と思想史を往来しながら詳細に解説してくれる。

引用・参考文献 | References ●

※本章の引用・参考文献リストは本書のウェブサポートページをご覧ください。

事 項 索 引

人名索引

【有斐閣ストゥディア】

日本政治の第一歩〔新版〕

Introduction to Japanese Politics, New Edition

2018 年 7 月 10 日　初版第 1 刷発行
2023 年 3 月 20 日　新版第 1 刷発行
2024 年 2 月 10 日　新版第 2 刷発行

編　者　　上神貴佳・三浦まり
発行者　　江草貞治
発行所　　株式会社有斐閣
　　　　　〒101-0051 東京都千代田区神田神保町 2-17
　　　　　https://www.yuhikaku.co.jp/
装　丁　　キタダデザイン
印　刷　　萩原印刷株式会社
製　本　　牧製本印刷株式会社
装丁印刷　株式会社亨有堂印刷所